新时代全面从严治党研究丛书
姚宏志　主编

安徽省哲学社会科学规划重大项目
“习近平总书记关于全面从严治党重要论述研究”
（项目批准号为 AHSKZD2018D01）最终研究成果

全面从严治党永远在路上

张正光　著

学习出版社

图书在版编目（CIP）数据

全面从严治党永远在路上 / 张正光著. -- 北京：
学习出版社，2024.2（2024.4 重印）
（新时代全面从严治党研究丛书 / 姚宏志主编）
ISBN 978-7-5147-1262-9

Ⅰ. ①全… Ⅱ. ①张… Ⅲ. ①中国共产党－党的建设
－研究 Ⅳ. ①D26

中国国家版本馆CIP数据核字（2024）第020157号

全面从严治党永远在路上
QUANMIAN CONGYAN ZHIDANG YONGYUAN ZAI LUSHANG
姚宏志　主编
张正光　著

责任编辑：夏　静
技术编辑：胡　啸
装帧设计：壹读闻话

出版发行：学习出版社
北京市崇外大街11号新成文化大厦B座11层（100062）
010-66063020　010-66061634　010-66061646
网　　址：http://www.xuexiph.cn
经　　销：新华书店
印　　刷：河北鹏润印刷有限公司

开　　本：710毫米×1000毫米　1/16
印　　张：19.75
字　　数：236千字
版次印次：2024年2月第1版　2024年4月第2次印刷

书　　号：ISBN 978-7-5147-1262-9
定　　价：68.00元

序

全面建设社会主义现代化国家，全面推进中华民族伟大复兴，关键在党。党的十八大以来，以习近平同志为核心的党中央，紧紧围绕建设什么样的长期执政的马克思主义政党、怎样建设长期执政的马克思主义政党的重大时代课题，以前所未有的勇气和定力深入推进全面从严治党，解决了党内许多长期想解决而没有解决的突出问题，推动新时代全面从严治党取得了历史性、开创性成就，产生了全方位、深层次影响。不仅如此，习近平总书记还就全面从严治党问题发表了一系列重要论述，提出了事关党的长远发展的一系列新举措新思想新战略，比较系统地回答了全面从严治党的重大理论和现实问题，形成了内涵丰富、逻辑严密、系统完备的科学思想体系，丰富和发展了中国共产党管党治党、兴党强党的新鲜经验，标志着我们党对马克思主义执政党建设规律的认识达到了新高度和新境界，为深入推进新时代党的建设新的伟大工程提供了根本遵循。

为深入研究新时代全面从严治党的理论与实践，特别是深刻阐释习近平总书记关于全面从严治党的重要论述，安徽省哲学社会科学规划办公室设立安徽省哲学社会科学规划重大项目，面向全省高校和科研机构公开招标。本次招标首个选题方向和范围就是"习近平新时代中国特色社会主义思想专题化系列研究"，要求围绕习近平总书记各方面重要论述，分专题进行研究阐释，成果形式为系列专著。据此，由本人为首席专家牵头申报，并以"习近平总书记关于全面从严治党重要论述研究"为题进行投标，后经专家评审，报中共安徽省委宣传部批准，最终成功中标立项。

本项目研究的设计思路是：基于中国特色社会主义进入新时代这一全新历史方位，围绕中国共产党建设面临的新形势新要求以及所肩负的伟大历史使命，力图从总体上全面梳理党的十八大以来习近平总书记关于全面从严治党的系列重要论述，深入阐发这些重要论述的生成背景、丰富内涵、科学体系、鲜明特征、精神实质和实践要求，以期从总体上全面理解和深刻把握这一思想体系。基于这一研究思路，课题组成员经过深入研讨，确定了本项目的6个子课题，名称分别如下：

第一个子课题为"全面从严治党永远在路上"，以习近平总书记关于全面从严治党永远在路上重要论述为文本依据，深刻阐释习近平总书记这些重要论述的生成逻辑、主要内容、基本目标、逻辑体系、主要特点等，力求完整、准确地把握习近平总书记全面从严治党的科学内涵和精神实质，深入阐发习近平总书记关于全面从严治党永远在路上重要论述的理论意义和现实价值。

第二个子课题为"把党的政治建设摆在首位"，以习近平总书记关于党的政治建设重要论述为文本依据，深刻阐释坚定无产阶级政治信仰、坚持党中央权威和集中统一领导、紧扣民心这个最大政治、营造风清气正的政治生态、严明党的政治纪律和政治规矩、着力防范化解重大政治风险、努力提高领导干部政治能力等方面内容，同时注重对这些重要论述的思想史梳理和社会史还原，以期深入揭示习近平总书记关于党的政治建设重要论述的历史继承性、思想丰富性、现实针对性。

第三个子课题为“拧紧思想信念‘总开关’”，以习近平总书记关于党的思想建设重要论述为文本依据，深刻阐释思想建设是党的基础性建设、坚持不懈用习近平新时代中国特色社会主义思想武装全党、补足中国共产党人精神之“钙”、党性教育是中国共产党人“心学”、坚持思想建党和制度治党相统一等方面内容，从历史、理论、实践等方面着力概括习近平总书记关于党的思想建设重要论述的基本特征、历史地位、理论价值和指导作用。

第四个子课题为“贯彻落实好党的组织路线”，以习近平总书记关于党的组织建设特别是党的组织路线重要论述为文本依据，深刻阐释组织体系建设是新时代党的组织工作和组织路线的重点、着力培养忠诚干净担当的高素质干部、着力聚集爱国奉献的各方面优秀人才、做好年轻干部工作等方面内容，旨在揭示习近平总书记关于党的组织建设重要论述的提出背景、主要内容、理论意义与实践意义。

第五个子课题为“以钉钉子精神狠抓作风建设”，以习近平总书记关乎党的作风建设重要论述为文本依据，深刻阐释党风问题关乎党的生死存亡、弘扬党的光荣传统和优良作风、纠正“四风”不能止步、党性问题是改进作风的重要着眼点、把家风建设作为领导干部作风建设重要内容、持之以恒抓作风建设等方面内容，进而剖析习近平总书记关于党的作风建设重要论述的思想来源、科学内涵、理论创新和现实价值。

第六个子课题为“把纪律和规矩挺在前面”，以习近平总书记关于党的纪律建设重要论述为文本依据，深刻阐释用严明的纪律管全党治全党、建立健全各项纪律和规矩、严明政治纪律和政治规矩、把严明组织纪律贯穿管党治党全过程、使纪律真正成为带电的高压线等方面内容，旨在深入概括习近平总书记关于新时代党的纪律建设重要论述的生成背景、主要内容、核心观点、建设路径和现实意义。

上述6个子课题之间形成了“1+5”的框架结构和逻辑关系。这里的“1”即第一个子课题，主要是从全局性、宏观上对习近平总书记关于全面从严治党重要论述进行整体性阐述，这是总论；这里的“5”即其他5个子课题，分别从政治建设、思想建设、组织建设、作风建设、纪律建设等五大具体领域和局部内容，对习近平总书记关于全面从严治党某方面重要论述进行专题化阐释，这是分论。“1+5”研究框架有总有分，第一个子课题与其他5个子课题之间，以及5个子课题相互之间，既各有区别、各有侧重，又相互联系、相互补充，共同构成了一个有机联系的统一整体。

这里要特别感谢本项目各子课题负责人及课题组全体成员的大力支持。第一至第五个子课题负责人依次为张正光教授、王先俊教授、高正礼教授、严宏教授、沈燕培教授，第六个子课题负责人由首席专家兼任。在项目推进过程中，首席专家和各个子课题负责人以及课题组其他成员多次召开汇报会、推进会和研讨会，细化工作实施方案，深入研讨框架结构，相互切磋、解疑释惑，通报各自研究进度，共同推动项目研究工作的有序开展和持续推进，确保项目如期完成和高质量结项。经过课题组全体成员整整4年的共同努力，项目最终结项成果经安徽省哲学社会科学规划办公室审核，达到免于鉴定条件，于2022年10月正式结项。

为使研究成果早日与读者见面，一俟本项目结项，首席专家便与各个子课题负责人以及课题组全体成员根据结项评审专家的意见建议，对研究成果作了进一步修改、丰富和完善，并冠以“新时代全面从严治党研究丛书”之名，由学习出版社出版发行。

习近平总书记关于全面从严治党重要论述，立意高远，内涵丰富，思想深邃，为新时代推进管党治党、全面从严治党指明了前进方向。研究和阐释习近平总书记关于全面从严治党重要论述，不仅有着重大理论意义，而且有着重大现实意义。思想理论界对习近平总书记关于全面从严治党重要论述的深入研究和深刻阐释，已经取得了不少研究成果，但也只是刚刚开始，我们的研究同样只是起步，祈愿本研究成果能够对思想理论界有所裨益。

姚宏志

2022年12月

目录

前言

全面从严治党是马克思主义政党的本质要求，也是中国共产党的优良传统。在中国共产党百年发展进程中，从毛泽东的“加强纪律性”，把党建设成为“思想上政治上组织上完全巩固的”马克思主义政党到习近平总书记的“自我革命”和“时刻保持解决大党独有难题的清醒和坚定”[①]，确保党“不变质、不变色、不变味”，始终成为新时代坚持和发展中国特色社会主义的坚强领导核心，100年多来，党始终走在时代前列，不仅引领近代中国的社会革命，也进行伟大的自我革命。新时代

① 习近平：《高举中国特色社会主义伟大旗帜 为全面建设社会主义现代化国家而团结奋斗》，人民出版社2022年版，第63页。习近平总书记在党的二十届中纪委二次全会上把“大党独有难题”表述为“六个如何”，即“如何始终不忘初心、牢记使命，如何始终统一思想、统一意志、统一行动，如何始终具备强大的执政能力和领导水平，如何始终保持干事创业精神状态，如何始终能够及时发现和解决自身存在的问题，如何始终保持风清气正的政治生态”。《习近平在二十届中央纪委二次全会上发表重要讲话强调 一刻不停推进全面从严治党 保障党的二十大决策部署贯彻落实》，2023年1月10日《人民日报》。

新使命对党的建设提出了新挑战、新任务、新要求，而为了有效地应对这些新挑战，完成新任务，实现新使命，必须始终坚持全面从严治党。

马克思主义政党除了具备政党的一般特性外，还具有自身固有的、特殊的质的规定性。这种固有的、特殊的质的规定性构成了马克思主义政党区别于其他政党的最本质特征，而始终坚持全面从严治党就是其中非常重要的一条。马克思主义政党创始人虽然没有明确提出“全面从严治党”的概念，但却非常重视党组织的阶级性、革命性、先进性和纯洁性的问题。列宁在领导无产阶级政党建设实践和同各种错误思潮，特别是同伯恩斯坦机会主义的斗争中捍卫、发展了马克思主义党建理论。列宁指出：“党是无产阶级的直接执政的先锋队，是领导者。”只有坚持以革命的马克思主义理论为指导，“才能成为工人阶级运动的旗帜”[①]“使一切社会党人团结起来”[②]，才能真正发挥党员“先锋战士的作用”；只有不断提高执政本领和执政能力，才能带领人民找到一条“从世界历史发展方向来看是正确地确定了道路”[③]；只有克服官僚主义，与人民群众保持密切联系，“才能完成其先锋队的任务”[④]；只有不断提高党员质量，保持自身的纯洁性，才能把执政党建成“铁一般的组织”。

---

① 《列宁专题文集·论马克思主义》，人民出版社 2009 年版，第 92 页。

② 《列宁全集》第 4 卷，人民出版社 2013 年版，第 161 页。

③ 《列宁选集》第 4 卷，人民出版社 2012 年版，第 682 页。

④ 《列宁全集》第 43 卷，人民出版社 2017 年版，第 100 页。

作为马克思主义政党，中国共产党是按照民主集中制原则建立起来的。自创立之日起，即特别注重党的先进性、纯洁性、纪律性建设。新民主主义革命时期，以毛泽东同志为主要代表的中国共产党人创造性地运用整风运动，遵循“惩前毖后、治病救人”原则，不仅肃清了党内错误思想的影响，而且实现了党在思想上、政治上和组织上的团结统一，为夺取全国政权，建立新中国提供了重要保障。新中国成立后，党中央通过出台相关法规、政策和开展党内整风运动，探索在执政条件下政党治理之道。抵御“糖衣炮弹”，做到“两个务必”成为党执政后所有党员干部必须面对的时代课题。改革开放后，面对领导和驾驭市场经济的考验和“西化”“分化”的危险，“从严治党”的概念被明确提出并写进党章，成为管党治党的根本性指导原则和重要战略部署。新时代，习近平总书记根据管党治党面临的新情况新问题，在“从严治党”的基础上提出“全面从严治党”“自我革命”和“三个务必”，以“无禁区、全覆盖、零容忍”之势打出了“打虎”“拍蝇”“猎狐”的组合拳，充分彰显了管党治党的坚定决心。回顾党的百年奋斗史，正是因为有了“铁一般的纪律”，正是因为党始终把“从严治党”作为管党治党的根本准则，才取得了举世瞩目的伟大成就，才成为中国人民的主心骨和坚强领导核心。反观世界社会主义运动史，苏联解体、东欧剧变，这些国家的共产党之所以丧失国家政权，原因固然有很多条，但究其根本，无不与其自身建设状况有深层关联。可以说，正是由于这些国家的共产党在取得政权后，没有从严治党，导致党员信仰普遍缺失，贪腐盛行，脱离群众严重，丧失了革命性、人民性、先进性、纯洁性。从中国共产党的百年兴盛和苏联、东欧国家共产党的悲剧结局相比较，可以得出，即使是马克思主义政党，如果忽视全面从严治党，其事业必然遭遇失败；唯有重视全面从严治党，永葆先进性、纯洁性，才能永葆生机活力，其事业才会繁荣昌盛。

全面从严治党不仅关系党的前途命运，而且关系国家和民族的前途命运。站在中国特色社会主义新的历史方位上，面对日益复杂的国际国内形势，我们党要团结带领全国人民进行伟大斗争、建设伟大工程、推进伟大事业、实现伟大梦想，必须毫不动摇坚持全面从严治党，全面推进党的政治建设、思想建设、组织建设、作风建设、纪律建设，把制度建设贯穿其中，深入推进反腐败斗争，毫不动摇地坚持和完善党的领导，毫不动摇推进党的建设新的伟大工程，“把党建设成为始终走在时代前列、人民衷心拥护、勇于自我革命、经得起各种风浪考验、朝气蓬勃的马克思主义执政党”①。

“勇于自我革命是中国共产党区别于其他政党的显著标志。”②全面从严治党是党管党治党的重要原则，是新时代加强党的建设的基本方针和根本要求。党的十八大以来，围绕全面从严治党，党中央作出了一系列重大部署。从“八项规定”和反腐败斗争的长期坚持，到党的群众路线教育实践活动、“三

① 《中共中央关于党的百年奋斗重大成就和历史经验的决议》，人民出版社2021年版，第30页。

② 《中共中央关于党的百年奋斗重大成就和历史经验的决议》，人民出版社2021年版，第70页。

严三实”专题教育和“两学一做”学习教育，再到“不忘初心、牢记使命”主题教育和党史学习教育的接续展开，全面从严治党已经成为全党共识和自觉行动。在以习近平同志为核心的党中央的坚强领导下，在全党上下共同努力下，我们“刹住了一些过去被认为不可能刹住的歪风，纠治了一些多年未除的顽瘴痼疾，党风政风和社会风气为之一新”[①]，党内清正之风已经形成并得到巩固，党群关系得到根本改善，人民群众对党的认同度极大提升，全面从严治党取得了显著成效。

但是，同各种违法违纪行为作斗争，始终是马克思主义政党，特别是长期执政的马克思主义政党必须长期面对的问题。中华民族伟大复兴征程上不能没有中国共产党的领导。党的领导是党和国家的根本所在、命脉所在，是全国各族人民的利益所系、命运所系。保障党对中华民族伟大复兴事业的领导必须始终坚持全面从严治党。面对新征程上不断出现的问题挑战，全面从严治党绝非一日之功，而是长期的系统性工程。新时代把党锻造成为中国特色社会主义事业的坚强领导核心，引领中华民族伟大复兴中国梦，全面从严治党永远在路上。

本书聚焦新时代“建设什么样的长期执政的马克思主义政党、怎样建设长期执政的马克思主义政党”这一重大时代课题，紧紧围绕习近平总书记全面从严治党重大战略部署，分别阐述新时代全面从严治党的生成逻辑、主要内容、基本目标、

① 《中共中央关于党的百年奋斗重大成就和历史经验的决议》，人民出版社2021年版，第31页。

逻辑体系、主要特点、现实价值等。本书始终坚持以马克思主义政党建设理论为指导，从全面从严治党的时代之问出发，以新时代全面从严治党的理论与实践为依据，以新时代全面从严治党的目标为导向，坚持史论结合、论从史出，力求完整、准确地把握新时代全面从严治党的思想精髓，阐发全面从严治党永远在路上的历史必然性及其现实意义。

第一章 新时代全面从严治党的生成逻辑

马克思主义经典作家曾说过："理论在一个国家实现的程度，总是决定于理论满足这个国家的需要的程度。"[①] 从严治党是中国共产党在各个历史时期克敌制胜的重要法宝，也是中国共产党长期管党治党的历史传统和宝贵经验。长期以来，中国共产党在从严治党方面取得了显著成绩。但是，随着中国特色社会主义进入新时代，中国共产党管党治党面临许多新问题、新矛盾和新挑战，使全面从严治党成为历史必然。在解决这些新问题、新矛盾、新挑战的过程中，以习近平同志为核心的党中央，立足中国特色社会主义新时代的伟大实践，提出了一系列关于全面从严治党的战略举措，形成了科学、严谨的新时代全面从严治党的新理论。新时代全面从严治党思想的提出，是马克思主义政党建设的理论

① 《马克思恩格斯选集》第1卷，人民出版社2012年版，第11页。

逻辑、中国共产党自身建设和世界上其他政党建设的历史逻辑和新时代中国共产党推进长期执政建设的实践逻辑的辩证统一。

一、新时代全面从严治党的理论逻辑

新时代全面从严治党思想的生成不是从天上掉下来的，也不是凭空想象出来的，而是有其深厚的理论渊源。新时代，面对如何建设长期执政的马克思主义政党的时代之问，探讨分析新时代全面从严治党思想的理论来源，科学阐明新时代全面从严治党思想的理论内涵，有助于从整体上明晰新时代全面从严治党的理论谱系，科学把握新时代全面从严治党的实践指向，更好地推动新时代全面从严治党实践深入发展。新时代全面从严治党战略，承继了马克思主义经典作家关于无产阶级建党的理论精华，创造性地发展了中国共产党全面从严治党的历史经验，汲取了中华优秀传统文化中的治理智慧。

（一）马克思主义经典作家的党建理论

马克思主义政党创始人虽然没有明确提出关于全面从严治党的专门论述，但是，他们在相关著作中就无产阶级政党的建党原则及重大理论与实践问题作了理论解答和实践探索，提出了一系列关于无产阶级政党的建党、治党思想，形成了比较系统完备的政党建设理论，确立了无产阶级政党建设的理论指导和基本原则，为新时代加强党的自身建设和全面从严治党奠定了坚实的思想基础。

首先，马克思主义政党创始人明确了无产阶级政党的政治属性。政党的性质是一个政党区别于其他政党、政治派别、社会团体等社会组织的本质特征。它通常体现一个政党的阶级属性、阶级立场、阶级利益和奋斗目标等。这从马克思主义政党创始人起草的早期文献中能够看到，主要集中表现在《共产主义者同盟章程》(以下简称“同盟章程”)和《共产党宣言》中。

“同盟章程”是由马克思、恩格斯起草，并在共产主义者同盟第一次代表大会上通过的第一份具有完全意义的、以科学社会主义为指导的无产阶级政党纲领性文件。它不仅第一次提出了“全世界无产者联合起来”的国际主义口号，而且也成为最早的关于世界无产阶级政党建设的法规。“同盟章程”确立了党的代表大会制度，并明确了党的代表大会制度的性质、职权、工作程序及其工作方式等；规定了民主选举制度和集体领导制度，“支部和区部的主席和副主席每年改选一次，选举人可以随时罢免他们”[①]，支部、区部委员会以及中央委员会需定期召开会议，对“具有普遍的和直接的利害关系”的问题进行讨论，每个区部、总区部需按时向其上级作工作报告等。这些规章制度为后来的无产阶级政党建设与发展提供了有益的启示与借鉴。

《共产党宣言》是马克思、恩格斯共同完成的、世界上第一个无产阶级政党建设纲领。在《共产党宣言》中，马克思、恩格斯第一次详细论述了无产阶级政党的性质、目标、宗旨、纲领与任务等一系列基本建党理论问题，科学阐明了共产党人革命斗争的思想策略。具体而言，一是明确规定了共产党的性质。共产党是无产阶级的先锋队，是始终代表整个无产阶级利益的政党。“他们没有任何同整个无产阶级的利益不同的利益”[②]，而有的只是无产阶级和全人类的利益。同时，“在实践方面，共产

---

① 《马克思恩格斯全集》第10卷，人民出版社1998年版，第745页。

② 《马克思恩格斯文集》第2卷，人民出版社2009年版，第44页。

党人是各国工人政党中最坚决的、始终起推动作用的部分；在理论方面，他们胜过其余无产阶级群众的地方在于他们了解无产阶级运动的条件、进程和一般结果。”①二是明确了共产党的奋斗目标和基本纲领，即通过暴力革命的手段推翻资产阶级统治，建立无产阶级专政的国家，并渐次消灭旧的生产关系和阶级本身的存在条件，使每个人都获得自由发展的条件。三是阐述了无产阶级领导革命和建设的一般步骤。“工人革命的第一步就是使无产阶级上升为统治阶级，争得民主。无产阶级将利用自己的政治统治，一步一步地夺取资产阶级的全部资本，把一切生产工具集中在国家即组织成为统治阶级的无产阶级手里，并且尽可能快地增加生产力的总量。”②

列宁作为共产主义的继承者和宣传者，“有个完整的建党的学说”③。在领导俄国布尔什维克党的创建和巩固苏维埃政权过程中，列宁深刻阐述了新型无产阶级政党的政治属性。在早年领导革命过程中，列宁捍卫、发展了马克思主义政党理论，创建了俄国布尔什维克党。其一，针对伯恩斯坦机会主义和俄国经济派反对政治斗争，列宁认为那种主张经济斗争和工人运动具有自发性的观点是极端错误的。他阐述了革命理论对无产阶级革命行动的指导作用，主张只有革命的马克思主义的理论，“才能成为工人阶级运动的旗帜”④“使一切社会党人团结起来”⑤，真正实现政党“先锋战士的作用”。如果没有革命理论指导，革命派别就会失去生

---

① 《马克思恩格斯选集》第1卷，人民出版社1995年版，第285页。
② 《马克思恩格斯选集》第1卷，人民出版社1995年版，第293页。
③ 《邓小平论党的建设》，人民出版社1990年版，第1页。
④ 《列宁专题文集·论马克思主义》，人民出版社2009年版，第92页。
⑤ 《列宁全集》第4卷，人民出版社2013年版，第161页。

存的权利，而且迟早要在政治上破产。其二，针对孟什维克把党和阶级混淆起来的错误思想，列宁强调党不应该是一个处于松散状态的组织，而应当是“工人阶级广大群众的先进部队”“工人阶级并非全体、也不应当全体都参加党”。[①]列宁强调党以无产阶级为基础，但是，决不能把“作为工人阶级先进部队的党同整个阶级混淆起来”[②]，党员的称号不是散布得越广越好，党的组织应该是“一个能使政治斗争具有力量、具有稳定性和继承性的革命家组织”[③]，党的“最大的特点就在于它只能包括本阶级的少数”[④]。工会作为工人阶级的群众组织，只能在党的领导下开展工作。其三，针对俄国“自由派”和“民主派”以及党内取消派“超阶级”“非阶级”的错误思想，列宁痛批“超阶级”“非阶级”的政党思想是一切资产阶级民主主义政党的幻想，并指出这种“幻想”是基于资产阶级民主派不彻底性的基础上的，提出必须建立真正代表工人阶级利益的新型无产阶级政党。“觉悟工人将永远反对一切关于超阶级的政党的思想，反对一切抹杀雇佣工人和小业主之间的阶级鸿沟的做法。”[⑤]正是基于实践探索和理论批判，列宁领导创建了俄国历史上第一个新型无产阶级政党。

俄国十月革命胜利后，在领导建设苏维埃国家的过程中，列宁立足俄国布尔什维克政党所处历史方位的变化，对如何保持执政党的先锋队性质进行了卓有成效的探索，并提出“党是无产阶级的直接执政的

① 《列宁全集》第7卷，人民出版社2013年版，第271页。
② 《列宁选集》第1卷，人民出版社2012年版，第473页。
③ 《列宁选集》第1卷，人民出版社2012年版，第386页。
④ 《列宁全集》第39卷，人民出版社2017年版，第227页。
⑤ 《列宁全集》第21卷，人民出版社2017年版，第249页。

先锋队，是领导者”。因此，党必须提高执政本领和执政能力，能够带领人民找到一条“从世界历史发展方向来看是正确地确定了道路”[①]，要充分发挥执政党掌握的“政治权力”，在确保国家能够按照无产阶级政党的意志行动的基础上，正确地表达人民的意志，同时通过“从头学起”和向所有内行学习，不断增强执政本领和领导能力；必须克服官僚主义，与人民群众保持密切联系，因为“先锋队只有当它不脱离自己领导的群众并真正引导全体群众前进时，才能完成其先锋队的任务”[②]；必须不断提高党员质量，保持自身的纯洁性，“世界上只有我们这样的执政党，即革命工人阶级的党，才不追求党员数量的增加，而注意党员质量的提高和清洗‘混进党里来的人’。”[③]此后，列宁在多个场合多次强调：“我们的任务与其说是扩大党，不如说是加强内部工作，即提高我们全党”[④]“党内总的任务不是在数量上扩充党的队伍，而是改善它的质量，提高全体党员的觉悟，加强他们的共产主义教育”[⑤]。那么，如何来保持执政党的先锋队性质呢？列宁在实践中采取了一些措施，比如延长党员预备期、严格入党手续，加强党员的马克思主义教育，甚至是“清党”等方式。

其次，马克思主义政党创始人揭示了无产阶级政党建设的纪律要求。马克思、恩格斯把严明党的纪律作为无产阶级政党建设的一项基本原则。1859 年 5 月，马克思在《致恩格斯》的信中指出：“我们现在必

---

① 《列宁选集》第 4 卷，人民出版社 2012 年版，第 682 页。
② 《列宁全集》第 43 卷，人民出版社 2017 年版，第 23 页。
③ 《列宁全集》第 37 卷，人民出版社 2017 年版，第 217 页。
④ 《列宁全集》第 38 卷，人民出版社 2017 年版，第 319 页。
⑤ 《苏共决议汇编》第 2 分册，人民出版社 1958 年版，第 54 页。

须绝对保持党的纪律，否则将一事无成。"[①]1886年10月，恩格斯在《致劳拉·拉法格》的信中也指出：无产阶级取得革命斗争胜利的"首要条件是严格遵守法律，而一切革命的高调和喧嚷都不可避免地会导致失败。这种纪律是一个有成效的和坚强的组织的首要条件，是资产阶级最害怕的"[②]。针对巴枯宁主义鼓吹的"充分的和无条件的"自由以及反对任何权威和国家的错误思想，恩格斯强调："没有任何党的纪律，没有任何力量在一点的集中，没有任何斗争的武器！那末未来社会的原型会变成什么呢？简而言之，我们采用这种新的组织会得到什么呢？会得到一个早期基督教徒那样的畏缩胆怯的而又阿谀奉承的组织"[③]。马克思、恩格斯在无产阶级政党创建之初提出的这些关于党的纪律建设的思想，不仅在与错误思潮斗争中澄清了党的认识，保持了党组织的纯粹性和战斗力，而且表明了党的纪律对于无产阶级政党和党所领导的事业的极端重要性。

列宁在领导俄国社会主义革命和建设实践中，继承和发展了马克思、恩格斯政党治理思想，进一步强调了严密的组织和严格的纪律对实现全党团结、推动党的事业不断发展的重要性。其一，列宁在论述布尔什维克政党取得革命成功的基本前提时强调了纪律建设的重要性。"如果我们党没有极严格的真正铁的纪律，如果我们党没有得到整个工人阶级全心全意的拥护……那么布尔什维克别说把政权保持两年半，就是两个半月也保持不住""无产阶级实现无条件的集中和极严格的纪律，是战胜资

① 《马克思恩格斯全集》第29卷，人民出版社1972年版，第413页。
② 《马克思恩格斯全集》第36卷，人民出版社1975年版，第540页。
③ 《马克思恩格斯全集》第17卷，人民出版社1963年版，第519页。

产阶级的基本条件之一。”[①]其二，列宁强调不能否定党的纪律，否则就会落入反对派的窠臼。“否定政党和党的纪律，——这就是反对派得到的结果。而这就等于完全解除无产阶级的武装而有利于资产阶级……要使无产阶级能够正确地、有效地、胜利地发挥自己的组织作用（而这正是它的主要作用），无产阶级政党的内部就必须实行极严格的集中和极严格的纪律。”[②]其三，针对俄国苏维埃革命中出现的分散主义和无政府主义倾向，列宁指出：“没有思想上的统一，组织上的统一是没有意义的”[③]“没有共同的思想基础，根本谈不上统一的问题。”[④]其四，列宁指出党的纪律只能加强，不能削弱。“谁哪怕是把无产阶级政党的铁的纪律稍微削弱一点（特别是在无产阶级专政时期），那他事实上就是在帮助资产阶级来反对无产阶级。”[⑤]

最后，马克思主义政党创始人都把维护党的团结统一和中央权威作为党的纪律建设的主要内容。他们坚决反对在党内搞秘密团体或分裂。1873年，马克思在《国际工人协会和社会主义民主同盟》中重申了国际工人协会必须严明政治纪律的主张，即要坚持国际工人协会集中统一，反对国际工人协会分裂。他指出如果允许“既在国际工人协会之内，又在该协会之外进行活动的第二个国际性组织的存在，必将使协会陷于瓦解”[⑥]。其后，马克思、恩格斯在《1871年9月17日至23日在伦敦举行

① 《列宁选集》第4卷，人民出版社2012年版，第135页。
② 《列宁选集》第4卷，人民出版社2012年版，第154页。
③ 《列宁全集》第5卷，人民出版社2013年版，第247页。
④ 《列宁全集》第5卷，人民出版社2013年版，第248页。
⑤ 《列宁选集》第4卷，人民出版社2012年版，第155页。
⑥ 《马克思恩格斯全集》第16卷，人民出版社1956年版，第383页。

的国际工人协会代表会议的决议》中再次指出："无论现在和今后，成立任何真正的秘密团体都是绝不许可的。"① 马克思、恩格斯的这些主张粉碎了巴枯宁主义妄图分裂国际工人协会的图谋，捍卫了第一国际政治上的纯洁性和团结统一。

由于亲自领导了布尔什维克党的革命和建设实践，列宁特别注重维护党的团结统一和中央权威。他除了提出"铁一般的纪律""极严格的纪律""无产阶级党的铁的纪律"等重要命题外，还提出需要有"铁一般的组织"，并最终确立了党内的民主集中制。列宁指出："为了保证党内团结，为了保证党的工作集中化，还需要有组织上的统一，而这种统一在一个已经多少超出了家庭式小组范围的党里面，如果没有正式规定的党章，没有少数服从多数，没有部分服从整体，那是不可想象的。"② 关于民主集中制，列宁指出："（1）少数服从多数……（5）对党员资格的概念必须作出极其明确的规定。（6）对党内任何少数人的权利同样应在党章中作出明确的规定。"③ 坚持民主集中制，要发扬党内民主，"必须让该组织的全体党员在选举代表的同时就整个组织所关心的有争议的问题都能人人独立地发表自己的意见"④，重大政治问题"必须用征询全体党员意见的方式来决定"⑤；要坚持群众路线，"哪里有群众，就一定到哪里去工作"⑥"在人民群众中，我们毕竟是沧海一粟……否则共产

① 《马克思恩格斯全集》第 17 卷，人民出版社 1963 年版，第 456 页。
② 《列宁选集》第 1 卷，人民出版社 2012 年版，第 499 页。
③ 《列宁全集》第 11 卷，人民出版社 2017 年版，第 154—155 页。
④ 《列宁全集》第 14 卷，人民出版社 2017 年版，第 249 页。
⑤ 《列宁全集》第 14 卷，人民出版社 2017 年版，第 250 页。
⑥ 《列宁全集》第 39 卷，人民出版社 2017 年版，第 33 页。

党就不能率领无产阶级，而无产阶级就不能率领群众，整个机器就要散架”[①]；要反对官僚主义，因为“官僚主义的脓疮无疑是存在的，这是大家公认的，必须同它作有效的斗争”[②]“通过缩减苏维埃机关、改善组织、消灭拖拉作风和官僚主义”[③]。同时，针对党内存在的对建立一个思想上政治上组织上高度统一的马克思主义政党不理解甚至质疑，列宁指出工人阶级“所以能够成为而且必然会成为不可战胜的力量，就是因为它根据马克思主义原则形成的思想一致是用组织的物质统一来巩固的，这个组织把千百万劳动者团结成一支工人阶级的大军。”[④]

列宁特别重视党的纯洁性建设。党的纯洁性建设程度关系党的凝聚力、战斗力和生死存亡。列宁主张要保持党的纯洁性，要严把入党关和建立党内外监督机制，对那些搞派别活动和经受不住考验的党员干部要坚决清除。列宁指出：“为了在党内和整个苏维埃工作中执行严格的纪律，并取缔一切派别活动以求得最大程度的统一，代表大会授权中央委员会，在遇到违反纪律、恢复或进行派别活动的情况时，可以采取党内一切处分办法，直到开除出党；而对中央委员则可把他降为候补中央委员，甚至采取极端措施，把他开除出党。”[⑤]对那些“徒有其名的党员，就是白给，我们也不要。世界上只有我们这样的执政党，即革命工人阶级的党，才不追求党员数量的增加，而注意党员质量的提高和清洗‘混进党里来的人’。我们曾不止一次地重新登记党员，以便把这种‘混进

① 《列宁选集》第4卷，人民出版社2012年版，第695页。
② 《列宁全集》第41卷，人民出版社2017年版，第25页。
③ 《列宁全集》第43卷，人民出版社2017年版，第307页。
④ 《列宁选集》第1卷，人民出版社2012年版，第526页。
⑤ 《列宁全集》第41卷，人民出版社2017年版，第83页。

党里来的人'驱除出去，只让有觉悟的真正忠于共产主义的人留在党内。我们还用动员人们上前线和参加星期六义务劳动的办法，来清洗党内那些一心想从执政党党员的地位'捞到'好处而不愿肩负为共产主义忘我工作的重担的人"[①]。

此外，列宁还高度重视党内立法工作，提倡用严刑峻法刹住腐败风气。列宁指出："必须雷厉风行地立即提出一项法令草案，规定对行贿受贿者（受贿、行贿、为行贿受贿拉线搭桥或有诸如此类行为者）应判处不少于10年的徒刑，外加强迫劳动10年。"[②]

马克思主义政党创始人关于执政党建设的一系列思想、理论、学说，为新时代加强党的自身建设，推进全面从严治党提供了丰富的历史经验和科学的理论依据。继承与发展马克思主义政党创始人全面从严治党的思想理论，必将有助于新时代中国共产党更好地开辟全面从严治党新境界，推进全面从严治党向纵深发展。

（二）中国共产党全面从严治党思想

中国共产党自创立之日起，即注重党的建设，而其管党治党的实践及其经验为新时代全面从严治党提供了宝贵借鉴。党的一大"党纲"明确规定：本党党员必须是"承认本党纲领和政策""成为忠实党员的人"，必须"与企图反对本党纲领的党派和集团断绝一切联系"[③]。这条规定实质上是对党员政治资格的要求，也构成了党员必须遵循的政治纪

---

① 《列宁全集》第37卷，人民出版社2017年版，第217页。

② 《列宁全集》第48卷，人民出版社2017年版，第126—127页。

③ 《建党以来重要文献选编（1921—1949）》第1册，中央文献出版社2011年版，第1—2页。

律。仅仅一年后，党的二大通过的党章第一次专设了“纪律”一章，明确党的纪律处分。党的五大通过的《组织问题决议案》中第一次使用了“政治纪律”一词，并专门设立了中央监察委员会，第一次明确了民主集中制原则。土地革命战争时期，为了及时了解和指导各根据地革命发展，保证党中央决策的贯彻执行，党中央创立了特派员和巡视巡察制度。全面抗战时期，党中央不断完善管党治党的政策和措施，创造性地提出了“整风”这一加强党的自身建设的有效形式。面对党的建设存在的问题和基本任务，毛泽东提出党的建设“是一项伟大工程”的著名论断。在党的七届二中全会上，毛泽东提出了全党同志“务必保持谦虚谨慎、不骄不躁的作风，务必保持艰苦奋斗的作风”的“两个务必”思想。

新中国成立后，为了应对党内出现的各种错误倾向，党中央发动了整党整风运动，“三反”“五反”运动等一系列运动，着重抓党员干部的思想建设和作风建设。虽然在这个过程中出现了运动化、扩大化的现象，留下了深刻的教训，但是也为加强执政党建设的探索提供了宝贵经验。

改革开放后，面对有些党员干部经受不住考验的情况，邓小平强调“在整个改革开放过程中都要反对腐败”①“坚决刹住这股风”等管党治党的思想，并特别提出在市场经济条件下加强党的建设是一项新的伟大工程。党中央也在作出“党风问题是有关党的生死存亡的问题”②“坚持党的领导，必须改善党的领导”③等重大判断的同时，把加强制度建设引入党的建设。1982 年党的十二大通过的党章重新写入了关于加强党的

① 《十三大以来重要文献选编》下，人民出版社 1993 年版，第 1861 页。
② 《陈云文选》第 3 卷，人民出版社 1995 年版，第 273 页。
③ 江泽民：《论党的建设》，中央文献出版社 2001 年版，第 508 页。

建设的内容，第一次从政治上、组织上对加强党的建设提出了更高的要求，明确规定了民主集中制和党的纪律。针对改革开放初期农村党建出现的突出问题，1985 年党中央发出《关于农村整党工作部署的通知》，明确提出“要从严治党，坚决反对那种讲面子不讲真理，讲人情不讲原则，讲派性不惜牺牲党性的腐朽作风”①。这是党的文献中第一次出现“从严治党”的概念。党的十三大强调“必须从严治党，严肃执行党的纪律”②。此后，历次党代会报告都强调必须坚持从严治党的要求。党的十三届四中全会后，面对党的建设所遇到的新问题新情况，党中央提出了“治国必先治党，治党务必从严。治党始终坚强有力，治国必会正确有效”③的判断，党风廉政建设、反腐败和保持党的先进性纯洁性成为市场经济体制下管党治党的重心。党的十四大提出“坚持党要管党和从严治党”的主张，并正式将“坚持从严治党”写入党章，标志着“从严治党”自此成为管党治党的根本遵循和总的指导原则。党的十五大提出：“从严治党，是保持党的先进性和纯洁性，增强党的凝聚力和战斗力的保证”④“把从严治党的方针贯彻到党的建设的各项工作中去”⑤。这次大会特别强调了反腐败的紧迫性，制定了反腐败的举措。“反对腐败是关系党和国家生死存亡的严重政治斗争”“既要树立持久作战的思想，又要一个一个地打好阶段性战役”“坚持标本兼治，教育是基础，法制是保证，监

---

① 王炳林等：《关键一招——改革开放的中国智慧》，人民出版社 2018 年版，第 201 页。

② 《十三大以来重要文献选编》上，中央文献出版社 1991 年版，第 53 页。

③ 《江泽民文选》第 2 卷，人民出版社 2006 年版，第 496 页。

④ 《江泽民论有中国特色社会主义（专题摘编）》，中央文献出版社 2002 年版，第 614 页。

⑤ 江泽民：《论党的建设》，中央文献出版社 2001 年版，第 268 页。

督是关键”“通过深化改革，不断铲除腐败现象滋生蔓延的土壤”[①]。党的十五大提出“越是改革开放，越是发展社会主义市场经济，越要从严治党”[②]，明确提高党的领导水平和执政水平、提高拒腐防变和抵御风险能力是党在市场经济条件下必须解决的两大历史性课题。党的十六大继党的十四大后，把“坚持党要管党、从严治党”写入党章。党的十七大强调“必须把党的执政能力建设和先进性建设作为主线，坚持党要管党、从严治党，贯彻为民、务实、清廉的要求”[③]，首次明确提出“反腐倡廉建设”概念，并把它同之前的思想、组织、作风、制度四大建设并列，扩展了党的建设的总体布局。党的十八大强调“坚持党要管党、从严治党，全面加强党的思想建设、组织建设、作风建设、反腐倡廉建设、制度建设，增强自我净化、自我完善、自我革新、自我提高能力”“确保党始终成为中国特色社会主义事业的坚强领导核心”[④]。

中国特色社会主义进入新时代，以习近平同志为核心的党中央从关系执政党生死存亡的历史高度和人心向背这个最大政治出发，以“刮骨疗毒”“壮士断腕”的决心和勇气推进全面从严治党，坚持把政治建设放在首位，把思想建党和制度治党相结合，整饬党风，严惩腐败，净化党内政治生态。全面从严治党已经成为新时代加强党的建设的鲜明主题。2012 年，习近平首次当选总书记后即在中外记者见面会上作出庄严

① 江泽民：《高举邓小平理论伟大旗帜 把建设有中国特色社会主义事业全面推向二十一世纪》，人民出版社 1997 年版，第 55 页。

② 《十五大以来重要文献选编》中，中央文献出版社 2001 年版，第 1108 页。

③ 《胡锦涛文选》第 2 卷，人民出版社 2016 年版，第 652 页。

④ 胡锦涛：《坚定不移沿着中国特色社会主义道路前进 为全面建成小康社会而奋斗》，人民出版社 2012 年版，第 50 页。

承诺："我们的责任，就是同全党同志一道，坚持党要管党、从严治党，切实解决自身存在的突出问题，切实改进工作作风，密切联系群众，使我们党始终成为中国特色社会主义事业的坚强领导核心。"[①]紧接着，党中央就出台了"八项规定"，向全党发出正风肃纪、从严治党的强烈信号，正式拉开"无禁区、全覆盖、零容忍"，"老虎""苍蝇"一起打的全面从严治党大幕。2014年12月，习近平总书记在江苏考察调研时强调："全面从严治党是推进党的建设新的伟大工程的必然要求"，并第一次将"全面从严治党"与全面建成小康社会、全面深化改革、全面依法治国并列纳入"四个全面"战略布局。党的十九大强调要"坚定不移全面从严治党，不断提高党的执政能力和领导水平"，并分别从"把党的政治建设放在首位""用新时代中国特色社会主义思想武装全党""建设高素质专业化干部队伍""加强基层组织建设""持之以恒正风肃纪""夺取反腐败斗争压倒性胜利""健全党和国家监督体系""全面增强执政本领"[②]八个方面进行了部署。党的二十大在充分肯定过去管党治党历史经验的基础上，明确提出"坚定不移全面从严治党，深入推进新时代党的建设的伟大工程"的新目标，并从"坚持和加强党中央集中统一领导""坚持不懈用新时代中国特色社会主义思想凝心铸魂""完善党的自我革命制度规范体系""建设堪当民族复兴重任的高素质干部队伍""增强党组织政治功能和组织功能""坚持以严的基调强化正风肃纪""坚决打赢反腐败斗争攻坚战持久战"七个方面提出了更高要求。

① 《十八大以来重要文献选编》上，中央文献出版社2014年版，第70页。

② 习近平：《决胜全面建成小康社会　夺取新时代中国特色社会主义伟大胜利》，人民出版社2017年版，第68页。

“经过坚决斗争，全面从严治党的政治引领和政治保障作用充分发挥，党的自我净化、自我完善、自我革新、自我提高能力显著增强，管党治党宽松软状况得到根本扭转，反腐败斗争取得压倒性胜利并全面巩固”[①]。但是，面对成绩，习近平总书记依然强调：“我们决不能因此而沾沾自喜、盲目乐观。”这份始终如一的冷静、清醒、坚定通过习近平总书记“作风建设永远在路上”“党风廉政建设和反腐败斗争永远在路上”“全面从严治党永远在路上”“党的自我革命永远在路上”等系列论述清晰地表达了出来。习近平总书记关于全面从严治党的“四个永远在路上”和“永远吹冲锋号”命题，不仅体现了党对管党治党的规律坚持和认识的不断深化，而且彰显了党中央全面从严治党的恒心和韧劲。

“全面从严治党”既突出强调在“从严”二字上狠下功夫，又聚焦以“全面”作为从严治党的基础，“把严的基调、严的措施、严的氛围长期坚持下去，把党的伟大自我革命进行到底”[②]，实现了由“党要管党”到“从严治党”再到“全面从严治党”的战略性演进，理论上一贯坚持了马克思主义从严治党的根本原则，逻辑上集中体现了中国共产党高度重视自身建设的本质属性，方法论上坚持了认识规律的逐步深化过程。新时期推进全面从严治党，有着深刻的理论效用与理论内涵。

其一，有助于构建全面从严治党体系。习近平总书记强调，构建全面从严治党体系是一项具有全局性、开创性的工作。中国共产党百年来，

① 《中共中央关于党的百年奋斗重大成就和历史经验的决议》，人民出版社2021年版，第33页。

② 《习近平在二十届中央纪委二次全会上发表重要讲话强调 一刻不停推进全面从严治党 保障党的二十大决策部署贯彻落实》，2023年1月10日《人民日报》。

特别是新时代以来，不断加深对于自我革命的规律性认识，不断推进党的建设理论创新、实践创新、制度创新，初步构建起了全面从严治党体系。全面从严治党体系是一个动态系统，它随着全面从严治党面临的问题、实践发展、目标旨归等的变化而变化。就内涵而言，要“坚持内容上全涵盖、对象上全覆盖、责任上全链条、制度上全贯通”；就功能而言，要建设长期执政的马克思主义政党；就规范而言，要“坚持制度治党、依规治党”“突出运用治理的理念、系统的观念、辩证的思维管党治党建设党”；就运行而言，要“突出党的各方面建设有机衔接、联动集成、协同协调，更加突出体制机制的健全完善和法规制度的科学有效”①。

其二，有助于全面提升党的执政能力与执政水平。办好中国的事情，全面建设社会主义现代化国家、全面推进中华民族伟大复兴，关键在党；办好党的事情，关键是要坚持党要管党、全面从严治党。中国共产党作为马克思主义执政党，之所以能够从革命战争年代的各种政治力量中脱颖而出，走在时代前列，成为中华民族和中国人民的主心骨，总结起来，“根本原因在于我们党始终保持了自我革命精神，保持了承认并改正错误的勇气，一次次拿起手术刀来革除自身病症，一次次靠自己解决了自身问题。”②面对世情、国情、党情深刻变化的现实背景，一方面，形势的发展、事业的开拓以及人民的期待，对我们党的执政能力、执政水平提出了新的更高要求；另一方面，“四大考验”“四种危险”比以往任何时

① 《习近平在二十届中央纪委二次全会上发表重要讲话强调　一刻不停推进全面从严治党　保障党的二十大决策部署贯彻落实》，2023 年 1 月 10 日《人民日报》。

② 中共中央宣传部编：《习近平新时代中国特色社会主义思想学习纲要》，学习出版社、人民出版社 2019 年版，第 223 页。

候都更加尖锐地摆在全党面前，落实党要管党、全面从严治党的任务愈加繁重、形势日益紧迫。因此，我们党不仅要注重完成作为执政党角色使命所担负的历史重任；同时也应逐步强化党的自身建设，管理好作为先锋队性质的组织内部事务。概言之，就要从根本上改革和完善党的领导方式和执政方式，不断提高党的执政能力和执政水平，切实把依法执政、科学执政和民主执政落到实处，筑牢人民群众支持和拥护的牢固根基，使我们党获得源源不断的取信于民的原动力。

其三，有助于增强全体党员的政治素质和党性修为。党员队伍的素质与能力，直接决定着党组织的凝聚力、创造力和战斗力，也深刻反映着党的执政形象。因此，深入推进全面从严治党，事关锻造一支德才兼备、纯洁性与先进性兼具的党员队伍的具体成效。新形势下，党中央提出全面从严治党战略目标，目的就在于从整体上系统构建全方位的党员队伍建设新模式，从而在框定的基础上切实提升党员干部的党性、作风、觉悟等。首先，从策略来看，通过思想建党与制度治党相结合、抓“关键少数”与管“绝大多数”相统一、理论学习与实践教育齐发力等举措，对全体党员进行理想信念教育，思想价值引导，督促广大党员干部增强政治敏锐性和政治鉴别力，主动接受规矩纪律约束，持续强化作风建设。其次，从内涵来看，所谓“全面”，既指涉了治理对象的全覆盖，也囊括了治理内容和治理体系的全方位。也就是说，全面治党不仅包括领导干部，而且包括普通党员；既强调政治建设、思想建设、组织建设、作风建设、纪律建设、反腐败斗争和制度建设，也注重构建不敢腐、不能腐、不想腐一体推进的长效机制。所谓“从严”，其含义体现在治理要求从严、治理标准从严以及追责惩戒从严。中央相继出台“八项规定”“六项禁令”“两个责任”“六大纪律”，目的就是以可视化的规范形式促使党员干部有章可循、有规必遵。对于违反党纪国法的异化分子，无论职位大小、地位高低，发现一个查处一个，以“零容忍”态度坚决处理。

其四，有助于确保如期实现党所确立的奋斗目标。中国共产党自成立之日起，就以履行时代使命为己任，时代使命既是历史使命的延续，同时也是时代本身的映射，深深地打下了时代本身的烙印。履行好时代使命并不是简简单单、轻轻松松一蹴而就即能实现，必须依据现实条件蹄疾步稳分步推进。党的二大确定了党的最低纲领和最高纲领，这是由当时中国社会的政治、经济状况和革命任务所决定的，纲领的提出指明了革命的步骤以及日后奋斗的基本方向。党的十一届三中全会以后，中国特色社会主义事业得以开创、坚持和发展。党的十五大报告首次提出“两个一百年”奋斗目标。党的十六大、十七大均对“两个一百年”宏伟目标作了强调和安排。党的十八大、十九大确立了全面建成小康社会的阶段性目标，发出了向“两个一百年”奋斗目标冲刺的时代号召。党的二十大在如期全面建成小康社会的基础上，提出了全面建设社会主义现代化国家、全面推进中华民族伟大复兴的新目标。加速实现第二个百年奋斗目标，关键在党，关键在党的思想、作风、纪律、战斗能力和领导水平，说到底，就是关键在党的先进性。党的先进性是党赢得人民长期信任和热情拥护的先决条件，是党始终站在时代前列，如期实现党及其领导的伟大事业取得胜利的重要保证。党的先进性集中表现在党的性质、宗旨、目标、作风、纪律等要素在党员思想行动上的综合反映。深入推进全面从严治党，就是要全面从严加强党员干部队伍建设，时刻督促广大党员干部外树形象、内强精神、增添本领，始终保持良好的党群关系、干群关系，进而为实现党的纲领目标凝聚强大合力。

（三）中华优秀传统文化的治理智慧

中华优秀传统文化源远流长、博大精深，其中蕴含着极其丰富而影响久远的社会治理资源。吏治思想是中华优秀传统政治文化中不可或缺的重要组成部分。挖掘并吸收其中有益的精髓部分，对于拓宽全面从严治党的理论内涵，丰富全面从严治党的科学体系，增强全面从严治党的理论自觉和理论自信，大有裨益。

中国古代吏治，是作为国家政治管理体系中的重要一环而生成运作的。自官僚制度全面取代世卿制度以后，历代封建统治者从政治统治的实际需要出发，通过培植等级森严的庞大官僚队伍，实施政权稳固，夯实执政根基，实现有效社会秩序管控。有研究者认为："吏治就是各个历史时期统治者和社会民众对官吏提出的一套规章制度和行为规范。"[①] 也就是说，传统社会中的官僚体系作为一种约束力量而存在，并且总是与伦理道德体系遥相呼应。

先秦时期是中国历史上的剧烈变革期，也是思想文化空前繁荣期。吏治思想正是在百家争鸣中逐步成形。儒家和法家是思想主张截然不同的两大流派，由于迎合了当时社会政治形势的需要，因而成为先秦吏治思想的主要代表。"儒家举贤能的德治思想与法家重军功的法治思想，成为先秦吏治思想的核心。"[②] 儒家认为，为官之道在于德。所谓"为政以

① 桑玉成、梁海森：《论吏治的伦理基础与道德引领》，《上海师范大学学报》2018 年第 2 期。

② 龙昶、贺志明：《我国古代吏治思想的形成与发展》，《湖南社会科学》2011 年第 3 期。

德，譬如北辰。居其所而众星拱之”①。换言之，君王可以通过任命兼具贤能和仁义品质的官吏来治理国家，因为贤吏能够“修己以安人”，“修己以安百姓”②。这种思想在汉初“无为而治”的宽松政治环境中得到了极大发展。从“举孝廉”到“唯才是举”，贤才在治国理政中的重要地位取得普遍共识。此外，儒家尤为强调为政者应严于律己，以身作则，当好表率，带头做到作风正派、处事公正。所谓“政者，正也。子帅以正，孰敢不正”③。法家与儒家有着相差甚远的吏治主张。在法家看来，由于“性本恶”，因而官吏为贪、民人为盗，这些都是人性使然。只有诉诸法律监督之途径，才能达到最佳治吏效果。法家思想的集大成者韩非子提出“圣人治吏不治民”的命题，认为“吏者，民之本纲也”④。更进一步讲，圣明的君主通过官吏管理就能实现国治，进而达到民治。为有效实施吏治，法家又相继提出了“明法治吏”等思想主张。值得注意的是，儒家虽然主倡德治，但并不排斥法治，强调“明德慎罚”“礼法合治”，注重“礼”“德”与“法”“罚”的并举，认为应把内在教化和外在刑罚有效结合起来。

为了更好地维护封建统治，更有效地加强对官吏民众的控制，封建统治者还设计了一整套选吏、管吏、治吏的严谨周密制度。对官吏的选拔、考绩、奖惩、任免以及教育，构成了古代吏治的重要内容。

一是确立了严格选仕的选官制度。古代的官吏选拔制度，经历了由萌芽到成熟的逐步演变过程。科举以前一般采取推荐与考试相结合的制

---

① 《论语·为政》。
② 《论语·宪问》。
③ 《论语·颜渊》。
④ 《韩非子·外储说右下》。

度。譬如，秦汉时期的察举制、魏晋南北朝的九品中正制。肇始于隋唐时期的科举制，合计延续了1300多年，它是中国历史上选拔官吏的重要创举，奠定了古代文官制度的基础。值得一提的是，东汉时期治国理念上极力推崇“以孝治天下”，尤为注重对官吏德行的考察。这些选拔机制打破了任人唯亲的选官制度，有助于不拘一格选拔优秀人才，提高了官员选拔的公平性、公正性和公开性，营造了良好的选人用人环境。这些内容和做法，对于今天树立正确的选人用人导向，准确把握新时期好干部标准，从而锻造一支忠诚干净担当的党员干部队伍，为全面从严治党提供坚强组织保证，具有重要的启示和借鉴意义。

二是形成了优胜劣汰的考课制度。考课制度是我国古代职官管理的一项重要制度。考课也称考绩、考成、考功，是古代官员为官期间，根据一定准则对官员进行业绩能力的考核评价，在此基础上进行相应的升贬奖惩。“考课制度是对各级官员在其任职期限之内履行职责情况的考核与考察，是督促官吏认真履行职责的一种重要手段。”①历朝的考课制度类型多样。先秦时期的“上计制度”；秦朝的“五善”与“五失”制度；两汉时期的纵横有序、层层考核制度；魏晋南北朝的“都官考课七十二法”等；唐代的“四善”“二十七最”；宋代的磨勘、历纸；明清的考满法。这些制度基本功能是考察官吏的德、能、勤、绩、廉。尽管考课内容不尽相同，但总的特点首先在于以德绩为主，把官德作为评价官员清廉与否的基本指标；其次是制度严密，通过规范化的规则体系约束官吏行政行为，防范纠止贪腐现象发生，督促和“倒逼”各级官吏笃职勤政。

---

① 曹平：《中国古代吏治经验及其借鉴价值——以现代行政监察制度创新为中心》，《法学评论》2015年第6期。

"官吏能否做到以国家社稷为重，利国利民，从内在因素来说取决于官吏的综合素质，从外在因素来说取决于国家对官吏的督促和检查，考绩正是它的基本实现手段。"[①]

三是制定了重典惩贪的监察制度。古代吏治不仅强调伦理道德的社会评估，同样重视制度规约的贯彻执行。萌芽于先秦、形成于秦汉的监察制度，是我国古代政治制度的重要内容，也是与考课制度相辅相成的一项制度安排。制定监察制度的目的主要是通过有针对性的巡视巡察，监督法律法令实施的具体情况，防范惩治各类隐性职务犯罪，以此确保政令畅通、法纪生效，各级官吏遵纪守法、恪尽职守。监察制度有着众多显著的特征。总的来看，"经过长期的嬗变，中国古代监察制度形成了监察机构独立化、监察官员选拔制度化、监察方式多样化、监察制度法律化等特点"[②]。

四是建立了倡廉惩贪的廉政制度。"廉者，政之本也。"[③]在某种意义上，中国古代的吏治历史，就是一部倡廉惩贪史。历朝历代的贤明君主，为了实现政权稳固和社会长治久安，都竭力通过倡廉惩贪实现治国安邦。西周制定的《吕刑》列举了贪赃枉法的五种表现，即惟官、惟反、惟内、惟货、惟来，并且规定，凡触犯者都应受到同等的刑罚。秦朝考绩中的"五失"之一是"据官善取"，也就是说，如果官员为官期间巧取豪夺，就会面临严酷的处罚。汉承秦制，同时也开创凭借立法整顿吏治的先河，注重把倡廉惩贪作为官吏日常考核的重要内容。唐朝注重运用法律使倡

① 焦国成:《德治中国》，中共中央党校出版社 2002 年版，第 65 页。
② 张国安:《论中国古代监察制度及其现代借鉴》,《法学评论》2009 年第 2 期。
③《晏子春秋·内篇杂下》。

廉惩贪趋于规范化和系统化。如制定了《唐律》《职制律》等法规。宋朝创立的廉察制度，将官吏廉洁与否作为升贬任用的参考依据。明朝立足刑事处罚，强调重典治吏。《大明律》将惩治犯罪的“吏律”置于首章。清代惩贪之法沿袭明律，颁布了《大清律》《清会典》等法规，清初惩贪力度尤大。总的来看，“依法惩贪使贪污、怠政之官吏得到处罚，维护了统治秩序，在一定程度上实现了廉政”①。

治国必先治党，治党首在治官。古代统治者在官吏治理方面积累了丰富的实践经验。梳理与回顾古代吏治传统及其治吏经验，总结汲取其中的合理成分，为全面从严治党提供必要的历史借鉴。正如习近平总书记在十九届中央政治局第十次集体学习时指出：“重视吸取历史经验是我们党的一个好传统。历史记述了前人的成功和失败，重视、研究、借鉴历史，了解历史上治乱兴衰规律，可以给我们带来很多了解昨天、把握今天、开创明天的启示。”②当然，作为特定历史时期政治、经济、文化综合作用的产物，传统吏治文化具有浓厚的“人治”色彩，因而也就不可避免地带有片面性和局限性，但诸如依法治吏、倡廉惩贪等思想，对于今天我们党加强自身建设仍具有重要借鉴价值。

二、全面从严治党的历史逻辑

全面从严治党是中国共产党人在管党治党实践中对马克思主义政党

---

① 肖杰：《中国古代廉政思想论纲》，《福建行政学院学报》2009 年第 5 期。

② 《习近平在中共中央政治局第十次集体学习时强调　严把标准公正用人拓宽视野激励干部造就忠诚干净担当的高素质干部队伍》，2018 年 11 月 27 日《人民日报》。

学说的丰富和发展，也是中国共产党的本质特征和鲜明标识。从新民主主义革命时期的“思想建党”到新时代的“把政治建设放在首位”，中国共产党全面从严治党的内涵和外延随着党面临的环境、任务等的变化不断发展，既体现了党的优良作风和传统，回应了百年历史进程的阶段性需要，又体现了对世界上其他政党执政兴衰的镜鉴。

（一）中国共产党人的优良传统

中国共产党作为马克思主义执政党，自成立以来就十分重视党的自身建设问题。在中国革命、建设和改革的各个历史时期，以毛泽东、邓小平、江泽民、胡锦涛、习近平同志为主要代表的中国共产党人，十分强调党的自身建设的重要性。一方面科学继承了马克思列宁主义关于无产阶级政党的党建学说；另一方面在吸收借鉴其他政党建设经验的基础上，把握时代发展脉搏，洞悉实践发展新需要，创造性地运用马克思主义党建理论指导党的建设具体实践，形成了具有时代气息和民族气派的中国化管党治党优良传统。

以毛泽东同志为核心的党的第一代中央领导集体高度重视从严治党工作，致力于把马克思主义党建理论同中国革命与建设的具体实践相结合，探索“建设一个全国范围的、广大群众性的、思想上政治上组织上完全巩固的布尔什维克化的中国共产党”①。他着重从思想建设、组织建设和作风建设等方面关注从严治党问题，也就是“要有一个有纪律的、思想上纯洁的、组织上纯洁的党，合乎统一的标准的党”②。思想建设是

① 《毛泽东选集》第2卷，人民出版社1991年版，第602页。
② 《毛泽东文集》第3卷，人民出版社1996年版，第261页。

毛泽东集中关注的重要内容。在《井冈山的斗争》中，毛泽东明确指出了加强党的思想建设的极端重要性。“我们感觉无产阶级思想领导的问题，是一个非常重要的问题。”[①]1939 年 10 月，在为党中央创办的党内刊物《共产党人》所写的发刊词中，毛泽东首次把党的建设列为夺取中国革命胜利的三大法宝之一，并将其称为“伟大的工程”。1942 年 5 月，延安文艺座谈会顺利召开，毛泽东在会上号召同志们既要在组织上入党，更要在思想上入党。组织坚强、组织纯洁、组织严密是我们党在长期革命斗争中养成的优秀品质。早在 1928 年 10 月，毛泽东在分析《中国的红色政权为什么能够存在？》时，指出其中很重要的一条就是党的组织建设的坚强有力。“红色政权的长期的存在并且发展，除了上述条件之外，还须有一个要紧的条件，就是共产党组织的有力量和它的政策的不错误。”[②]毛泽东尤为重视民主集中制的组织原则。“这种民主和集中的统一，自由和纪律的统一，就是我们的民主集中制。”[③]此外，他还格外重视干部队伍的考察与培养工作。“必须善于识别干部。不但要看干部的一时一事，而且要看干部的全部历史和全部工作，这是识别干部的主要方法。”[④]作风建设方面，通过历史经验的总结反思，毛泽东强调全党要树立“理论和实践相结合的作风，和人民群众紧密地联系在一起的作风以及自我批评的作风”[⑤]。

党的十一届三中全会以后，以邓小平同志为核心的党的第二代中央

---

① 《毛泽东选集》第 1 卷，人民出版社 1991 年版，第 77 页。
② 《毛泽东选集》第 1 卷，人民出版社 1991 年版，第 50 页。
③ 《毛泽东著作选读》下册，人民出版社 1986 年版，第 762 页。
④ 《毛泽东选集》第 2 卷，人民出版社 1991 年版，第 527 页。
⑤ 《毛泽东选集》第 3 卷，人民出版社 1991 年版，第 1093 页。

领导集体，解放思想、实事求是，在总结反思建党尤其是新中国成立以来党建工作经验教训的基础上，突出强调围绕制度化建设全方位加强党的建设。他总结道："我们过去发生的各种错误，固然与某些领导人的思想、作风有关，但是组织制度、工作制度方面的问题更重要。这些方面的制度好可以使坏人无法任意横行，制度不好可以使好人无法充分做好事，甚至会走向反面。"[①]此外，"我们一定要坚持党的领导，改善党的领导，加强党的纪律和战斗力，使我们能够胜任对于整个国家和各族人民的巨大领导责任"[②]。在同几位中央负责同志谈话时，他明确指出："我们一手抓改革开放，一手抓惩治腐败，这两件事结合起来"[③]。针对改革开放持续推进过程中党风出现局部污浊的状况，邓小平在中央政治局常委会上更是直言不讳："有些党员干部的作风和社会风气实在太坏了，在整顿风气中确实有些人要开除党籍，要清理一下。"[④]在党的十三大报告中，邓小平旗帜鲜明地阐明了纠正和处理党内腐败问题的坚决态度："经验证明，仅仅靠教育不能完全解决问题，必须从严治党，严肃执行党的纪律。"[⑤]南方谈话时，邓小平更是强调："我们要反对腐败，搞廉洁政治。不是搞一天两天、一月两月，整个改革开放过程中都要反对腐败。"[⑥]邓小平关于执政党建设的理论，丰富和发展了马列主义、毛泽东建党思想，他提出的新时期党的建设的新目标、新思路、新方法，为弘扬党的

---

① 《邓小平文选》第2卷，人民出版社1994年版，第333页。
② 《邓小平文选》第2卷，人民出版社1994年版，第273页。
③ 《邓小平文选》第3卷，人民出版社1993年版，第314页。
④ 《邓小平文选》第3卷，人民出版社1993年版，第153页。
⑤ 《十三大以来重要文献选编》上，人民出版社1991年版，第53页。
⑥ 《邓小平文选》第3卷，人民出版社1993年版，第327页。

建设优良传统，把党建设得更加坚强有力，指明了努力方向。

党的十三届四中全会以后，以江泽民同志为核心的党的第三代中央领导集体继往开来，承继并发展了邓小平关于从严治党的一系列思想理论，着力提升党的领导水平和执政水平，紧紧围绕“建设一个什么样的党、怎样建设党”这个基本问题进行了不懈探索。在党的十四大报告中，江泽民强调指出：“腐败分子危害党和人民，不论是什么人，都必须依照党纪国法，坚决予以惩处。”[①]2001年，在庆祝建党80周年大会上，江泽民系统阐述“三个代表”重要思想的科学内涵，同时提出了“党要管党，从严治党”的时代命题。党要管党集中体现了党高度重视自身建设的鲜明态度；从严治党充分表明了党勇于自我革命的坚定信心和决心。

党的十六大以来，以胡锦涛同志为总书记的党中央，始终围绕党的执政能力建设、先进性与纯洁性建设这条主线，注重思想道德建设和制度建设相结合，以完善惩治和预防腐败体系为重点加强反腐倡廉建设。着眼于“要坚持以党的执政能力建设为重点，着眼于解决提高党的领导水平和执政水平、增强拒腐防变和抵御风险能力这两大历史性课题，坚持党要管党、从严治党，全面推进党的建设新的伟大工程”[②]。在纪念十一届三中全会30周年讲话中，胡锦涛明确指出，坚持党要管党、从严治党，以从严治党推进党的先进性建设，重点是一体推进思想建设、组织建设、作风建设、制度建设以及反腐倡廉建设，构筑起管党治党的堤坝。在党的十八大报告中，胡锦涛再次重申了“党要管党、从严治党”的方针，从而把从严治党理论与实践推向了更高阶段。

---

① 《江泽民文选》第1卷，人民出版社2006年版，第249页。

② 《胡锦涛文选》第2卷，人民出版社2016年版，第147页。

（二）新时代中国共产党的执政方位

时代是思想之母，实践是理论之源。党的十九大宣告："经过长期努力，中国特色社会主义进入了新时代，这是我国发展新的历史方位。"[①]这一重大政治论断，彰显了我们党与时俱进顺应时代潮流的先进品质，体现了我们党善于总结把握历史发展趋势的高度自觉，为我们党科学制定党的路线方针政策提供了理论依据。处于新的历史方位，以习近平同志为核心的党中央领导集体，在领导人民建设中国特色社会主义的伟大实践中，顺应时代发展、回应实践需求、响应人民期盼，提出了推进全面从严治党这一重大战略布局。如何把党建设得更加坚强有力，从而把握时代脉搏，抢抓战略机遇，迎接风险挑战，引领实现第二个百年奋斗目标和中华民族伟大复兴中国梦，是摆在中国共产党人面前的重大课题。

首先，新时代国际环境呈现了新变化。习近平总书记在接见2017年度驻外使节工作会议代表时指出："放眼世界，我们面对的是百年未有之大变局。"[②]当今世界正发生着深刻而复杂的变化。一方面，各种利于构建人类命运共同体的积极因素不断增长。经济全球化深入发展，世界多极化越发明显，文化多样化渐趋成型，信息技术突飞猛进。随着科技进步日新月异，经济与科技不断趋于信息化、全球化。与此同时，国际战略格局、利益格局以及政治经济秩序面临深度调整，新兴市场国家和发

① 习近平：《决胜全面建成小康社会　夺取新时代中国特色社会主义伟大胜利》，人民出版社2017年版，第10页。

② 《习近平接见2017年度驻外使节工作会议与会使节并发表重要讲话》，《人民日报》2017年12月29日。

展中国家群体性崛起，国际力量对比更趋平衡，新型国际关系日益形成。各国联系日益密切，各种国际组织、跨国公司、NGO 活动频繁，联系日益密切。平等合作、互利共赢正逐渐成为各主体国家间交往的重要原则。另一方面，虽然和平与发展仍是时代主题，但同时面临着不确定性因素的严重冲击。主要体现在：世界经济增长不稳定不确定因素依然存在；全球发展的不平衡加剧了各种矛盾和冲突，保护主义、单边主义时有抬头；粮食安全、能源资源安全、网络安全、生物安全、气候变化等全球性问题依然突出；恐怖主义、霸权主义、强权政治和新干涉主义时有升级，局部冲突和地区动荡频发；新的国际政治经济秩序面临重组的困境；特别是新冠疫情在全球的肆虐蔓延，地区局部冲突时有发生；等等。全球性的"治理赤字、信任赤字、和平赤字、发展赤字，成为摆在全人类面前的严峻挑战"①。

以中国为代表的广大发展中国家经济快速发展，综合国力显著提升，国际地位和国际影响力显著增强。但与西方发达国家相比总体上仍然存在一定差距。面对机遇与挑战并存的局面，中国共产党必须加强自身建设，以坚强有力的面貌保持足够战略定力，在国际浪潮中审时度势抢抓发展机遇，趋利避害应对风险挑战，从而为维护国家利益和安全，构建人类命运共同体贡献中国智慧和中国力量。"在百年未有之变局中，中国需要深度参与国际体系调整与重塑，强化全球治理能力，提供更多、更好的中国智慧和中国方案，推动国际秩序向着更加公正合理的方向发展。"②

① 中共中央宣传部编：《习近平新时代中国特色社会主义思想学习纲要》，学习出版社、人民出版社 2019 年版，第 209 页。

② 王帆：《战略机遇期的判断与维护》，《国际问题研究》2018 年第 5 期。

其次，新时代国内环境展现了新特点。改革开放以来，特别是党的十八大以来，我国经济社会发展取得了举世瞩目的历史性成就。经济总量持续稳居世界第二位，全面深化改革不断向纵深突破，民主法治建设更加制度化定型化，思想文化建设日益丰富充实，人民生活水平稳步提高，生态文明建设成效显著。国家的整体面貌、人民的面貌发生了翻天覆地的变化。但同时，我们面临的任务也比以往更艰巨，挑战更严峻。

我国社会主要矛盾发生变化。党的十九大报告指出："中国特色社会主义进入新时代，我国社会主要矛盾已经转化为人民日益增长的美好生活需要和不平衡不充分的发展之间的矛盾。"①这一重大政治论断，是基于对人类社会矛盾运动规律和现阶段我国基本国情的深刻认识而作出的科学判断，有着深刻的理论依据和现实基础。经过改革开放 40 多年快速发展，我国社会生产力得到极大解放和发展，生产力总体水平明显提升。人民生活水平不断改善和提高，实现了由基本温饱到解决温饱再到总体小康的历史性跨越。但同时，由于历史传统、经济基础、地理条件等因素制约，现阶段我国生产力发展仍具有明显的不平衡性、不充分性，发展质量和效益也有待进一步提升，这就与人民群众对美好生活的新要求新期待存在一定差距。

全面深化改革进入攻坚期。习近平总书记指出："改革开放是决定当代中国命运的关键一招，也是决定实现'两个一百年'奋斗目标、实现中华民族伟大复兴的关键一招。"②党的十一届三中全会揭开了改革开放

---

① 习近平：《决胜全面建成小康社会　夺取新时代中国特色社会主义伟大胜利》，人民出版社 2017 年版，第 11 页。

② 《习近平关于全面深化改革论述摘编》，中央文献出版社 2014 年版，第 30 页。

大幕，把党和国家工作中心转移到经济建设上来，这是一个重大战略决策。40 多年来，我们党团结带领全国各族人民，始终坚持对内改革，不断扩大对外开放，使中国特色社会主义建设事业取得长足发展，党和人民事业在深化改革的激流中破浪前进。然而，随着改革步伐的稳中有快，改革强度纵向深入，以往改革中尚未暴露的深层矛盾日渐凸显。“随着改革进入攻坚期和深水区，遇到的阻力越来越大，面对的暗礁、潜流、漩涡越来越多。”[①] 面对这些情况，党的十八届三中全会审议通过了《中共中央关于全面深化改革若干重大问题的决定》，就全面深化改革作出总部署、总动员，明确提出我国全面深化改革的总目标是完善和发展中国特色社会主义制度、推进国家治理体系和治理能力现代化。全面深化改革总目标的实现是一个系统复杂的工程，表现在政治上，就是要通过从严管党治党来加强和改善党的领导，切实提高党的领导能力和执政水平，敢啃能啃“硬骨头”，确保现代化建设事业在党的坚强领导下蹄疾步稳向前推进。党的十八大以来，习近平总书记先后主持召开中央全面深化改革委员会会议 24 次，为全面深化改革把脉掌舵。特别是党的十九大以来的历次全会出台的重要文件，为进一步全面深化改革添加了推进器和稳压器。党的十九届三中全会通过的《中共中央关于深化党和国家机构改革的决定》和《深化党和国家机构改革方案》对于转变政府职能，优化政府机构设置和职能配置，更好地破除制约市场在资源配置中起决定性作用、更好发挥政府作用的体制机制弊端，推动高质量发展具有十分重要的意义。党的十九届四中全会通过的《中共中央关于坚持和完善中

① 中共中央宣传部编：《习近平新时代中国特色社会主义思想学习纲要》，学习出版社、人民出版社 2019 年版，第 81 页。

国特色社会主义制度、推进国家治理体系和治理能力现代化若干重大问题的决定》对于坚定“四个自信”，战胜各种风险和挑战，确保党和国家事业兴旺发达、长治久安具有十分重大的现实意义和深远的历史意义。

全面建设社会主义现代化强国踏上新征程。经过全党全国人民的持续奋斗，习近平总书记在庆祝中国共产党成立100周年大会上庄严宣告：“我们实现了第一个百年奋斗目标，在中华大地上全面建成了小康社会，历史性地解决了绝对贫困问题，正在意气风发向着全面建成社会主义现代化强国的第二个百年奋斗目标迈进。”[①]新目标的提出，是对中国共产党围绕中华民族伟大复兴，一张蓝图绘到底，一代又一代接力探索的历史延续，也是我们党具有锐意进取精神的深刻感召，体现了我们党强烈的使命感和高度的责任担当。如期实现目标，必须紧扣新时代我国社会主要矛盾的转化，统筹推进“五位一体”总体布局，协调推进“四个全面”战略布局，通过改革“利剑”打破利益藩篱，激活发展动力，使改革发展成果真正惠及十几亿人民。习近平总书记指出：“高质量发展是全面建设社会主义现代化国家的首要任务。”[②]全面建设社会主义现代化国家，“必须完整、准确、全面贯彻新发展理念，坚持社会主义市场经济改革方向，坚持高水平对外开放，加快构建以国内大循环为主体、国内国际双循环相互促进的新发展格局”[③]。全面建成社会主义现代化强国的重

① 习近平：《在庆祝中国共产党成立100周年大会上的讲话》，人民出版社2021年版，第2页。

② 习近平：《高举中国特色社会主义伟大旗帜　为全面建设社会主义现代化国家而团结奋斗》，人民出版社2022年版，第28页。

③ 习近平：《高举中国特色社会主义伟大旗帜　为全面建设社会主义现代化国家而团结奋斗》，人民出版社2022年版，第28页。

点依然在“全面”，即要坚持在大力发展生产力的同时，补齐发展中的短板，通过必要的政策倾斜，缩小客观存在的各方面差距，让全体人民逐步走向共同富裕。作为一项庄严承诺和实现中华民族伟大复兴中国梦的关键一步，这一宏伟目标的实现离不开党的坚强领导。全党必须继续保持谦虚谨慎、艰苦奋斗的优良作风，始终心怀“国之大者”，在各种考验中不断提高政治判断力、政治领悟力、政治执行力，提高把握新发展阶段、贯彻新发展理念、构建新发展格局的政治能力、战略眼光、专业水平，敢于担当、善于作为，调动一切可以调动的积极因素，团结一切可以团结的力量，全力办好自己的事，锲而不舍实现我们的既定目标。

（三）世界其他政党执政的历史镜鉴

以史为鉴，可以知兴替。习近平总书记指出：“我们党在长期实践中，不断总结自己正反两方面经验，也积极借鉴国外执政党建设的经验教训，深刻认识到了一些从严治党规律，这些都要继续运用好。”[①]20 世纪下半叶，一些长期连续执政的国外政党，如苏联共产党、日本自民党、印度国大党、墨西哥革命制度党等相继丢失政权，成为 20 世纪政党政治发展进程中发人深思的现象。

苏联共产党是由列宁领导创建的以马克思主义为指导的新型无产阶级政党。随着俄国十月革命的胜利，苏联共产党成为世界上第一个社会主义国家政权的执政党。苏共的胜利，极大地鼓舞了世界其他殖民地半殖民地国家无产阶级为争取民族解放事业而不懈奋斗。然而，就是这样

① 习近平：《在党的群众路线教育实践活动总结大会上的讲话》，人民出版社 2014 年版，第 28—29 页。

一个曾经声名显赫、为苏联人民和世界人民赞誉的执政党，在凯歌奏响的 74 个春秋后，黯然地奏起失败的挽歌。关于苏联共产党失败的原因解读，30 多年来，学术界、政界作了相当深入的探究。归结起来主要有以下 10 个方面：经济原因、政治思想原因、民族原因、军备竞赛原因、西方和平演变的原因、苏联共产党自身原因、戈尔巴乔夫的原因、国家体制原因、国家结构原因、宗教原因等。显然，一个执政党的崩溃垮塌绝非偶然事件，无疑蕴含某些必然因素。苏联著名历史学家麦德维杰夫就指出："弱风能将百年老树吹倒，如果这棵树的树干已经从内部腐烂了，我们能将这阵风称为老树死亡的主要原因吗？"①也就是说："苏共垮台、苏联解体的终极原因、决定性因素，在于执政党……在于执政党与民众的关系。"②

苏共失败的惨痛教训告诫我们：执政党只有不断加强和改进党的各方面建设，提升领导能力和执政水平，制定出符合实际切合最广大人民根本利益的路线、方针、政策，才能夯实党的阶级基础，扩大党的群众基础，使党永远立于不败之地。否则，必将为人民所抛弃，终将被历史遗弃。

由普鲁塔尔科·埃利亚斯·卡列斯创立的墨西哥革命制度党，在 1929 年大选中获胜，由此开启了该党上台执政的历史。如果从 1929 年上台执政算起，到 2000 年大选落选黯然下台，革命制度党在墨西哥执政时限长达 71 年。该党以革命民族主义为指导思想和执政纲领。"正是在

---

① ［俄］麦德维杰夫著，王晓玉等译：《苏联的最后一年》，社会科学文献出版社 2005 年版，第 240 页。

② 肖德甫：《苏联共产党执政失败的前前后后》，中央编译出版社 2016 年版，第 10 页。

这一思想的指导下，革命制度党赢得了广大民众的支持和拥护，发展了民族经济，促进了社会稳定，维护了党的团结统一，创造了‘墨西哥奇迹’，保障了墨西哥革命制度党的长期执政。”[①]然而，在2000年总统选举中，革命制度党结束了几十年一党独大的执政历史，成为在野党。导致革命制度党丢失政权的原因固然是多方面的。仅就该党本身而言，主要有以下方面的失当：一是背离了党长期坚持的正确指导思想；二是缺乏有效的内外部监督，导致党内腐败丛生；三是没有采取行之有效的措施，巩固与扩大阶级基础；四是党内派系林立，党组织趋于分化；五是体制僵化，缺乏民主。正是由于这些原因，自20世纪80年代开始，墨西哥革命制度党公信力就呈不断下降趋势，合法性基础遭到严重破坏，给社会转型过程中后发型国家政党留下了惨痛教训。

印度国大党是一个兴衰反复的政党。自1947年至1977年，这一时期为国大党一党独大体制时期；1977年到1989年为国大党日渐衰落时期；1989年至今，主要是国大党与其他政党（主要是印度人民党）多党联合或交替执政时期。从总体上看，印度国大党一党独大地位的丧失，既有内因，也有外因。仅就内因而言，由于长期处于执政位置，忽视了权力的有效监督及制约，导致腐败险象环生而广受诟病，加之政治上民主空气稀薄，逐步削弱了国大党的公信力与执政合法性。“执政的国大党如解决不好腐败问题，难以服众。”[②]

成立于1955年的日本自民党，是由日本政坛两大保守政党——自

① 杨建民：《墨西哥革命制度党执政的经验教训》，《拉丁美洲研究》2014年第4期。

② 韩华：《从一党独大到联合执政：印度国大党的衰落》，《人民论坛》2012年第9期。

由党和民主党合并而成。由于自民党成立后一直把持日本政权，因而自民党素有“万年执政党”之称。然而，1993 年大选中自民党在众议院未能取得半数以上席位，最终只得将政权拱手交给由七党一派组成的联合政府，从而结束了该党长期以来一党执政的局面。究其缘由，主要是自民党内部派阀争斗不断，金权政治泛滥，政治民主萎缩，权力缺乏监督，腐败之风日盛，从而引发了该党执政危机。“自民党在其单独连续执政的 38 年时间里，虽然带来了日本经济的高速发展，但是党内派阀纷争、金权政治、腐败以及一党独大都使民主原则遭到扭曲，使日本国民对自民党，甚至对政治失去了信任。”①

马克思主义自诞生以来，世界各国无产阶级便陆续以其为思想武器进行反抗压迫统治、争取民族解放的顽强斗争。在马克思主义影响下，马克思主义政党在世界范围内如雨后春笋般建立和发展起来。无产阶级政党的出现，为各国工人运动发展提供了必要的领导力量和组织基础，也为无产阶级推翻反动统治夺取革命领导权、建立新的国家政权提供了可能。但是，无产阶级政党推翻压迫性的旧制度夺取国家政权成为执政党后，如果不注意加强自身建设，不采取果断而行之有效的措施办法巩固政权，仍然会面临失败乃至亡党亡国的威胁。前车之鉴、后事之师。正视历史，回顾世界其他执政党跌宕起伏的兴衰历程，目的在于揭示其衰败坎坷的内在原因，总结其没落失败的经验教训，为新时代我们党加强自身建设，提高执政能力，永远立于不败之地，提供有益的启示。从世界其他执政党起伏兴亡的历史中我们可以管窥一斑，“尽管原因错综复

① 王瑜：《日本自民党“一党优位制”的终结》，《当代世界与社会主义》2005 年第 3 期。

杂，但归根结底，是失去了群众的拥护和支持，动摇了执政的根基。”[①]

三、全面从严治党的实践逻辑

全面从严治党是一个理论问题，更是一个实践问题。中国共产党自成立之日起即致力于中华民族伟大复兴事业，但是这项事业并不是敲锣打鼓、轻轻松松就可以实现的，必须要战胜各种艰难险阻。新时代，党只有经受住“四大考验”、化解“四种危险”，才能引领中华民族这艘复兴巨轮英勇向前、行稳致远。

（一）引领中华民族伟大复兴事业的现实需要

党的十九大报告指出：“实现中华民族伟大复兴是近代以来中华民族最伟大的梦想。”[②]习近平总书记在庆祝中国共产党成立100周年大会上也强调：“一百年来，中国共产党团结带领中国人民进行的一切奋斗、一切牺牲、一切创造，归结起来就是一个主题：实现中华民族伟大复兴。”[③]党的二十大把实现中华民族伟大复兴定为“从现在起”的“中心任务”[④]。中华民族伟大复兴是近代以来中华民族的共同梦想，凝聚着一代又一代仁人志士艰辛探索的心血和成果，反映了中国人民对于国富民

---

① 李莉：《从严管党治党》，中国言实出版社2016年版，第80页。

② 习近平：《决胜全面建成小康社会 夺取新时代中国特色社会主义伟大胜利》，人民出版社2017年版，第13页。

③ 习近平：《在庆祝中国共产党成立100周年大会上的讲话》，人民出版社2021年版，第3页。

④ 习近平：《高举中国特色社会主义伟大旗帜 为全面建设社会主义现代化国家而团结奋斗》，人民出版社2022年版，第21页。

强美好生活的憧憬和追求，是几代中国人的夙愿。中国梦是国家的梦、民族的梦，归根到底是人民的梦。中华民族伟大复兴，绝不是轻轻松松、敲锣打鼓就能实现的。实现中华民族伟大复兴这个具有历史性意义的宏伟目标，需要全国各族人民牢牢坚守中国特色社会主义的最本质特征，更需要全党团结奋进、顽强拼搏，带领人民为之付出艰苦卓绝的努力。

“现在，我们比历史上任何时期都更接近中华民族伟大复兴的目标，比历史上任何时期都更有信心、有能力实现这个目标。”[①]这一骄人成就的取得，得益于中国共产党的正确领导，取决于对中国特色社会主义的坚持和发展。实现中华民族伟大复兴，关键在党；应对和战胜前进道路上的各种风险和挑战，关键也在党。历史和人民选择了中国共产党的领导，而中国共产党始终以为中国人民谋幸福、实现中华民族伟大复兴为己任，同时也为世界人民谋利益，在追求自身现代化的同时，努力维护世界和平、促进共同发展。然而，使命是光荣的，任务是艰巨的，任重而道远。作为中国特色社会主义事业的领导核心，尽管“这些年来，我们全面推进党的建设新的伟大工程，党的执政能力得到新的提高，党的先进性和纯洁性得到保持和发展，党的领导得到加强和改善”[②]，但是，“新形势下，我们党的自身建设面临一系列新情况新问题新挑战，落实党要管党、从严治党的任务比以往任何时候都更为繁重、更为紧迫”[③]。我们“必须清醒看到，腐败这个党执政的最大风险仍然存在，存量还未清底，增量仍有发生。……传统腐败和新型腐败交织，贪腐行为更加隐蔽

① 《十八大以来重要文献选编》上，中央文献出版社 2014 年版，第 83 页。

② 《十八大以来重要文献选编》上，中央文献出版社 2014 年版，第 80 页。

③ 《习近平关于全面从严治党论述摘编》，中央文献出版社 2016 年版，第 3 页。

复杂。腐败问题和不正之风交织，‘四风’成为腐败滋长的温床。腐蚀和反腐蚀斗争长期存在，稍有松懈就可能前功尽弃，反腐败没有选择，必须知难而进”①，必须“始终保持‘赶考’的清醒，保持对‘腐蚀’、‘围猎’的警觉，把严的主基调长期坚持下去”②“必须深化标本兼治、系统治理，一体推进不敢腐、不能腐、不想腐”，在不敢腐上持续加压，始终保持零容忍震慑不变；在不能腐上深化拓展，前移反腐关口，深化源头治理；在不想腐上巩固提升，更加注重正本清源、固本培元。要“把不敢腐、不能腐、不想腐有效贯通起来，三者同时发力、同向发力、综合发力，把不敢腐的震慑力、不能腐的约束力、不想腐的感召力结合起来。”③

中国共产党是在实现中国梦的进程中付出了最大牺牲、最大努力的先进政党。“一是中国共产党人因中国梦而生而在而壮大……二是中国人民因中国梦而选择了中国共产党……三是中国共产党人为实现中国梦而努力奋斗。”④为实现中华民族伟大复兴的奋斗目标，必须从战略高度推动党的建设伟大工程。面对新时代世情国情党情深刻变化，要坚持问题导向和目标导向相结合，以更大的勇气更坚强的决心，从领导核心、组织基础、基本保障方面全力推进党要管党、从严治党，为实现中华民族

① 《习近平在十九届中央纪委五次全会上发表重要讲话强调　充分发挥全面从严治党引领保障作用　确保“十四五”时期目标任务落到实处》，《人民日报》2021 年 1 月 23 日。

② 《习近平在十九届中央纪委五次全会上发表重要讲话强调　充分发挥全面从严治党引领保障作用　确保“十四五”时期目标任务落到实处》，《人民日报》2021 年 1 月 23 日。

③ 《习近平在二十届中央纪委二次全会上发表重要讲话强调　一刻不停推进全面从严治党　保障党的二十大决策部署贯彻落实》，《人民日报》2023 年 1 月 10 日。

④ 汪玉奇：《中国共产党人与中国梦》，《农业考古》2013 年第 1 期。

伟大复兴的中国梦奠定坚实基础。

首先，进一步坚持党中央权威和集中统一领导。坚持中国特色社会主义道路，推进社会主义现代化，实现中华民族伟大复兴，必须毫不动摇地坚持党的领导。要牢固树立“四个意识”，自觉做到“两个维护”，坚定拥护“两个确立”，大刀阔斧克服党的领导弱化、组织涣散和纪律松弛，真正实现由“宽松软”向“严实硬”良序嬗变。在此基础上，有效提高党的执政能力，巩固扩大党的执政基础，确保党始终成为中国特色社会主义事业的掌舵者，进而为实现中华民族伟大复兴提供“主心骨”保障。

其次，要选好管好用好干部。“为政之要，莫先于用人。”贯彻落实习近平新时代中国特色社会主义思想，“全面建设社会主义现代化国家，必须有一支政治过硬、适应新时代要求、具备领导现代化建设能力的干部队伍”[①]。空谈误国，实干兴邦。民族复兴目标的顺利实现，终究要诉诸广大人民群众的不懈努力。党员领导干部代表人民群众行使公共权力，在民族复兴事业中扮演着极其重要的角色。“伟大的斗争，宏伟的事业，需要高素质干部。”[②]因此，干部队伍建设以及管理过程中，要坚持党管干部原则，树立选人用人正确导向，“抓好后继有人这个根本大计”[③]“坚持以严的标准要求干部、以严的措施管理干部、以严的纪律约束干部，使干部心有所畏、言有所戒、行有所止”[④]，同时要把严管和厚爱结合起

① 习近平：《高举中国特色社会主义伟大旗帜　为全面建设社会主义现代化国家而团结奋斗》，人民出版社2022年版，第66页。

② 习近平：《在庆祝中国共产党成立95周年大会上的讲话》，人民出版社2016年版，第24页。

③ 习近平：《高举中国特色社会主义伟大旗帜　为全面建设社会主义现代化国家而团结奋斗》，人民出版社2022年版，第67页。

④《十八大以来重要文献选编》中，中央文献出版社2016年版，第97—98页。

来，“落实‘三个区分开来’，激励干部敢于担当、积极作为。关心关爱基层干部特别是条件艰苦地区干部”[①]。

最后，把权力关进制度的牢笼。“我们的权力是党和人民赋予的，是为党和人民做事用的，姓公不姓私，只能用来为党分忧、为国干事、为民谋利。”[②]公权力姓公，也必须为公。然而，不受约束和监督的公权力必然滋生腐败，这已是不争事实。因此，必须建章立制，让制度发力，最大限度地压缩腐败生存空间和滋生土壤。

（二）应对“四大考验”的外在要求

党的建设是党领导的伟大事业不断取得胜利的重要法宝。加强党的建设，必须直面党所面临的挑战。党的十七届四中全会通过的《关于加强和改进新形势下党的建设若干重大问题的决定》首次明确指出：“世情、国情、党情的深刻变化对党的建设提出了新的要求，党面临的执政考验、改革开放考验、市场经济考验、外部环境考验是长期的、复杂的、严峻的，落实党要管党、从严治党的任务比过去任何时候都更为繁重和紧迫。”[③]党的十九大报告强调：“要深刻认识党面临的执政考验、改革开放考验、市场经济考验、外部环境考验的长期性和复杂性”[④]。党的二十大在充分肯定新时代全面从严治党已经“解决了党内许多突出问题”的

---

① 习近平：《高举中国特色社会主义伟大旗帜　为全面建设社会主义现代化国家而团结奋斗》，人民出版社 2022 年版，第 67 页。

② 《十八大以来重要文献选编》中，中央文献出版社 2016 年版，第 325 页。

③ 《中国共产党第十七届中央委员会第四次全体会议文件汇编》，人民出版社 2009 年版，第 5—6 页。

④ 习近平：《决胜全面建成小康社会　夺取新时代中国特色社会主义伟大胜利》，人民出版社 2017 年版，第 61 页。

基础上，依然强调党面临的“四大考验”“将长期存在”[1]。因此，“四大考验”命题的提出绝不是空穴来风，而是有着深刻的现实背景。

一个时期以来，我们党面临着诸多的外部挑战。执政考验是党面临的所有考验中最大的考验。因为执政，我们党团结带领中国人民取得了社会主义革命、建设和改革事业发展的伟大成就，中华民族伟大复兴展现出前所未有的光明前景。在这一进程中，我们党有效应对了各种风险挑战，战胜了各种艰难险阻，特别是敢于刀刃向内、自我革命，不断纯洁自身组织。我们党在新形势下面临着更多新的严峻考验。执政环境日益复杂，腐败现象滋长蔓延，矛盾凸显期对创造执政绩效的能力要求越来越高。“在两党或多党竞争制度下，执政党如果经受不住执政考验，其后果就是随时被其他政党所替代；对于我们党来说，如果经受不住执政考验，就会被人民所抛弃。”[2]也就是说，党的执政地位不是一劳永逸的，执政考验永远在路上。因此，解决好“其兴也勃焉，其亡也忽焉”的历史性课题，必须勇于自我革命、从严管党治党，以壮士断腕的雄心和魄力，增强党的先进性和纯洁性，从而炼就“金刚不坏之身”，乘风破浪，战胜一切艰难险阻。

改革开放考验涉及为什么改、举什么旗、走什么路，沿着什么方向、实现什么目标等一系列基本问题。考验的具体内涵主要有四个方面：方向性考验、复杂性考验、协调性考验、长期性考验。[3]改革开放总设计

---

① 习近平：《高举中国特色社会主义伟大旗帜　为全面建设社会主义现代化国家而团结奋斗》，人民出版社 2022 年版，第 64 页。

② 张志明：《自身始终过硬才能经受住执政考验》，《人民日报》2018 年 3 月 25 日。

③ 陈金龙：《认识把握新时代党面临的改革开放考验》，《人民日报》2018 年 4 月 1 日。

师邓小平指出："如果现在再不实行改革，我们的现代化事业和社会主义事业就会被葬送。"[①]并且强调："一个中心、两个基本点"的战略布局，"我们一定要坚持下去，永远不改变。"[②]随着改革开放深入推进，全面深化改革业已步入攻坚期、深水区，改革面临的阻力增大，意识形态安全也备受挑战。这就要求广大党员干部保持足够政治定力，坚定"四个自信"，广泛凝聚共识，既不走封闭僵化的老路，也不走改旗易帜的邪路，而要在中国特色社会主义道路的宽广征途中，敢于稳步涉险滩，勇于啃下"硬骨头"，把改革开放事业平稳推向前进。

市场经济考验具有时代性和复杂性。主要表现在：市场经济发展带来实体经济波动和金融运行风险；收入分配差距扩大；商品交换法则入侵党内，引发权力寻租。这就要求"我们党既要政治过硬，也要本领高强。"[③]这就是说，一方面，加强党对经济工作的集中统一领导。制定合理方案、部署有效措施，发挥"看不见的手"的决定性作用，利用好"有形的手"的调控作用；另一方面，要以刀刃向内的勇气，敢于动真格，向党内存在的顽瘴痼疾开刀，以零容忍的态度坚决惩治腐败。引导"各级党组织和广大党员要带头模范遵守国家法律法规和党规党纪，自觉抵制商品交换原则对党内生活的侵蚀，筑牢拒腐防变的思想堤坝。"[④]

当今世界处于百年未有之大变局中。国际局势和周边环境风云变幻、错综复杂。主要表现在：经济环境复杂多变，政治秩序不确定性增加，

---

① 《邓小平文选》第2卷，人民出版社1994年版，第150页。

② 《邓小平文选》第3卷，人民出版社1993年版，第345页。

③ 习近平：《决胜全面建成小康社会　夺取新时代中国特色社会主义伟大胜利》，人民出版社2017年版，第68页。

④ 《深入认识和积极应对市场经济考验》，《人民日报》2018年4月8日。

安全威胁不容轻视，文化交融中意识形态的交锋时有显露。中国共产党是应对风险考验的坚强领导核心，也是新时代成功化解重大风险、克服重大阻力的重要政治保证。有效应对这些无法回避的风险和考验，“我们必须以更大的决心和勇气抓好党的自身建设，确保党在世界形势深刻变化的历史进程中始终走在时代前列，在应对国内外各种风险和考验的历史进程中始终成为全国人民的主心骨，在发展中国特色社会主义的历史进程中始终成为坚强的领导核心。”[①]通过全面从严治党，大力营造良好的党内政治生态，为实现稳定内部环境奠定基础，进而最大限度地争取和维护外部良好环境。

（三）化解“四种危险”的内在保证

居安思危是中国共产党人的精神传统和宝贵品质。党的十九大报告指出：“深刻认识党面临的精神懈怠危险、能力不足危险、脱离群众危险、消极腐败危险的尖锐性和严峻性”[②]。“四种危险”并非突如其来，是随着党的执政地位稳固、执政环境变化、执政要求提高以及执政成就的取得缓慢衍生的。“四种危险”之间不是截然分割的，而是紧密联系、因果递进、环环相扣的关系。一些党员干部在成绩面前骄傲自满、忘乎所以，导致官僚主义得势。如若得不到及时矫正，就会信念丧失、斗志迷失；积极进取精神出现松懈，自然忽视理论学习，从而弱化把握新形势、解决新问题的能力，难以应对“四大考验”；此外，作风傲慢和能力欠

① 《习近平关于全面从严治党论述摘编》，中央文献出版社 2016 年版，第 3 页。

② 习近平：《决胜全面建成小康社会　夺取新时代中国特色社会主义伟大胜利》，人民出版社 2017 年版，第 61 页。

缺，招致疏远群众和偏离群众路线，失之自律和监督的公权力必然滋生消极腐败。腐败是破坏党的执政地位的天然公敌。“每一个危险都直接威胁着党的执政地位，其中，精神懈怠不仅是造成能力不足的原因之一，也是产生消极腐败、脱离群众危险的原因，而消极腐败、脱离群众又是导致政党执政失败的直接原因。”[①]

有效解决摆在全党面前的“四种危险”，可供利用的途径显然是多元的。但是想要从全局的维度提升应对能力，找寻解决问题的可行方案，应当坚持治标与治本的有机统一。因此，首先要从源头着手，拧紧党员干部思想“总开关”。一些党员干部正是由于党章意识淡薄、宗旨意识弱化和使命意识不强，从而丢失了忧患意识和艰苦奋斗的作风，因此必须从理想信念上治疗精神上缺“钙”、体质上得“软骨病”的症状。其次，建设学习型马克思主义政党，是我们党走向新胜利的强大保证。要督促广大党员干部加强思想理论学习，注重自身修养，增强应对“四大考验”的能力，使本领素质同肩负的历史使命相适应。最后，始终保持同人民群众的血肉联系。得民心者兴，失民心者亡。群众路线是我们党发展壮大、从胜利走向胜利的政治优势，也是我们党的生命线和根本工作路线。要以惩治“四风”为突破口，以改进作风为着眼点，着力解决人民群众反映强烈的突出问题，确保广大党员干部特别是“关键少数”真正做到与人民风雨同舟、休戚与共，始终保持同人民群众的血肉联系和鱼水关系。

---

① 杜艳华：《处于“风险”与“危险”的叠加之中——论现阶段中国共产党执政面临的考验及其应对》，《理论学刊》2014 年第 7 期。

第二章 新时代全面从严治党的主要内容

党的十八大以来，以习近平同志为核心的党中央坚定推进全面从严治党，全党精神面貌为之一新，守住了初心，凝聚了党心，汇聚了民心。习近平总书记强调："坚定理想信念，坚守共产党人精神追求，始终是共产党人安身立命的根本"[①]"衡量一名共产党员、一名领导干部是否具有共产主义远大理想，是有客观标准的，那就要看他能否坚持全心全意为人民服务的根本宗旨，能否吃苦在前、享受在后，能否勤奋工作、廉洁奉公，能否为理想而奋不顾身去拼搏、去奋斗、去献出自己的全部精力乃至生命。"[②]在党的十九届六中全会上，习近平总书记要求"全党要牢记中国共产党是什么、要干什么这

① 《十八大以来重要文献选编》上，中央文献出版社2014年版，第80页。

② 《十八大以来重要文献选编》上，中央文献出版社2014年版，第116页。

个根本问题”[①]。党的二十大则明确指出：“我们党立志于中华民族千秋伟业，致力于人类和平与发展崇高事业”[②]。这就从本源意义上强调了全面从严治党的初心、核心、依据、关键、重点等，并指出全面从严治党的目的是使党始终立于不败之地。

① 《中共中央关于党的百年奋斗重大成就和历史经验的决议》，人民出版社 2021 年版，第 72 页。

② 习近平：《高举中国特色社会主义伟大旗帜　为全面建设社会主义现代化国家而团结奋斗》，人民出版社 2022 年版，第 1 页。

一、初心是“为中国人民谋幸福”

马克思、恩格斯在《共产党宣言》中指出：“过去的一切运动都是少数人的，或者为少数人谋利益的运动。无产阶级的运动是绝大多数人的，为绝大多数人谋利益的独立的运动。”① 习近平总书记在十八届中共中央政治局常委同中外记者见面时提出：“人民对美好生活的向往，就是我们的奋斗目标。”② 2019 年 5 月 31 日，在“不忘初心、牢记使命”主题教育工作会议上，习近平总书记强调指出：“为中国人民谋幸福，为中华民族谋复兴，是中国共产党人的初心和使命”③。“初心”命题的提出与确立，指明了党不懈奋斗的宏大目标和肩负的责任使命，表明了党强化自身各方面建设的动力与归宿。

（一）全心全意为人民服务

党的十九大报告指出：“必须坚持人民主体地位，坚持立党为公、执政为民，践行全心全意为人民服务的根本宗旨，把党的群众路线贯彻到治国理政全部活动之中，把人民对美好生活的向往作为奋斗目标，依

---

① 《马克思恩格斯选集》第 1 卷，人民出版社 2012 年版，第 411 页。

② 《习近平在十八届中共中央政治局常委同中外记者见面时强调 人民对美好生活的向往就是我们的奋斗目标》，2012 年 11 月 16 日《人民日报》。

③ 《习近平关于“不忘初心、牢记使命”论述摘编》，党建读物出版社、中央文献出版社 2019 年版，第 18 页。

靠人民创造历史伟业。”[①]中国共产党是中国工人阶级的先锋队，同时也是中国人民和中华民族的先锋队，这决定了党的性质和根本宗旨。所谓宗旨，主要就是指主导思想、主要旨趣。中国共产党从人民中走来，依靠人民走向胜利，始终代表中国最广大人民根本利益。为人民的利益而奋斗，就必须坚持以人民为中心，做到“立党为公、执政为民”，持之以恒为人民服务。“为人民服务”命题的提出，最早可追溯到1944年9月毛泽东在为战士张思德举行的追悼大会上的讲演。1945年党的七大正式将其确立为我们党的根本宗旨。党的历届中央领导集体始终强调党的宗旨，不断丰富和发展了宗旨的内涵和要求。党的十八大以来，以习近平同志为核心的党中央高度重视“为人民服务”这个宗旨，并就落实“全心全意为人民服务”的缘由和要求发表了一系列重要论述，为新的历史条件下全党上下牢固树立宗旨意识，忠实践行宗旨要求，指明了努力方向。党的十九届六中全会把“坚持人民至上”作为党百年奋斗的十条历史经验之一，并指出“这是党立于不败之地的根本所在”[②]。党的二十大则把“坚持人民至上”看成“把握好新时代中国特色社会主义思想的世界观和方法论，坚持好、运用好贯穿其中的立场观点方法”[③]必须坚持的首要因素。

2012年12月，习近平总书记在河北省阜平县考察时指出：“我们讲

① 习近平：《决胜全面建成小康社会　夺取新时代中国特色社会主义伟大胜利》，人民出版社2017年版，第21页。

② 《中共中央关于党的百年奋斗重大成就和历史经验的决议》，人民出版社2021年版，第66页。

③ 习近平：《高举中国特色社会主义伟大旗帜　为全面建设社会主义现代化国家而团结奋斗》，人民出版社2022年版，第18—19页。

宗旨，讲了很多话，说到底还是为人民服务这句话。为人民服务是共产党人的天职。”①全心全意为人民服务既是党和政府的根本宗旨，也是党和政府的唯一宗旨。“为人民服务是我们党的根本宗旨，也是各级政府的根本宗旨。不论政府职能怎么转，为人民服务的宗旨都不能变。”②为什么人的问题，是检验一个政党性质的试金石。我们党作为马克思主义执政党，有着众多鲜明的优良品质，其中，能否做到“全心全意为人民服务，是我们党一切行动的根本出发点和落脚点，是我们党区别于其他一切政党的根本标志。”③当然，全心全意为人民服务不是一个抽象、空洞的概念，不能仅仅停留在口头、止步于思想，必须化思想自觉为行动自觉，付诸持之以恒的实践。这就要求广大党员干部务必要坚守初心，认清自身“人民公仆”或“人民勤务员”角色，廉洁自律、秉公用权，把党和人民赋予的权力用来为党分忧、为国干事、为民谋利，真正使权力行使的过程转化为为人民服务的过程。同时，在人民群众的监督下不断提升为人民服务的能力和质量。

（二）保持与人民群众的血肉联系

人民是历史的创造者，是决定党和国家前途命运的根本力量。中国共产党根植于人民，代表着人民，自建党以来就与人民群众具有天然联系。1942 年延安整风运动提出了密切联系群众的工作作风。这一优良作

① 习近平：《在河北省阜平县考察扶贫开发工作时的讲话》，《求是》2021 年第 4 期。

② 《论群众路线——重要论述摘编》，中央文献出版社、党建读物出版社 2013 年版，第 137 页。

③ 《习近平谈治国理政》第 1 卷，外文出版社 2018 年版，第 28 页。

风，既是我们党的独特政治优势，也是我们党的事业走向胜利的坚强保证。“我们党是在同人民群众的密切联系中成长、发展、壮大起来的，是靠宣传群众、组织群众、依靠群众起家，从胜利走向胜利的。”[①]1990 年 3 月，党的十三届六中全会通过的《中共中央关于加强党同人民群众联系的决定》明确提出“人民群众是我们党的力量源泉和胜利之本。能否始终保持和发展同人民群众的血肉联系，直接关系到党和国家的盛衰兴亡”[②]，强调应从七个方面努力加强党同人民群众的联系。作为马克思主义政党，“我们共产党人区别于其他任何政党的又一个显著的标志，就是和最广大的人民群众取得最密切的联系。”[③]反过来，马克思主义执政党的最大危险，莫过于脱离群众。深入群众鱼得水，脱离群众树断根。脱离群众就会脱离实际，出现蜕化变质，久而久之必然滋长官僚主义、形式主义等不正之风，逐渐失去民心，最终会侵蚀党的执政根基，威胁党的执政地位。因此，必须教育全党同志要时刻保持与人民群众的血肉联系。习近平总书记在党的群众路线教育实践活动总结大会上强调：“这一次党的群众路线教育实践活动基本结束了，但贯彻党的群众路线、保持党同人民群众的血肉联系的历史进程永远不会结束。”[④]

首先，履行好全心全意为人民服务的根本宗旨，必须坚持人民立场。

---

① 中共中央宣传部编：《习近平新时代中国特色社会主义思想学习纲要》，学习出版社、人民出版社 2019 年版，第 46—47 页。

② 《中共中央关于加强党同人民群众联系的决定》，人民出版社 1990 年版，第 1 页。

③ 《毛泽东选集》第 3 卷，人民出版社 1991 年版，第 1094 页。

④ 习近平：《在党的群众路线教育实践活动总结大会上的讲话》，人民出版社 2014 年版，第 29 页。

习近平总书记强调，“我们要始终把人民立场作为根本立场”[①]。人民立场集中反映了“依靠谁、为了谁、谁评价”等最基本也是最根本的问题。“人民立场内在蕴含着一种‘人民的评判标准’的价值取向。”[②]坚持人民立场，就要把人民群众视为发展主体、权利主体和利益主体，使发展为了人民、发展依靠人民、发展成果由人民共享贯穿于党和国家的全部工作当中，让广大人民群众真真切切地感受到自己的主人翁地位，使广大党员干部始终担负好“人民公仆”的使命与角色。

其次，进一步密切党群关系、干群关系。习近平总书记指出：“密切党群、干群关系，保持同人民群众的血肉联系，始终是我们党立于不败之地的根基。”[③]中国共产党是中国特色社会主义事业的领导核心，但中国特色社会主义事业的大发展大繁荣，终究要依靠党领导人民群众为之不懈奋斗来实现。因此，人民群众的热情支持和拥护，是党和社会主义事业向前发展的力量之源和胜利之本。这就要求广大党员干部心中有群众，行动为群众，解群众之所急，想群众之所想，忧群众之所忧，做到与人民群众同呼吸、共命运，不断战胜前行道路上的一切艰难险阻。诚如习近平总书记在“七一”重要讲话中所指出：“党与人民风雨同舟、生死与共，始终保持血肉联系，是党战胜一切困难和风险的根本保证，正所谓‘得众则得国，失众则失国’。”[④]

---

① 习近平：《在纪念马克思诞辰200周年大会上的讲话》，人民出版社2018年版，第17页。

② 任政：《始终把人民立场作为根本立场》，《光明日报》2018年8月24日。

③ 《习近平谈治国理政》第1卷，外文出版社2018年版，第15页。

④ 习近平：《在庆祝中国共产党成立95周年大会上的讲话》，人民出版社2016年版，第18页。

最后，自觉践行群众路线，坚持“以人民为中心”。“党的历史告诉我们，党所取得一切成就，都是与密切联系群众分不开的，党的历史就是一部坚持群众路线的历史。”① 马克思主义唯物史观和群众史观告诉我们，必须坚持党的群众路线，作为坚定的马克思主义者，以毛泽东、邓小平、江泽民、胡锦涛、习近平同志为主要代表的中国共产党人，都十分重视和强调做好群众路线工作。党的发展历史表明，群众路线历经了由萌芽、形成到成熟、发展等不同阶段。新时代，坚持党的群众路线，必须做到“以人民为中心”，尊重人民、敬畏人民、服务人民，做到“我将无我，不负人民”。同时，还要做到廉洁奉公，勤政为民，自觉同各种有悖于群众路线的思想和行为作斗争，通过开展诸如以“为民、务实、清廉”为主题的党的群众路线教育实践活动，实现“夯实党的执政基础，巩固党的执政地位，增强党的创造力凝聚力战斗力，使保持党的先进性和纯洁性、巩固党的执政基础和执政地位具有广泛、深厚、可靠的群众基础。”②

（三）人民是“阅卷人”

人民群众作为时代的主人，既是历史的创造者，也是推动社会发展的决定性力量。习近平总书记在学习贯彻党的十九大精神研讨班开班式上的讲话中指出：“时代是出卷人，我们是答卷人，人民是阅卷人。”③

---

① 钟宪章:《严肃党内政治生活八讲》，中共党史出版社 2016 年版，第 31 页。

② 《深入扎实开展党的群众路线教育实践活动　为实现党的十八大目标任务提供坚强保证》,《人民日报》2013 年 6 月 19 日。

③ 《习近平在学习贯彻党的十九大精神研讨班开班式上发表重要讲话强调　以时不我待只争朝夕的精神投入工作　开创新时代中国特色社会主义事业新局面》,《光明日报》2018 年 1 月 6 日。

这就指明了我们党同时代与人民的彼此角色关系。中国共产党紧紧依靠人民进行执政，始终代表着中国最广大人民的根本利益。党面临的任务和所要解答的课题随着时代发展和国内外形势变化而变化。党的十九大宣告中国特色社会主义进入了新时代，新时代孕育新课题。时代课题完成得怎么样，党的建设状况如何，人民的权益有没有得到切实可靠的保障，中国共产党人必须作出符合时代发展潮流和自身执政使命的应答。那么，谁最有资格来进行评判呢？显然，人民最具资格。“检验我们一切工作的成效，最终都要看人民是否真正得到了实惠，人民生活是否真正得到了改善，人民权益是否真正得到了保障。”① 也就是说，“人民是我们党的工作的最高裁决者和最终评判者。”②

既然人民是“阅卷人”，那么在偌大的国家，想要按期出色地交付使命和时代赋予的“答卷”，并非一件轻而易举的事情。1949 年 3 月，中共中央离开西柏坡迁往北平时，毛泽东就曾将进京比作“赶考”，并且强调“我们决不当李自成，我们都希望考个好成绩”。经过艰苦卓绝的努力和不懈探索，中国共产党人已经向人民交出了使中国人民“站起来”了的优秀“答卷”。进入新时代，我们党正带领人民奋力书写从“富起来”到“强起来”的“答卷”。随着改革开放的深入推进，我国社会主要矛盾发生重大转变，特别是新形势下党正面临一系列新情况新问题和新挑战。要做到取信于民，交出一份让人民群众满意的“答卷”，就必须坚持以人民为中心的发展理念，毫不动摇地把党的路线、方针和政策全面向前推进，着力提升人民群众的获得感、幸福感、安全感。也就

---

① 《习近平谈治国理政》第 1 卷，外文出版社 2018 年版，第 28 页。
② 《习近平谈治国理政》第 1 卷，外文出版社 2018 年版，第 28 页。

是说，“必须以最广大人民根本利益为我们一切工作的根本出发点和落脚点，坚持把人民拥护不拥护、赞成不赞成、高兴不高兴作为制定政策的依据”[1]。与此同时，必须不失时机地抓好党要管党、从严治党，坚持问题导向和目标导向相结合，加强党风廉政建设，坚定不移惩治腐败，把全面从严治党推向深入。

二、核心是“加强党的集中统一领导”

近代以来中国的历史发展表明：“中国共产党是领导我们事业的核心力量。”[2]党的二十大指出：“党的领导是全面的、系统的、整体的，必须全面、系统、整体加以落实。”[3]坚持党中央集中统一领导、确立和维护党的领导核心，既是对党史国史宝贵经验的深刻总结，也是推进新时代全面从严治党，牢固树立“四个意识”、做到“两个维护”、拥护“两个确立”，把党锻造成中国特色社会主义事业和中华民族伟大复兴坚强领导核心的现实要求和根本保证。

（一）党的集中统一领导是党从历史中得出的有益经验

历史是一面镜子，给人以启迪。中国共产党在百年奋斗中不断发展壮

① 习近平:《在庆祝改革开放40周年大会上的讲话》，人民出版社2018年版，第24页。

② 《中共中央关于党的百年奋斗重大成就和历史经验的决议》，人民出版社2021年版，第65页。

③ 习近平:《高举中国特色社会主义伟大旗帜　为全面建设社会主义现代化国家而团结奋斗》，人民出版社2022年版，第64页。

大，已经由成立之初的50多名党员成长到今天拥有9800多万名党员的世界第一大党。我们党之所以能够在短短的百年时间内把革命、建设和改革的事业一步步推向前进，成为中国特色社会主义伟大事业的领导核心，仅仅依靠党员群体的庞大数量显然是办不到的。关键是构建了坚强有力、集中统一的党的领导体制。党的发展历程表明，什么时候我们党坚持了集中统一领导，什么时候事业就会顺利发展；反之，什么时候背离了集中统一领导，什么时候就会遭遇挫折。因此，确立党的领导制度，特别是集中统一领导制度，不仅是在对以往正反两方面经验的总结中得出的历史结论，也是百年来我们党事业顺利发达的基本保证和优良传统。

虽然党的一大明确要求全党要建立统一组织和严格纪律，但在遵义会议前，由于党尚未形成成熟而坚强有力的中央领导集体，特别是当时党内一些负责同志并未坚持党中央的集中统一领导，从而导致党内“左”、右倾错误反复抬头甚至一度扩大。这一时期党内少数领导同志，要么无视党的集中统一领导，要么片面强调集中而漠视统一，主观上肆意地把集中与统一割裂开来，使个人意志凌驾于中央权威之上，导致党和革命事业屡遭挫折，甚至濒临失败的危险境地。长征途中党与张国焘“分裂主义”的斗争，实质就是围绕是否要维护党中央权威和集中统一领导这一核心问题展开的较量。1935年1月召开的遵义会议，事实上确立了以毛泽东为代表的新的中央的正确领导。党的六届六中全会明确提出：“个人服从组织，少数服从多数，下级服从上级，全党服从中央，党的一切工作由中央集中领导，是党在组织上民主集中制的基本原则”①。

① 《建党以来重要文献选编（1921—1949）》第15册，中央文献出版社2011年版，第773页。

党的七大把“四个服从”作为民主集中制的基本要求写入了党章。在党的八大上，邓小平明确指出：“党是一个战斗的组织，没有集中统一的指挥，是不可能取得任何战斗胜利的，一切发展党内民主的措施都不是为了削弱党的必需的集中，而是为了给它以强大的生气勃勃的基础”[①]。持续十年的“文化大革命”，给党和国家造成新中国成立以来最严重的挫折和损失。反思和总结其历史教训，其中很重要的一条，就是“必须改革和完善党和国家的领导制度，健全民主集中制和集体领导原则，反对任何形式的个人崇拜和个人专断。”[②]党的十一届五中全会通过的《关于党内政治生活的若干准则》，严肃重申了“四个服从”，同时就坚持集体领导、维护党的集中统一等问题作出原则规定，指出“每个党员要把维护党的集中统一，严格遵守党的纪律，作为自己言论和行动的准则。”[③]2016年10月，党的十八届六中全会通过修订的《关于新形势下党内政治生活的若干准则》，指出“党要管党必须从党内政治生活管起，从严治党必须从党内政治生活严起”[④]，从坚定理想信念、坚持党的基本路线、坚决维护党中央权威、严明党的政治纪律、保持党同人民群众的血肉联系、坚持民主集中制原则、发扬党内民主和保障党员权利、坚持正确选人用人导向、严格党的组织生活制度、开展批评和自我批评、加强对权力运行的制约和监督、保持清正廉洁的政治本色12个方面作出了明确要求，为新时代加强党内政治生活提供了根本遵循。

---

① 《建国以来重要文献选编》第9册，中央文献出版社1994年版，第141页。

② 《中国共产党的九十年》中，中共党史出版社、党建读物出版社2016年版，第634页。

③ 《关于党内政治生活的若干准则》，人民出版社1980年版，第8页。

④ 《关于新形势下党内政治生活的若干准则》，人民出版社2016年版，第1页。

在当代中国，强调坚持党的领导，首先就是要坚持党的集中统一领导。“党的历史、新中国发展的历史表明，要治理好我们这个大党、治理好我们这个大国，保证党的团结和集中统一至关重要，维护党中央权威至关重要。”① 推进全面从严治党，必须坚持党的集中统一领导，这既是深化全面从严治党的根本前提，也是增强党员“四个意识”的一贯要求。

（二）党的集中统一领导是党统一意志的集中要求

事在四方，要在中央。一个政党，如果没有坚强有力的中央权威，没有集中统一的领导制度，很难想象能够统一全党意志和号令全党行动，更无法想象能够汇集巨大凝聚力和强大战斗力，其结果必然导致领导能力的削弱和执政能力的丧失，成为一盘散沙甚至趋于瓦解。办好中国的事情，关键在党。办好党的事情，关键在于有一个集中统一的坚强领导核心。党的集中统一领导，是实现党的意志统一的前提条件和根本保证；反过来，通过党的意志统一，又能增进和维护党的集中统一领导，确保全党能够令行禁止。因此，二者之间是相辅相成、互为促进的有机统一关系。

首先，党的集中统一领导是党统一意志的基本前提。党的集中统一领导，既是党为完成肩负的政治使命的内在要求，也是统一全党意志的集中体现。历史和人民选择了中国共产党，使之成为中国特色社会主义事业的领导核心。作为马克思主义执政党，中国共产党承担着治国理政和自身建设的重任。不忘党的初心使命，坚持和发展中国特色社会主义，没有一个坚强有力的党中央权威和领导核心，没有集中统一，很难想象

① 中共中央宣传部编：《习近平新时代中国特色社会主义思想学习纲要》，学习出版社、人民出版社 2019 年版，第 73 页。

能够做到统一全党共识、凝聚全党智慧；更无法想象能有效调动全党全国各族人民积极性，为党和社会主义事业发展出谋划策、贡献力量。如果缺乏党的集中统一领导，一方面既不利于解决党内各种矛盾和问题，为开展严肃、规范而必要的党内政治生活提供可靠平台，同时也难以有效贯彻执行民主集中制，这就极易导致党内政治生活失之正常化；另一方面不利于推进党的自我革命，把全面从严治党引向深入。“要把新时代坚持和发展中国特色社会主义这场伟大社会革命进行好，我们党必须勇于进行自我革命，把党建设得更加坚强有力。”[①]勇于自我革命，就是教育广大党员干部敢于直面问题、勇于修正错误，以刀刃向内的刚毅魄力，广泛听取意见，认真检视反思，把问题找实、把根源挖深，明确努力方向和改进措施。

其次，党的意志统一是促进和维护党的集中统一领导的重要途径。实现党的意志统一，更好地汇集全党力量，增强党的政治领导力、思想引领力、群众组织力以及社会号召力，要求全党必须加强党的集中统一领导，始终坚持“两个维护”。“两个维护”不是抽象的而是具体的，不是口头的而是行动的。要自觉地把党的基本理论、基本路线、基本方略对照落实，同党中央决策部署保持高度一致并付诸贯彻落实，做到党中央提倡的坚决响应、党中央决定的坚决执行、党中央禁止的坚决不做。十九届中共中央政治局第一次会议专门审议《中共中央政治局关于加强和维护党中央集中统一领导的若干规定》，会议强调，中央政治局全体同志要牢固树立“四个意识”，坚定“四个自信”，主动将重大问题报请党中央研究，认真落实党中央决策部署并及时报告落实的重要进展。这

① 习近平：《在全国组织工作会议上的讲话》，人民出版社2018年版，第8页。

就明确了新形势下加强和维护党中央集中统一领导的具体要求，也深刻反映了我们党统一全党意志的坚定信心和决心。

最后，能否统一全党意志，事关有效彰显党总揽全局、协调各方的地位和作用，也关系到党的团结统一和党的集中统一领导优势的发挥。换言之，只有全党意志的畅通表达和高度统一，才能确保全党统一行动、步调一致向前奋进，才能更好地发挥党的集中统一领导的国家制度和国家治理体系显著优势。通过统一全党意志的过程，引导全党群策群力，培养和强化全党同志牢固树立政治意识、大局意识、核心意识和看齐意识，促使全党更为自觉地贯彻执行党统一意志的结果，以期坚定地支持和拥护党的集中统一领导，在思想上政治上行动上同党中央保持高度一致。也就是说，“对工作，个人会有个人的看法，在讨论阶段可以仁者见仁、智者见智，充分讨论、民主集中。一旦党中央作出决定，就不能三心二意了，不能说没有照自己的想法做就可以敷衍了事，不尽心尽力贯彻落实。”①更进一步地讲，只有当全党同志能够自发地坚持党的集中统一领导，才能更好地统一全党意志、凝聚全党共识、团结全党力量。因而，党的集中统一领导与党统一意志之间呈循环促进的关系。

（三）党的集中统一领导是推进改革开放的根本保证

改革开放是决定当代中国命运的关键一招，“是推进中国特色社会主义事业的强大动力”②。习近平总书记指出：“改革开放是我们党在新的时代

① 《习近平关于全面从严治党论述摘编》，中央文献出版社 2016 年版，第 85 页。

② 杨值珍、张忠家：《改革开放与中国特色社会主义》，《光明日报》2018 年 8 月 23 日。

条件下带领人民进行的新的伟大革命，是当代中国最鲜明的特色，也是我们党最鲜明的旗帜。”[①]新时代推进改革开放伟大事业，必须坚持和加强党的全面领导，最重要的也就是要坚决维护党中央权威和集中统一领导。

其一，党的集中统一领导为改革开放提供了坚强的领导核心。改革开放是人民的要求和党的主张的统一，是党基于世情、国情、党情的深刻变化以及时代发展的新要求，团结带领亿万人民所作出的历史性抉择。习近平总书记在深刻总结我国改革开放历史经验的基础上指出：“我们党作出实行改革开放的历史性决策，是基于对党和国家前途命运的深刻把握，是基于对社会主义革命和建设实践的深刻总结，是基于对时代潮流的深刻洞察，是基于对人民群众期盼和需要的深刻体悟。”[②]改革开放事业作为一个具有长期性的系统工程，必须紧紧依靠广大人民群众。但是，改革开放要行稳致远、取得理想的成果，单靠亿万人民的满腔热情显然是不够的，必须要有一个能够驾驭全局、善于科学谋划的“主心骨”作保障。也就是说，必须要发挥好党总揽全局、协调各方的领导核心作用，才能保证各项改革任务顺利落实，改革开放宏伟事业如期推进。2013年，党的十八届三中全会专门成立中央全面深化改革领导小组（2018年改为中央全面深化改革委员会），习近平总书记亲自担任组长，目的就是保证党中央对改革开放总体设计、统筹协调、整体推进、督促落实等方面的领导核心作用。

其二，坚决维护党中央权威和集中统一领导，事关坚持和完善中国

---

① 《习近平关于全面深化改革论述摘编》，中央文献出版社2014年版，第8页。

② 习近平：《在庆祝改革开放40周年大会上的讲话》，人民出版社2018年版，第3页。

特色社会主义制度的根本方向。中国特色社会主义制度是中国的根本制度，其形成不是从天上掉下来的，而是党领导人民在长期的斗争实践中，特别是在改革开放复杂局面下探索出来的，符合中国国情和未来发展的科学制度体系。改革开放以来，由于坚定地维护党中央权威和集中统一领导，我们才做到了“方向不变、道路不偏、力度不减”“既不走封闭僵化的老路，也不走改旗易帜的邪路”，在中国特色社会主义道路上行稳致远。党的十九届四中全会明确提出：“中国共产党领导是中国特色社会主义最本质的特征，是中国特色社会主义制度的最大优势，党是最高政治领导力量。必须坚持党政军民学，东西南北中，党是领导一切的，坚决维护党中央权威，健全总揽全局、协调各方的党的领导制度体系，把党的领导落实到国家治理各领域各方面各环节。”习近平总书记深刻洞察时代发展大势，从统筹“两个大局”的高度，在参加十三届全国人大五次会议内蒙古代表团审议时首次提出“五个必由之路”和“五个战略性有利条件”，其中把“坚持党的全面领导是坚持和发展中国特色社会主义的必由之路”“有中国共产党的坚强领导”分别放在“必由之路”和“有利条件”的首位。这不仅突出了党的领导对中国特色社会主义发展的极端重要性，也为更好坚持和完善中国特色社会主义制度指明了方向。

三、依据是党章和其他党内法规

没有规矩，不成方圆。无论是一个团体，还是一个政党，如果想要建设好，就都需要有系统完善的“规矩”。对于拥有 9800 多万名党员，同时面临“两个大局”的中国共产党来说，唯有加强以党章为根本、以民主集中制为核心的党内法规制度体系建设，才能确保党的先进性、纯洁性。习近平总书记指出："党要管党、从严治党，靠什么管，凭什么治？就要靠严明纪律。"[①]党的百年奋斗史也证明党规党纪是管党治党建设党的重要法宝，拥有一套完整的党内法规是我们党的一大政治优势。

（一）党章是全面从严治党的总依据

党的十九大通过的关于《中国共产党章程（修正案）》的决议，正式将习近平新时代中国特色社会主义思想写入了党章。而全面从严治党是习近平新时代中国特色社会主义思想丰富内涵的重要组成部分。新形势下实现党要管党、全面从严治党，推进全面从严治党向纵深发展，必须一以贯之坚持以党章为根本遵循，把党章作为总依据，使全面从严治党成为有源之水、有本之木。2016 年 4 月，习近平总书记在安徽调研时强调："党章是党的根本大法，是全面从严治党的总依据和总遵循，也是全体党员言行的总规矩和总遵循。"[②]这既点明了党章的地位与作用，也精辟阐述了推进全面从严治党的总体要求。亦即对照党章的规定，细化落实全面从严治党的各项战略部署，使全面从严治党与党章高度契合、有机统一、相得益彰，助力全面从严治党提升到一个全新的战略高度。

党章是党的根本大法，是全党必须遵循的总规矩。习近平总书记指出："党章是党的总章程，集中体现了党的性质和宗旨、党的理论和路线方针政策、党的重要主张，规定了党的重要制度和体制机制，是全党

---

① 《十八大以来重要文献选编》上，中央文献出版社 2014 年版，第 764 页。

② 《习近平在安徽调研时强调　全面落实"十三五"规划纲要　加强改革创新开创发展新局面》，《光明日报》2016 年 4 月 28 日。

必须共同遵守的根本行为规范。”[1]自1921年党的一大通过的《中国共产党纲领》到2022年党的二十大修订通过的新党章，党章虽历经修订，但其重要地位却始终未变。具体而言，作用方面，党章作为党的一面旗帜，引领着党的建设的基本方向，指明了党的建设的根本途径，具有对党内行为的统摄性。地位方面，党章在党内法规体系中处于至高无上的位置，具有最高的权威性，是“党组织的形式和准则的总的决议”。《中国共产党党内法规制定条例》就党章的性质、作用和效力作出了明确规定，使党章在党内法规体系中具有类似宪法的效力，处于最高效力的位阶之上。内容方面，党章就党员的权利和义务、党的组织、党的干部、党的纪律以及党的制度等内容作出了根本性规定，高屋建瓴地提出了党的建设的总体性要求，集中体现了无与伦比的广泛适用性和强大规范力。

党章是管党治党的根本法规，为推进全面从严治党提供根本依据。换言之，党章的党内大法性质决定了在全面从严治党中的根本地位。党章始终统领着党内法规建设，堪称其他党内法规的“母法”。在全面从严治党的伟大征程中，必须使党内法规中最具效力的党章作为基础依托。原因在于，一是党章的地位和功能，决定着能够成为全面从严治党的有力统领和总体设计。二是党章中确立的若干基本原则和实施要求，为全面从严治党提供了更加科学规范的理论依据和实践方案。譬如，党章总纲明确提出“坚持党要管党、从严治党”，这是党的建设的根本方针。党章第37条规定“党组织必须严格执行和维护党的纪律”，这是对主体责任的具体要求。三是“依规治党”内在地要求落实全面从严治党

---

① 《习近平关于党风廉政建设和反腐败斗争论述摘编》，中央文献出版社、中国方正出版社2015年版，第29页。

必须自觉地维护党章的"权威性"与"最高性"。治国必先治党，治党务必从严，从严必有法度。党章中关于党的各级组织和全体党员必须遵守的基本准则和规定，为党的建设和反腐倡廉工作指明了努力方向。四是依党章治党是全面从严治党的题中应有之义。讲政治，守规矩，遵纪律，认真学习党章，严格尊崇党章，本身就是全面从严治党的重要内容。五是依党章治党是协调推进"四个全面"战略布局的深刻体现和必然要求。

党的十八大以来，习近平总书记高度重视学习和遵守党章问题。强调"认真学习党章、严格遵守党章，是加强党的建设的一项基础性经常性工作，也是全党同志的应尽义务和庄严责任"[①]。广大党员尤其是党员领导干部能否做到牢固树立党章意识，自觉用党章规范自己的一言一行，是全面从严治党的重要发力点，也是检验其实践成效的试金石。因此，全党同志都要全面了解和掌握党章，"在各级党组织的全部活动中，都要坚持引导广大党员、干部特别是领导干部自觉学习党章、遵守党章、贯彻党章、维护党章，自觉加强党性修养，增强党的意识、宗旨意识、执政意识、大局意识、责任意识，切实做到为党分忧、为国尽责、为民奉献。"[②]反之，对于任何违反党章的行为必须严肃追究，视情节性质的不同给予相应的党纪党规处理。

（二）党内其他法规是全面从严治党的基本遵循

党章，是对党的所有重大问题作出原则性规定的最根本法规，具有最高效力，因而难以就党的某一方面工作中的某一事项作出具体规定。

---

① 习近平：《认真学习党章　严格遵守党章》，《人民日报》2012年11月20日。
② 习近平：《认真学习党章　严格遵守党章》，《人民日报》2012年11月20日。

这就需要制定其他法规对党章这个根本大法进行进一步的细化和完善。党内其他法规和党章一起构成党内法规体系。党内其他法规由党章衍生，必须坚持和遵从党章精神内核。《中国共产党党内法规制定条例》规定："党章是最根本的党内法规，是制定其他党内法规的基础和依据。"[①]一般而言，党内其他法规大体包含两个层面：一是以准则、条例和规则为纽带的基本法规；二是以规定、办法和细则为基础的具体法规。可见，党内其他法规是基本法规与具体法规的有机统一体。全面从严治党作为一项持久而艰巨的系统工程，顺利推进这项系统工程，自然涉及上上下下、方方面面的具体事务。因此，把管党治党的事情办好，必然要构建完善的党内法规体系，在党章的框架内，遵从党内其他法规办事，这是从制度建设层面贯彻全面从严治党的重要抓手和关键依据；也是发挥党内法规功能解决现实之需，通过依规治党助力实现依法治国的基础保障。

"党内法规"概念最早是由毛泽东同志提出来的。1938年，毛泽东在党的六届六中全会上强调党的纪律时指出，"还须制定一种较详细的党内法规，以统一各级领导机关的行动"[②]。此后，党的其他领导人在不同场合也有关于"党内法规"或"党规党法"的相关表述。习近平总书记高度重视党内法规及其制度化建设，就加强党内法规制度建设作出重要指示："党的十八大以来，党中央高度重视党内法规制度建设，推动这项工作取得重要进展和成效。加强党内法规制度建设是全面从严治党的长远之策、

---

① 《中国共产党党内法规制定条例　中国共产党党内法规和规范性文件备案审查规定　中国共产党党内法规执行责任制规定（试行）》，人民出版社2019年版，第4页。

② 《毛泽东选集》第2卷，人民出版社1991年版，第528页。

根本之策。”[①]党内其他法规作为党内的重要规范，其指认对象与党章始终保持高度一致，即旨在规范党组织的工作、活动以及广大党员的行为。具体而言，党内其他法规的规范性作用主要体现在党组织职权职责、党员义务权利、党的纪律以及对违规违纪党组织和党员的处理处分等事项上。

党内其他法规有着多样化的功能目标，不仅能督促党内主体实现自我管理、自我约束，也能确保党内关系保持常态化的规范有序状态。这一点，无论是党取得革命胜利前，抑或执掌国家政权后，都得到了实践检验。不同点主要在于，新中国成立前党内法规的功能彰显着区域政治内的普遍性；而 1949 年新中国成立后，党可以通过国家政权机关，以国家法律的形式把自己的意志自由顺畅地表达出来。可以说，在党发展壮大的奋斗历程中，党内法规的功能和作用非但没有弱化，重要性反而愈发凸显，并且随着党的执政地位的确立，党内法规与国家法律的关系有了更加微妙的变化。罗豪才、姜明安等将党内法规定位为“软法”；付子堂分析认为党内法规与国家法律之间主要呈现五种关系，即“价值取向的一致性、规范对象的相融性、功能发挥的互补性、文化倡导的层级性、制度建设的衔接性。”[②]党的十八届四中全会通过的《中共中央关于全面推进依法治国若干重大问题的决定》指出：“注重党内法规同国家法律的衔接和协调，提高党内法规执行力，运用党内法规把党要管党、从

① 《以改革创新精神加快补齐党建方面的法规制度短板》，《求是》2017 年第 3 期。

② 付子堂：《法治体系内的党内法规探析》，《中共中央党校学报》2015 年第 3 期。

严治党落到实处，促进党员、干部带头遵守国家法律法规。”① 可以看出，无论是学者们的论述还是党内文件规定，党内法规同国家法律之间有着明显的互补融通的共性关系；但同时也存在以覆盖面不同所呈现出的差异性。

四、关键是“全面”“从严”

全面从严治党作为加强党的建设的重大战略安排，有着科学的丰富内涵和实践逻辑。全面从严治党的显著特点是，首次聚焦了“全面”与“从严”两个方面的统筹兼顾，集中体现了既要“从严”治党，更要“全面从严”的深层治党逻辑。准确把握“全面”与“从严”双管齐下的实践内涵，是对新的历史条件下执政党建设规律的深化认识。

（一）“全面”表明治党是一个系统严密的伟大工程

新时代，全面从严治党战略有着重大理论意义与实践价值。一方面，是对以往从严治党理论的新认识和创新性发展；另一方面，是对新形势下管党治党目标任务艰巨性、紧迫性与必要性的适时回应。“全面”作为全面从严治党的基础，其要义不仅指主体的全面、客体的全面，也指领域的全面、方位的全面，更强调时段的全面、措施的全面。之所以强调全面从严治党的基础是“全面”而不是“片面”，表明党的建设工程并不是简简单单、轻轻松松就能建成，也无法借助某一力量单打独斗一蹴

① 《中国共产党第十八届中央委员会第四次全体会议文件汇编》，人民出版社2014年版，第60页。

而就即能实现，必须有赖于统筹整体、放眼全局、多措并举，以全方位、系统化、多渠道的策略途径协同推进。“全面”有着丰富的理论内涵，主要体现在以下层面。

首先，内容覆盖上，从严治党体现了党的政治建设、思想建设、组织建设、作风建设、纪律建设、反腐败斗争和制度建设的贯通性。具体而言，政治建设是党的根本性建设，在党的建设体系中居于首要位置。加强党的政治建设，从根本上讲就要把保证全党服从中央、坚决维护党中央权威和集中统一领导作为首之要务深入抓、持久抓和长效抓。以提高党的执政能力为推手，助力实现党肩负的政治使命、历史使命以及时代使命。思想建设是我们党的光荣传统和独特优势，在党的建设中居于基础性位置，直接影响和规制着党的其他方面建设，是融入党的建设各个环节的先导性要素。习近平总书记指出：“中国共产党之所以能够历经艰难困苦而不断发展壮大，很重要的一个原因就是我们党始终重视思想建党、理论强党，使全党始终保持统一的思想、坚定的意志、协调的行动、强大的战斗力。”[①]党的思想建设的首要任务是通过开展形式多样的教育活动，运用马克思主义理论武装全党，督促和增强广大党员干部树牢并坚定理想信念的决心与恒心。组织建设的目标一方面是坚持和完善民主集中制；另一方面就是要突出党管干部的原则，把握好正确的选人用人导向，切实把好的干部选出来、用起来，从而锻造一支高素质专业化的干部队伍。作风建设是党的建设的永恒主题，作风建设的好坏直接关系到人心向背。“党的作风是党的形象，是观察党群干群关系、人心向

---

① 习近平：《在纪念马克思诞辰200周年大会上的讲话》，人民出版社2018年版，第24页。

背的晴雨表。”[1]新形势下扎实开展作风建设，就是要督促广大党员干部永葆共产党人的清廉本色，传承好党同人民群众血肉联系的优良传统，以实际行动践行以人民为中心的价值取向，真正做到维护党的形象、增强党的凝聚力、巩固党的执政基础。制度建设是全面从严治党的重要保障。制度治党的实质是注重运用制度法规的执行力和约束力来调解党内矛盾、解决党内问题、规范党员行为。党的建设的基本任务是反腐倡廉建设。所谓反腐，就是坚决查处党员，特别是党员领导干部中出现的违纪违法问题；所谓倡廉，就是引导党员干部树立廉洁自律的作风，自觉杜绝不正之风和腐败问题。反腐与倡廉是相辅相成、互为促进的关系。

其次，策略应用上，既要靠思想建党，也要依制度治党，更要靠执行落实。唯有把这三方面统一起来，才能更好地汇聚从严治党的“全面”合力。思想建党、理论强党是我们党的优良传统和重要法宝。习近平总书记指出：“回顾党的奋斗历程可以发现，中国共产党之所以能够历经艰难困苦而不断发展壮大，很重要的一个原因就是我们党始终重视思想建党、理论强党，使全党始终保持统一的思想、坚定的意志、协调的行动、强大的战斗力。”[2]促使党员干部不断筑牢思想“主心骨”，增强政治敏锐性和政治鉴别力，持续深化坚守理想信念的意志力和行动力。制度治党是全面从严治党的治本之举，也是全面从严治党的重要载体。通过建章立制，完善制度体系，扎紧制度的笼子，构建用制度管人、管权、管事的长效机制。思想建党的引领力在于实践，而制度治党的生命力则在于

① 习近平：《在庆祝中国共产党成立95周年大会上的讲话》，人民出版社2016年版，第23页。

② 习近平：《在纪念马克思诞辰200周年大会上的讲话》，人民出版社2018年版，第24页。

执行，两者价值效益的产出绝不能仅仅止于纸上、停留口头，否则就成了“空头支票”，因而，必须付诸可视化的实际行动。前者可开展诸如“两学一做”学习教育，促使党员干部常补精神之“钙”，持续拧紧思想“总开关”；后者可凭借依党章、党规以及党纪来执纪问责，增强制度的执行力，确保全面从严治党取得实实在在的成效。

最后，主体覆盖上，全面从严治党既要靠领导带头，也要靠全党参与。全面从严治党的主体具有非单一性，主体的范围分布及其功能区分将直接影响管党治党任务的开展和目标的达成，深刻体现了唯物辩证法两点论和重点论的有机统一。概言之，所谓领导带头，一方面，“关键少数”要自觉发挥“关键作用”，做好以身作则、以上率下的“头雁效应”，自觉加入党和人民信赖的敢担当、能担当、善担当的干部队伍中；另一方面，要以“关键少数”这一特殊群体为抓手，严抓管理、聚焦重点、狠抓监督，“宽”“严”相济，为锻造政治过硬、本领高强的新时代领导干部奠定基础。所谓全党参与，就是聚全党共识、尽全党之力、办全党之事，不断培育和塑造“参与文化”，增进全党乃至全社会的认同感和积极性，积极构建政党治理大格局。

（二）“从严”彰显了党强化自身治理的信心和决心

世间事，做于细，成于严。从严是我们做好一切工作的重要保障。贯彻落实全面从严治党的战略思想，除了把握“全面”之内涵，也应理解“从严”之要义。“从严”是中国共产党治党的重要原则，也是全面从严治党的“关键”所在。治国必先治党，治党务必从严。坚守“从严”管党治党的原则，体现了党对自身管党治党历史经验的科学总结，是回应新形势下世情、国情和党情新变化以及新挑战的必然要求。“新形势下，我们党的自身建设面临一系列新情况新问题新挑战，落实党要管党、从严治党的任务比以往任何时候都更为繁重、更为紧迫。”[①]概言之，“从严”本质地体现了党敢于直面现实、勇于解决问题、善于自我革新的巨大勇气和决心。“从严”的客体对象直指各级党组织以及广大党员干部，最终目标是按照“从严”的过程化原则要求，通过构建严党风、严监督和严反腐“三位一体”管党治党模式，打造讲政治、懂规矩、守纪律、遵法规的钢铁队伍，形成争当党的先进性与纯洁性的“代言人”。

其一，严肃整饬党风。党风是党员个人在思想、政治、工作等方面所体现的党性原则的一贯态度和行为。党风引领民风，党风正则民风淳。党员干部作风状况，直接关系到党群关系、干群关系以及党的形象。一言以蔽之，党风的建设状况，深刻影响着全党全社会优良风气的养成。一个时期以来，我们党面临着诸多严峻挑战，党内存在着许多亟须解决的突出问题。譬如，“四大考验”带来的严峻挑战；一些干部贪腐变质、脱离群众；形式主义、官僚主义易发多发频发等，导致党内政治生活失之严肃、失之认真，党风廉政建设形势不容乐观。“有什么样的党内政治生活，就有什么样的党员、干部作风。”[②]因此，从严治党首先要从党内政治生活严起。通过抓好严肃党内政治生活，不折不扣执行党的政治纪律和政治规矩，发挥党内政治生活“大熔炉”在教育改造提高党员、干部方面的重要作用，继而匡正各级党组织及党员干部的作风。作风问题绝不是小事。如果不加干涉而任由不良风气滋生蔓延，最终必然使党失去执政之基、力量之源。习近平总书记指出：“我们党作为一个在中国长

① 《习近平关于全面从严治党论述摘编》，中央文献出版社 2016 年版，第 3 页。
② 《习近平关于全面从严治党论述摘编》，中央文献出版社 2016 年版，第 31 页。

期执政的马克思主义政党，对作风问题任何时候都不能掉以轻心。”[①]因此，必须花大气力下狠决心把党风廉政建设作为党建工作的重大任务，从党内政治生活严起，不断督促党员干部锤炼党性修养，坚定理想信念，驰而不息改进作风，注重道德养成，确保党永远同人民心连心、同呼吸、共命运。

其二，严格实行监督。权力不受监督就会任性妄为，党员不受监督就会自由散漫。监督是管党治党的强有力举措之一，也是解决管党治党失之于松、失之于宽、失之于软问题的“利器”，更是助力清正廉洁蔚然成风的“强盾”。监督的主要内容是，依据一定的原则、标准、规矩、纪律、制度和法律，检视各级党组织与党员干部的权力行为，纠偏和矫正公权力的错误行使或越轨运行。监督是为达到一定的目的，但监督本身并不是目的，而是作为一种过程性的管理策略或规制手段存在。通过监督形成的外界干预机制，促使党政干部敬畏权力、用好权力、慎用权力，确保公权力始终服务于人民。新形势下，我们尤为强调“从严”监督，既是对以往监督工作不足与缺憾的深刻反思，也是对监督工作遭遇瓶颈困境的超越探索。如何做到“从严”监督，首先，要有壮士断腕的勇气和毅力，勇于担职责，敢于动真格；其次，各司其职，执好纪、问好责、把好关，以监督检查的强度力度增加带动效度的提升；最后，创新监督模式，优化监督方案，搞好衔接配套，使监督工作发挥应有的震慑作用。

其三，严厉惩治腐败。腐败是摧毁党员干部前途的“腐蚀剂”，也

① 《习近平关于党风廉政建设和反腐败斗争论述摘编》，中央文献出版社、中国方正出版社2015年版，第8页。

是侵蚀党的健康肌体的“毒瘤”。腐败治理由来已久，但腐败现象并未绝迹。尽管党的十八大以来党中央雷厉风行反腐败，取得了显著成效，但反腐败斗争不会一蹴而就，更不可能一劳永逸，正如习近平总书记指出：“全党同志要深刻认识反腐败斗争的长期性、复杂性、艰巨性，以猛药去疴、重典治乱的决心，以刮骨疗毒、壮士断腕的勇气，坚决把党风廉政建设和反腐败斗争进行到底。”[①]面对屡禁不绝、难以根治的权力腐败现象，必须做到“四个坚持”，即一要坚持反腐高压态势，毫不动摇惩治腐败，抓早抓小，坚决遏制腐败现象蔓延势头；二要坚持“打虎”“拍蝇”“猎狐”同步推进，无论什么人、职务多高、权力多大，只要涉足腐败，都要依法依规从严处理；三要坚持用制度管人管权管事，扎紧管权治吏的制度牢笼，督促践行“三严三实”；四要坚持标本兼治、综合治理，着力构建不敢腐、不能腐和不想腐的体制机制。在全党形成全面从严治党永远在路上、党的自我革命永远在路上的共识和信念。

（三）全面从严治党是实现党风根本好转的保证

全面从严治党是新的历史条件下党的建设遵循的基本规律，也是党长期执政必须始终坚持的发展战略。2013 年 6 月，习近平总书记在党的群众路线教育实践活动工作会议上首次提出聚焦作风建设，集中解决“四风”问题；2014 年 10 月，同在教育实践活动总结大会上，习近平总书记又率先阐明了要“加强党的作风建设、全面推进从严治党”。可见，

① 《习近平关于党风廉政建设和反腐败斗争论述摘编》，中央文献出版社、中国方正出版社 2015 年版，第 97 页。

创设全面从严治党的初衷，自始就与加强党风廉政建设的宏大背景紧密结合在一起。

毋庸讳言，全面从严治党作为一项整体推进的系统工程，最终目标具有多重性。其中，推动党风朝着积极向好的方向转变就是重要一环。那么，为什么要推动党风有序转变呢？这是因为，一个时期以来，党内存在着比较突出的党风不纯、不正的问题。主要体现在：一是一些党组织存在着管党治党失之于宽松软的严重问题，“两个责任”担当落实明显不足；二是一些党员干部观念淡漠、组织涣散、纪律松弛，导致不正之风横行，腐败现象频发；三是“四风”问题有所抬头，并且大有滋长蔓延之势；四是一些贪腐分子公然动用公权力谋取私利，侵害党和人民的根本利益；五是一些人民群众期盼已久、反映强烈的实际问题长期得不到根本解决。

基于此，以习近平同志为核心的党中央审时度势，果敢出击，以刀刃向内、自我革命的担当和勇气，开辟了一条管党治党的党建发展新道路。以坚持问题为导向，以完善党内法规制度体系为抓手，以落实中央八项规定为突破口，多措并举集中力量大力整饬党风，使党风政风为之一新，社风民风为之一振。具体而言，首先，管党治党失之于宽松软问题明显缩减，绝大多数同志理想信念更加坚定、党性观念进一步增强；其次，“四风”问题得到有力整治，党员干部的“四自能力”逐步提升；再次，以零容忍的态度坚决惩治腐败，腐败现象得以有效遏制；最后，着力解决了一批群众关心、反映强烈的突出问题，密切了党同人民群众的血肉联系，增进了党群关系、干群关系。然而，也应清醒看到，鉴于我们党面临着错综复杂的执政环境，随着个案或局部腐败现象的反弹回潮，改进工作作风的任务依然十分艰巨。作风建设永远在路上。“历史经验告诉我们，作风问题最容易反弹，如果不紧紧抓住，一些已经初步压下去的问题很可能死灰复燃。”[①]因此，新时代从标本兼治的维度实现党风的根本好转，就要高举既要全面治党也要从严治党的鲜明旗帜，聚焦“四风”问题，坚持零容忍的态度，无论涉及什么人，只要违反了党纪、政纪和法律，都必须按照有错必究、有腐必惩、有贪必肃、有责必问的原则要求严肃处理。通过构建不敢腐、不能腐、不想腐的体制机制，营造良好党内政治生活环境，进而带动政风社风的持续优化，为实现党风根本好转提供坚强保障。

五、重点是抓“关键少数”

“关键少数”是习近平总书记全面从严治党的重要抓手。党的十八大以来，习近平总书记在多个场合强调，全面从严治党必须抓住领导干部这个“关键少数”。推进全面从严治党，并不能要求任何条件下所有举措共同发力直指所有对象，这是脱离现实的，易产生“均衡论”的错误倾向。“关键少数”是全面从严治党覆盖对象中的关键客体和重点群体，也是新形势下管党治党的重要着力点。抓好“关键少数”这个全面从严治党的“牛鼻子”，理论上坚持了马克思主义两点论与重点论的有机统一，实践上研判了党情的复杂性和党建艰巨性的事实情况，有助于精准发力、事半功倍。

---

① 《习近平关于全面从严治党论述摘编》，中央文献出版社2016年版，第163页。

（一）“关键少数”在党和国家事业中具有特殊重要性

“关键少数”是习近平总书记率先应用于党建领域的热频词。2015年3月，习近平总书记在参加十二届全国人大三次会议上海代表团审议时指出，“从严治党，关键是要抓住领导干部这个‘关键少数’，从严管好各级领导干部。”[①]在参加吉林代表团审议时他又强调，“要突出领导干部这个关键”[②]。强调领导干部的“关键少数”地位，就是更加凸显“少数”处于“关键”位置并具有“关键”作用的角色定位。

其一，“关键少数”在党的建设伟大工程中具有重要作用。实现伟大梦想，必须建设伟大工程。只有建设伟大工程，才能确保我们党在百年未有之大变局中乘风破浪、一往无前，始终成为全国人民值得信赖的主心骨。作为其中的骨干分子，“关键少数”既是伟大工程的见证者，也是伟大工程的建设者。新时代奋力开创党的建设伟大工程新局面，全体党员尤其当中的“关键少数”要以身作则、率先垂范，增强带头意识，强化责任担当，当好“带头人”“领头雁”。“干部掌握着方方面面的权力，是党的理论和路线方针政策的具体执行者，如果干部队伍素质不高、作风不正，那党的建设是不可能搞好的。”[③]面对新形势和新任务，“关键少数”应增强“三性”：一是自觉性。主动树牢“四个意

① 《习近平关于严明党的纪律和规矩论述摘编》，中央文献出版社、中国方正出版社2016年版，第102页。

② 《习近平关于严明党的纪律和规矩论述摘编》，中央文献出版社、中国方正出版社2016年版，第103页。

③ 习近平：《在党的群众路线教育实践活动总结大会上的讲话》，人民出版社2014年版，第21页。

识”、坚定“四个自信”，切实做到“两个维护”，自觉把党的信赖、人民的信托和自身的职责贯通起来，敢于同各种违法乱纪行为和歪风邪气作斗争。二是模范性。要把党章学习作为必修课，争做遵守党章的模范；充分发扬党内民主，认真执行民主集中制，带头搞好领导班子建设。三是纯洁性。党要始终走在时代前列，“关键少数”必须保持言行“纯洁”。各级领导干部要不断提升“四自能力”，善于在实际工作中锤炼党性，在新时代伟大变革中实现自身跨越，在完成自我革命中发挥榜样作用，推动全党在中国特色社会主义伟大进程中始终焕发出新的生机活力。

其二，“关键少数”在国家事业中扮演着攸关重要的角色。顾名思义，“关键少数”一般是指各级领导干部，特别是各级高级领导干部。其中，高级干部又是党的干部队伍中最为关键的“少数”。领导干部并不是抽象空洞的简单称谓，而是身处关键岗位、重点环节以及要害位置上的公职人员。办好中国的事情，关键在党。党的路线方针政策决定后，起决定作用的是党的干部，特别是主要领导干部。目标决定未来，实干才能兴邦。我们党提出“两个一百年”奋斗目标，致力于推动经济发展、政治民主、文化繁荣和社会进步。这些目标的实现，有赖于高效的权力运行和科学的政策生效来达成。但是，权力也好，政策也罢，终究要诉诸人的实践来运作。“党管干部”的重要原则，使得“关键少数”一方面肩负着光荣的历史使命和现实责任；另一方面代表着党和政府形象，手握党和人民赋予的权力。因而，“关键少数”的决策力、领导力、执行力和公众形象，对于贯彻执行党的路线方针政策，确保中央政令畅通，保障人民群众根本利益，具有十分深重的影响。

其三，“关键少数”对法治建设起着示范性的推动作用。人无信不立，国无法不安。依法治国是党领导人民治国安邦的基本方略。自中央提出全面依法治国这一战略布局以来，相继出台了一系列实际举措，全力推进中国特色社会主义法治体系和社会主义法治国家建设。中央关于依法治国的各项决策部署，最终能否获得预期的应有成效，离不开“关键少数”的关键作为。所以，各级领导干部要保持对宪法、法律的敬畏之心，既要尊法学法，又要守法用法，还要当好先锋模范。“如果领导干部不遵守法律，怎么让群众遵守法律？”[①]不可否认，“关键少数”的职位有大小、能力有高低，但遵纪守法的自律性要求不能有差别。只有领导干部，特别是高级干部有了牢固的法律意识，平时学法、断事用法，才能在全社会、在群众中有效地树立起尊法学法守法用法的良好风尚，进而实现全面推进依法治国的目标。

（二）“关键少数”如果出问题危害更大

唯物辩证法认为，事物总具有两面性。既然“关键少数”在党和国家政治生活中有着关键作用。那么，这种关键性作用能否朝着正能量方向淋漓尽致地展现出来，显得至关重要。一方面，当“关键少数”能够自觉讲政治、敢担当、勇作为，不忘初心、牢记使命，积极主动地发挥好主观能动性，就能彰显应有的关键作用，从而造福一方，助力党和国家事业的长足发展；另一方面，若“关键少数”中的个体或部分，思想产生变质，比如理想信念丧失、私欲膨胀、道德滑坡，便利用关键角色形成的特定权力、地位和关系，极尽违法乱纪、损公肥私、贪污腐化

① 《习近平关于严明党的纪律和规矩论述摘编》，中央文献出版社、中国方正出版社2016年版，第97页。

之能事，从而败坏角色形象和政治公信力，危害一方政治生态乃至祸国殃民。

不可否认，绝大多数领导干部能够践行党的性质和宗旨，做到言行一致、廉洁奉公、履职尽责、守土担责，不辜负党和人民的信任，正确行使公权力，在思想上、政治上、作风上是过硬的。然而，也有少数领导干部特别是高级干部，养尊处优久了，慢慢地逐渐疏远群众，滋长了特权思想和官僚主义习气，松懈了组织纪律性的严格要求，个别甚至走上违法乱纪、以权谋私、腐化堕落的不归路。正如习近平总书记在党的群众路线教育实践活动工作会议上所指出的："我们必须看到，面对世情、国情、党情的深刻变化，精神懈怠危险、能力不足危险、脱离群众危险、消极腐败危险更加尖锐地摆在全党面前"①。

我们党作为马克思主义执政党，其自身成长发展历程既是一部波澜壮阔的英勇奋斗史，也是一部披荆斩棘的曲折前进史。历史和人民最终选择了中国共产党，因而如邓小平所言："在中国来说，谁有资格犯大错误，就是中国共产党。犯了错误影响也最大。因此，我们党应该特别警惕。"②常言道：人无完人、金无足赤。一个政党也是如此，古今中外任何政党都概莫能外。从五四运动到新中国成立再到新时代，中国共产党团结带领人民一步步走向胜利的背后，无不凝聚着广大党员干部特别是其中的"关键少数"的卓著贡献。针对党内出现的一些问题，习近平总书记指出："那么在党内，谁有资格犯大错误？我看还是高级干部。高级

① 《习近平谈治国理政》第 1 卷，外文出版社 2018 年版，第 368 页。
② 《邓小平文选》第 1 卷，人民出版社 1994 年版，第 270 页。

干部一旦犯错误，造成的危害大，对党的形象和威信损害大。”[1]高级干部往往享有党内崇高威望，位处党的事业发展中的重要位置，时常成为“一把手”的代名词。“一把手位高权重，一旦出问题，最容易带坏班子、搞乱风纪。”[2]

“关键少数”要一以贯之发挥正向的关键性作用，务要做好两方面工作：一方面，各级领导干部要切实提高政治站位，不断增强政治意识、大局意识、核心意识、看齐意识，注重自我教育与自我管理，提升拒腐防变的能力。同时，要搞好领导班子建设，以身作则、率先垂范，带头贯彻执行党的路线方针政策，自觉遵纪守法，为组织、为下级、为群众树立良好的外部形象。另一方面，鉴于绝对的权力必然导致绝对的腐败，需要借助必要的外部力量，加强对“关键少数”的常态化管理，强化全过程监督，将党风廉政建设和反腐败斗争进行到底，把胆敢违法乱纪的“老虎”“苍蝇”坚决及时清理出队伍。

（三）只有抓住了“关键少数”才能营造风清气正的政治生态

政治生态是政治生活现状以及政治发展环境的集中反映，是党风、政风和社会风气的综合体现，深刻影响着党员干部的价值取向和从政行为。政治生态的好坏有着十分重要的影响。政治生态清明，人心就顺、正气就足、腐败就少，就能形成风清气正的谋事创业氛围；反之，当政治生态出现污染，就会人心涣散、弊病丛生、腐败频发，歪风邪气大行其道。

---

① 《习近平关于严明党的纪律和规矩论述摘编》，中央文献出版社、中国方正出版社 2016 年版，第 96 页。

② 《习近平关于严明党的纪律和规矩论述摘编》，中央文献出版社、中国方正出版社 2016 年版，第 100 页。

那么，衡量政治生态良好与否的标准是什么呢？刘云山指出：“一个地方、一个单位政治生态好不好，有两个直观标尺：一看党员干部作风好不好，二看有没有腐败问题。”[①]可见，制约政治生态现实状况的影响要素有很多，但核心要义始终是与领导干部的党性程度、觉悟水平和作风状况密不可分的。换言之，政治生态的优劣现状，或者说能否营造或形成一个山清水秀的良好政治生态环境，根本上取决于党员干部特别是其中“关键少数”的实际作为。因为“从严管理的要求能不能落到实处，领导机关和领导干部带头非常重要。”[②]从这个意义讲，“关键少数”有没有树立正确的价值观、权力观和事业观，能不能做到守纪律、讲规矩和拒腐蚀，会不会充当先锋、做好表率、以身作则，直接关系到政治生态面貌是清明还是污浊。可见，“关键少数”对政治生态具有至关重要影响，抓“关键少数”是营造良好政治生态的前提条件；但同时，“关键少数”也不可避免地受到政治生态的反作用，抓“关键少数”是涵养良好政治生态的重要内容。两者之间是相辅相成、相互影响、互为促进的关系。

一个时期以来，为扭转“管党不严、治党不力”局部态势，以习近平同志为核心的党中央把全面从严治党作为推进伟大工程的重大战略布局，坚持猛药去疴、重典治乱，下大气力拔“烂树”、治“病树”、正“歪树”，不断培厚涵养良好政治生态的洁净土壤。在致力于营造良好政治生态尤其是党内政治生态的同时，竭力构建优良的从政环境和政治风气，使良性政治生态日渐成为“政治新常态”。经过持续不懈的努

---

① 刘云山：《努力营造良好政治生态》，《学习时报》2015 年 5 月 18 日。

② 《习近平关于严明党的纪律和规矩论述摘编》，中央文献出版社、中国方正出版社 2016 年版，第 94 页。

力，发现了不少线索，解决了不少问题，办理了不少铁案，净化政治生态工作取得了阶段性的明显成效。然而，从近年来查处的案件和巡视发现的问题看，虽然整体政治生态状况明显好转，但相对仍然较为“脆弱”。建设全方位健康洁净的政治生态目标形势依然十分严峻而复杂。这就要求，作为党治国理政的重要骨干力量的“关键少数”，既要行使好全面从严治党执行主体的权利，又要担负起全面从严治党责任客体的义务。净化政治生态不仅仅是全面从严治党不断推进的过程，也是其所要逐步达成的目标。如何在营造良好政治生态的基础上持久保持风清气正的政治生态环境，成为新时代必须回应的重大实践课题。从根本上讲，只有做到培基固本、正本清源，才能营造出良好的政治生态，但是最终落脚点必须着眼于治吏，尤其是当中的“关键少数”。问题在于，怎样重点抓好“关键少数”这支队伍呢？这就自然涉及干部的选拔任用与培养问题。习近平总书记指出：“好干部不会自然而然产生。成长为一个好干部，一靠自身努力，二靠组织培养。”[①]这就表明，好干部的形成尽管内因起着决定性作用，但终究是内外因综合作用的结果。具体而言，要做好以下几点工作。

首先，本着“自律”为先的原则，各级领导干部要强化理想信念教育，增强党章、党纪和党规的执行意识。通过参与开展形式多样的理论学习活动和实践教育活动，自觉立正身、讲原则、守纪律、拒腐蚀，真正做到政治立场不变、政治信仰不移、政治方向不偏，为积极营造一方风清气正的从政环境作出应有贡献。“各级领导干部要带头执行《准则》、《条例》，把好用权‘方向盘’，系好廉洁‘安全带’，激浊扬清，扶正

① 《十八大以来重要文献选编》上，中央文献出版社2014年版，第341页。

祛邪，自觉为营造风清气正的政治生态履职尽责、作出贡献。”[①]其次，立足“他律”的角度，督促领导干部认真对照《中国共产党廉洁自律准则》《中国共产党纪律处分条例》《中国共产党问责条例》《关于新形势下党内政治生活的若干准则》等一系列法规文件的要求，督促党员干部落到实处，促进全面从严治党制度化、常态化，为净化党内政治生态保驾护航。最后，建立健全制约、监督、规范权力运行的科学体系，创新监督模式，强化重点监督，推动巡视纵深发展，发挥从严治党利器作用，形成人人为了良好政治生态、人人享受良好政治生态的良好氛围，为构建山清水秀政治生态打下坚实基础。

六、目标是“使我们党永远立于不败之地”

中国共产党是一个拥有 9800 多万名党员、在一个人口多达 14 亿的大国长期执政的党。党自身的治理状况如何，事关党运、国运，事关中华民族的前途命运和广大人民的福祉。新的历史起点上，我们党既迎来了众多前所未有的大好发展机遇，同时也面临着一系列长期、复杂而严峻的挑战。坚持和发展中国特色社会主义，稳步推进“四个伟大”，必须毫不动摇坚持和完善党的领导，以全面从严治党为抓手，积极推进党的建设新的伟大工程，把党建设得更加坚强有力，从而使我们党永远立于不败之地。

① 《习近平李克强张德江俞正声刘云山张高丽分别参加全国人大会议一些代表团审议》，《光明日报》2017 年 3 月 9 日。

（一）长期执政是执政党的根本追求

马克思主义政党理论认为，政党是阶级的产物，是阶级利益的代表。任何政党的存在，总是代表着特定阶级的利益，是为实现某种目标和理想力求取得和保持国家政权而进行活动的政治组织。也就是说，政党为了能够更好地表达和实现所代表群体的利益、诉求，必然力争通过法定程序使之上升为国家意志，因而，争取权力上台执政成为政党的核心追求之一。随着历史情境的转换以及世界形势的变化，不同社会制度条件下政党的重心任务或有所变化。但是，政党的职责和使命依旧存在，长期执政仍然是执政党的根本追求。以英美为代表的西方发达资本主义国家，政党主要凭借组阁或竞选的方式赢得多数支持，从而轮替上台执政。社会主义国家的执政党往往经过革命斗争，领导人民打碎旧的国家机器，推翻旧的国家政权，实现由革命党到执政党的嬗变。政党执政的基本方式通常依托立法、行政与司法等国家权力，实现对社会各个领域的全面领导。与西方政党角色转换的途径不同，社会主义国家政党主要通过现实政治斗争获得政权，而西方国家政党则多数通过温和而渐进的改革或改良方式实现执政。因此，通过制度性选举或暴力革命执掌国家政权，是政党执政的两条基本路径。只不过，由于社会性质的明显差异，不同国家的执政党所代表的利益群体、执政宗旨理念、利益实现方式有着天壤之别。

长期执政是所有执政党的最大追求。为了达成这一目标，执政党必须动用执政资源竭尽所能履行好政治统治和社会管理两大职能，从而为长期执政提供前提条件和坚实基础。所谓政治统治职能，概言之，主要是依靠国家机关、暴力机器来实施社会秩序管控，并就国家主权、领土的独立性完整性等核心利益予以维护，从而增进与维持国家长治久安。所谓社会管理职能，是指执政党为提升自身执政合法性，往往采取包括稳定经济发展、推动政治民主化、促进文化繁荣、提升社会治理水平等一系列举措，提高执政绩效，赢得多数民众支持，以此来巩固自身执政基础，稳固执政地位。除此之外，为更好地适应经济社会发展形势任务的变化，增强驾驭全局和抵御风险能力，执政党通常格外重视自身公信力建设及其内部治理问题，也就是说，需要不断健全领导体制，完善政党治理，提高执政能力和领导水平。反之，执政党如果任性妄为，漠视自身建设，出现专制集权、贪污腐败、脱离群众、矛盾丛生，最终必然导致民怨载道、社会动荡直至政权垮台。这方面，古今中外有众多鲜活例证。

中国共产党是马克思主义同中国工人运动和中华优秀传统文化相结合的产物。其诞生是近代中国历史发展的必然结果，也是中国人民在寻求中华民族伟大复兴斗争中的历史选择。因而，党自成立之日起就肩负实现中华民族伟大复兴的历史任务。实践证明，要想顺利完成这一极为艰巨的历史任务，在半殖民地半封建的旧中国，仅凭满腔热血或完全寄希望于政治依附是不可能的，必须要有新的思想引领革命运动，新的组织凝聚革命力量。中国共产党以马克思主义及其中国化的科学理论为指导，团结带领人民浴血奋战、百折不挠，历时 28 年，终于推翻了压在中华民族和中国人民头上的“三座大山”，建立了新中国。随着新中国的成立，党自身地位发生了根本性变化，实现了从局部执政到全国执政的转变，成为执政全国的政党；人民的地位也随之发生了翻天覆地的变化，成为国家、社会和自己命运的主人。“雄关漫道真如铁，而今迈步从头越”。历史和现实告诉我们：一方面，办好中国的事情，关键在党，关键是要坚持党的坚强领导；另一方面，新形势下，我们党面临着许多严峻挑战，党内存在着许多尖锐而亟待解决的问题。因此，“全党同志必须在思想上真正明确，党的执政地位和领导地位并不是自然而然就能长期保持下去的，不管党、不抓党就有可能出问题甚至出大问题，结果不只是党的事业不能成功，还有亡党亡国的危险。”①这就说明，必须持之以恒坚持党要管党、从严治党，把党的自身建设摆在更加突出位置并持续推向前进，不断提高领导能力和执政水平，才能始终保持先进性与纯洁性，永远立于不败之地。

（二）党的执政地位来之不易

中国共产党的执政地位不是与生俱来的，也不是一蹴而就的，而是经历了由弱到强、由稚嫩到成熟的渐进成长过程。从成立之初 50 多名党员发展壮大为今天拥有 9800 多万名党员的大党，党员数量实现了历史性突破，党员队伍结构也逐步优化，党的领导力、凝聚力、战斗力、公信力和国际影响力有了极大提升。中国共产党紧紧依靠人民在革命历练中，先后完成和推进了三件大事：一是救国，二是兴国，三是强国，从根本上改变了中华民族和中国人民的前途命运，当之无愧地成为时代潮流的引领者。正如习近平总书记指出：“党带领人民进行革命、建设、改革取得的成果，确立了在历史和人民选择中形成的中国共产党的领导地位。对这一点，要理直气壮讲、大张旗鼓讲。”②可见，党之所以能够成为中国特色社会主义事业的坚强领导核心，既是历史和人民的选择，也是自身团结奋进的结果。

---

① 习近平：《在党的群众路线教育实践活动总结大会上的讲话》，人民出版社 2014 年版，第 13 页。

② 《十八大以来重要文献选编》中，人民出版社 2016 年版，第 147 页。

中国的近代史是一部屈辱坎坷的历史，更是一部中国人民不断抗争奋进的历史。自近代以后，由于帝国主义野蛮入侵和封建统治的腐朽没落，中国逐步沦为半殖民地半封建社会，中华民族遭受前所未有的深重苦难。随着外国资本的掠夺性输入和民族工商业的间接性发展，民族资产阶级开始形成并日益分化。在民族危机日益加深、救亡图存呼声高涨的大背景下，尽管代表不同利益主体的各派资产阶级进行了有益探索，但是由于主客观方面的种种原因，终究没能找到符合中国国情的正确发展道路，因而也就未能从根本上彻底改变中国积贫积弱、内忧外患的严峻局面。俄国十月革命一声炮响，为中国送来了马克思列宁主义。自此马列主义广泛传播，中国先进知识分子逐步深入认识与接受这一科学理论，并将其作为中国革命的理论基础和指导思想。1919 年五四运动的爆发，标志着中国无产阶级作为独立的政治力量登上了历史舞台。1921 年党的一大的召开，中国共产党应运而生，这“是开天辟地的大事变”。自从有了中国共产党，中国革命的面貌焕然一新。土地革命战争时期，以毛泽东同志为主要代表的中国共产党人，用中国化的马克思主义指导革命和建设的实践，通过艰辛探索和论争比较，开辟了中国特色的革命道路。随着日本军国主义侵略势力的扩张，中日民族矛盾空前升级。大敌当前，同仇敌忾，在战争空气极度紧张的条件下，党既要尽可能联合一切积极力量共同抗日，又要独立自主地开展敌后武装斗争，为赢得正规战、持久战和反攻战的最终胜利打下坚实基础。然而，抗战的胜利并没有给满怀希望的中国人带来和平安宁的久违曙光，另一场暴风雨业已蓄势而来。代表大地主大资产阶级利益的国民党反动统治集团，无视人民群众的根本利益及渴望和平民主的呼声，极力推行独裁统治，悍然发动全面内战。中国共产党从全局出发，领导人民军队用 3 年多的时间彻底摧毁了美帝国主义支持下的国民党反动政权，建立了新中国，取得了新民主主义革命的伟大胜利，使中国人民从此“站起来”了。党自身的政治地位实现了由根据地和解放区的局部执政过渡为全国执政的转变。

新中国成立后，百废待兴，我们党仍然面临着恢复国民经济、巩固新生人民政权、改善人民生活等艰巨任务。在这种情况下，中国共产党并没有被困难所吓倒，而是聚精会神带领人民接续社会主义革命，完成了生产资料的社会主义改造，确立了社会主义基本制度。尽管囿于当时风云变幻的国内外形势，特别是党的八大后，党在社会主义建设的探索过程中出现了明显“失误”，后又因对阶级斗争形势严重误判而酿成“文化大革命”。在重要的历史转折关口，党及时总结正反两方面经验教训，1978 年年底召开的党的十一届三中全会，作出了停止“以阶级斗争为纲”转而以经济建设为中心、实行改革开放的伟大战略决策，我国进入社会主义现代化建设的新时期。以邓小平、江泽民、胡锦涛、习近平同志为主要代表的中国共产党人，解放思想、与时俱进、锐意进取，开创、坚持和发展了中国特色社会主义，使中国特色社会主义事业的长足发展获得强大动力，中华民族的复兴梦在由“富起来”向“强起来”历史性飞跃进程中日益接近。正如习近平总书记在党的十九大报告中所指出：“今天，我们比历史上任何时期都更接近、更有信心和能力实现中华民族伟大复兴的目标。”[①]历史经验告诉我们，党的执政地位从来不是简简单单、轻轻松松就得来的，而是团结带领人民历经千难万险，付出巨大牺牲，敢于面对曲折，坚定追求真理、勇于修正错误，攻克无数难关

① 习近平：《决胜全面建成小康社会　夺取新时代中国特色社会主义伟大胜利》，人民出版社 2017 年版，第 15 页。

才实现的。进入新时代，党要稳固自身执政地位，获得人民群众衷心拥护，就要把管党治党摆在更加突出的位置，因为“如果管党不力、治党不严，人民群众反映强烈的党内突出问题得不到解决，那我们党迟早会失去执政资格，不可避免被历史淘汰。”[①]全党同志应该倍加珍惜这一来之不易的结果，坚定“四个自信”，自觉按照共产党人的初心和肩负的时代使命履行好职责，继续前行，不断为增强党的政治领导力、思想引领力、群众组织力以及社会号召力贡献力量。

（三）只有“立于不败之地”才能实现党的宗旨

一切为了人民、一切依靠人民，是我们党在近百年奋斗征程中，带领人民攻坚克难、不断前进的重要法宝；也是我们党在革命、建设和改革的各个历史时期形成的光荣传统。作为中国特色社会主义事业的领导核心和中国人民的主心骨，中国共产党除了最广大人民的根本利益，没有自身的特殊利益。百年来，党始终践行着一切为着实现、增进与维护最广大人民的根本利益，全心全意为人民服务的根本宗旨。

宗旨问题关系到为什么人服务、服务的根本目的以及服务的基本要求等重大现实问题。毛泽东最早提出并对党的宗旨进行了科学概括。他在1944年9月张思德同志的追悼大会上发表了题为《为人民服务》的著名演讲，提出“完全”“彻底”为人民服务的观点，明确了要将为人民服务作为党和军队的普遍要求。“我们的共产党和共产党领导的八路军、新四军，是革命的队伍。我们这个队伍完全是为着解放人民的，是彻底地

① 习近平:《在庆祝中国共产党成立95周年大会上的讲话》，人民出版社2016年版，第23页。

为人民的利益工作的。”[①]“全心全意为人民服务”这一命题的完整提出，源自 1945 年 4 月毛泽东在党的七大上所作的《论联合政府》政治报告中。他强调：“紧紧地和中国人民站在一起，全心全意为中国人民服务，就是这个军队的唯一的宗旨。”[②]这里的全心全意地为人民服务，既是人民军队的宗旨，也是我们党的唯一宗旨。中国共产党的性质，决定了党的一切活动的根本目的和意图、党全部政策的出发点和归宿以及全体党员的一切言行遵循的准则，必须从最广大人民群众的根本利益出发。归根结底，也就是要为最大多数人谋取最大的利益。在新的历史时期，党的宗旨随着时代的发展不断被赋予新的时代内涵，我们党要保持长期执政的条件不变，就必须努力践行党的宗旨，坚守立党为公、执政为民的政治立场和执政理念，当好“人民公仆”；而越要维护好与履行好党的宗旨，就越要加强党的自身建设，做到坚持党的领导、弘扬优良作风、坚定反腐倡廉，从而巩固党的执政根基，使党永远立于不败之地。

首先，坚持党的领导，是党“立于不败之地”的根本前提。党的十九大报告指出：“党政军民学，东西南北中，党是领导一切的。”[③]坚持中国共产党的领导是中国特色社会主义最本质的特征和中国特色社会主义制度的最大优势。坚持党对一切工作的领导，是由近代以来中国的历史逻辑、政治逻辑和实践逻辑所决定的，是党和国家事业发展无往而不胜的根本所在、兴旺发达的关键之所在。新时代，要实现第二个百年奋斗目标和中华民族伟大复兴的宏伟目标，在理论上，必须始终坚持

---

① 《毛泽东选集》第 3 卷，人民出版社 1991 年版，第 1004 页。

② 《毛泽东选集》第 3 卷，人民出版社 1991 年版，第 1039 页。

③ 习近平：《决胜全面建成小康社会　夺取新时代中国特色社会主义伟大胜利》，人民出版社 2017 年版，第 20 页。

习近平新时代中国特色社会主义思想的指导；在思想上，自觉增强“四个意识”、坚定“四个自信”、做到“两个维护”、拥护“两个确立”，以坚持和巩固党的领导地位与执政地位为前提条件和目标指引，时刻准备好进行具有许多新的历史特点的伟大斗争；在实践上，要把党的领导坚决贯彻到中国特色社会主义改革发展稳定、内政外交国防、治党治国治军等各个领域，提高党的执政能力和领导水平，促进治理体系和治理能力现代化，进而彰显党的领导在国家制度和国家治理体系中的显著优势。

其次，弘扬优良作风，是党“立于不败之地”的内在要求。作风问题关系人心向背，关系党的执政基础。作风好，人心就齐、风气就正，从政环境就良好；作风不好，人心涣散、歪风邪气横行，从政环境就污浊。因而，作风建设的好坏，对党风、政风乃至社会风气具有极其重要的影响。中国共产党历来高度重视作风建设问题，有着培育和提升优良作风的光荣传统。早在延安时期，党就开展了以整顿三风为中心内容的整风运动，促使全党树立了联系群众、调查研究、实事求是的优良作风。毛泽东在党的七大上将党在长期革命斗争中形成的作风总结概括为三大优良作风。可以说，过硬的作风是中国共产党人历经风雨，推进中国革命，建设和改革事业胜利前进的看家本领。进入新时代，大力弘扬优良作风，就要以作风建设为抓手，把党的优良作风传承好、发扬好、落实好。与此同时，要以“作风建设永远在路上”的勇气和担当，聚焦现实暴露的“四风”问题，通过深入抓、持久抓和经常抓，抓思想、抓工作、抓生活，教育引导广大党员干部深入基层、深入实际、深入群众，从而有效提升党服务人民的形象、威望、能力与水准。

最后，坚定人民立场，是党“立于不败之地”的坚强保证。人民是历史的创造者，是决定党和国家前途命运的根本力量。中国共产党始终坚持人民主体地位，依靠人民取得胜利、创造伟业，也必将依靠人民走向未来、再创辉煌。党领导人民干革命、搞建设、抓改革，目的都是服务于人民的根本利益，让人民过上幸福美好的生活。处于新的历史方位，我们要坚持以人民为中心的发展思想，在不断推进改革和发展中实现好、维护好、发展好广大人民群众的根本利益，让改革发展成果更多、更好、更公平地惠及全体人民，不断增强人民群众的获得感和幸福感。此外，要紧扣民心这个最大政治，毫不动摇贯彻党的群众路线，持之以恒反腐惩贪，把赢得民心民意、汇集民智民力作为关键着力点，使党成为始终走在时代前列、经得起各种风险考验、人民群众衷心拥护的马克思主义执政党。

第三章 新时代全面从严治党的基本目标

坚持目标导向与问题导向相统一，就是着眼目标要求，以问题倒逼的方式，通过解决问题达成全面从严治党的目标。这不仅是我们党加强自身建设的一条重要经验，更是习近平总书记推进新时代全面从严治党的创造性实践。党的十九大报告以及《中国共产党章程》明确指出："把党建设成为始终走在时代前列、人民衷心拥护、勇于自我革命、经得起各种风浪考验、朝气蓬勃的马克思主义执政党。"[①] 党的十八大以来，习近平总书记"始终站在时代前沿"，直面新时代党的建设的严峻复杂形势，围绕全面从严治党发表了一系列重要讲话，旗帜鲜明地阐明了全面从严治党的目标指向。

① 习近平：《决胜全面建成小康社会　夺取新时代中国特色社会主义伟大胜利》，人民出版社2017年版，第62页。

一、全面从严治党的价值目标

党的十八大以来，习近平总书记始终紧紧围绕“建设什么样的长期执政的马克思主义政党”这个核心问题，从新时代党的建设面临的世情、国情、党情出发，立足于实现中国特色社会主义现代化和中华民族伟大复兴中国梦，明确提出“全面从严治党”重要战略思想，拉开了兴国必先兴党、兴党必先治党的管党治党大幕。作为我们党建设史上创新发展的重要成果，全面从严治党思想体现了战略性、前瞻性、全面性和多维性，具有鲜明的价值目标指向。

（一）价值目标及其定位

价值目标属于心理学范畴的概念，是指人们对特定事物所采取的价值观，在特定对象之上所进行的价值选择。价值目标又称为价值取向。价值取向是价值哲学的重要范畴，“指特定主体基于自己的价值观在面对或处理各种矛盾、冲突、关系时所持的基本立场、态度以及所表现出来的基本价值倾向”[①]。价值目标具有社会性、实践性、科学性和实践性等特点，对价值实施主体的价值选择具有决定和支配作用。一般来说，有什么样的价值目标，价值实施主体就会选择相应的价值行动，最终产生与价值目标相匹配的价值结果。因此，价值目标的合理化和科学性是推

① 王勇：《大众传媒对大学生核心价值观的影响力》，《教书育人·高教论坛》2012 年第 4 期。

进特定主体及其所追求的事业取得进步的内在精神动力。

1. 价值目标。

自创建伊始，中国共产党即确立了自身的价值目标，那就是始终做中国工人阶级的先锋队，做中国人民和中华民族的先锋队；始终代表中国先进生产力的发展要求、代表中国先进文化的前进方向、代表中国最广大人民的根本利益；始终为中国人民谋幸福、为中华民族谋复兴。正是这一目标激励了一代代中国共产党人舍生忘死、攻坚克难、接续奋斗，用几十年时间走完了西方发达国家几百年走过的工业化历程，取得了世所罕见的经济快速发展奇迹和社会长期稳定奇迹。当前，中国特色社会主义进入新时代，圆满实现了全面建成小康社会的第一个百年奋斗目标，正以昂扬的姿态奋进实现社会主义现代化的第二个百年奋斗目标，且已经比历史上任何时期都更加接近中华民族伟大复兴的目标。中国共产党人正以令世人刮目相看的磅礴伟力实现着自身的共同理想和远大理想。党的自身价值目标就是全面从严治党所要实现的价值目标。一是全面从严治党的根本起因在于党内出现了和党章要求不和谐，甚至是违背的现象，需要通过全面从严治党保持和维护党的先进性和纯洁性；二是全面从严治党还要承担提升全党以新发展理念引领经济社会发展，开创新发展阶段、新发展格局下新发展局面的能力的历史任务，克服新时代、新条件下的“本领恐慌”。

由于中国共产党领导建设的新中国脱胎于半殖民地半封建社会，其追求人民幸福、民族复兴的目标需要经过相当长的一段奋斗历程，为更好地实现这一目标，激励民众，中共中央采取了许多行之有效的措施，一是在自身建设价值目标的实现上激励党员干部永葆“先锋队”本色，不忘初心、牢记使命；二是在社会建设价值目标的实现上把远大目标化成若干前后相继、层层推进、呈闭环累积式的目标链，如“温饱”—“小康”—“全面小康”—“基本现代化”—“现代化强国”等，既立足当下，又着眼长远，推动中国这艘巨轮始终向着人民幸福、民族复兴的彼岸靠近。党的自身建设价值目标为社会建设价值目标保驾护航，社会建设价值目标的实现检验并印证着党的自身建设价值目标。

2. 价值目标的定位。

在中国共产党全面从严治党的目标体系中，价值目标是核心，是党全部管党治党理论、策略的出发点和落脚点，对全面从严治党发挥着引领作用。

首先，价值目标是全面从严治党目标体系中的核心。目标对于执政党来说是多元多层的复杂构成体系。在这个多元体系中，价值目标应该居于核心位置，因为有什么样的价值目标，就会有什么样的管党、治党的战略视野、战略举措等。全面从严治党本身就是一个目标性很强的战略和手段。它要回答“为什么治”“如何治”等重要问题。对这些问题发挥引领性作用的是治党的目标，即要把党治成什么样的党。对于这个问题，中国共产党自创立之日起，就有了十分确定的目标，那就是中国工人阶级的先锋队组织、马克思主义政党。其后，在漫长的历史岁月中，中国共产党始终是按照这个总体价值目标在要求和建设自身。党的十九大报告把这一目标界定为“始终走在时代前列、人民衷心拥护、勇于自我革命、经得起各种风险考验、朝气蓬勃的马克思主义执政党”[①]，因此，始终保持马克思主义执政党的秉性和风骨就成为全面从严治党的核心价

① 习近平：《决胜全面建成小康社会 夺取新时代中国特色社会主义伟大胜利》，人民出版社 2017 年版，第 62 页。

值目标。全面从严治党的其他目标都服从和服务于这个价值目标。

其次，价值目标是全面从严治党的出发点和落脚点。对一个政党而言，价值目标与其性质、宗旨紧密相连，或者说是其性质、宗旨的具体体现，因而也是政党的行动方向和最终指向。全面从严治党就是针对党内出现的违背党的性质、宗旨，破坏党中央集中统一领导，损害人民群众利益等现象，而采取一系列教育、监督、惩治等方法手段，达到实现好、维护好党价值目标的目的。纵观中国共产党百年发展历程，无论是革命、建设时期，还是改革时期，党始终围绕自身的价值目标开展建设，虽然在这个过程中也曾走过弯路，但最终都靠自身的力量战胜了各种风险挑战，达到了建成强大马克思主义政党的目的。

最后，价值目标对全面从严治党发挥引领作用。全面从严治党坚持从问题出发，以目标为指引，在问题的解决中实现问题导向与目标导向的有机统一。新时代全面从严治党必须坚持以习近平新时代中国特色社会主义思想为指导，厘清全面从严治党大思路，明确大方位，在价值目标的牵引下确定全面从严治党的具体目标，使具体目标在与价值目标互文互进中促成价值目标的最终实现。如在具体目标上，坚持以习近平总书记提出的六项具体任务为指引，集中查找和解决全面从严治党存在的问题，通过全面从严治党增强“四个意识”、坚定“四个自信”、做到“两个维护”，保持党的先进性和纯洁性，巩固党的团结统一，并以此增强全党的宗旨与使命意识，坚持以人民为中心，确保立党为公、执政为民，实现马克思主义执政党建设的价值目标。

（二）锻造长期执政的马克思主义政党

自创立之日起，党即以马克思主义为一切工作的行动指针。无论是在新民主主义革命时期还是在社会主义革命时期，无论是在社会主义建设时期还是在改革开放新时期，党始终坚守马克思主义根本立场，立足革命、建设、改革实践，顺应时代潮流的呼唤，不断推进马克思主义基本原理同中国具体实际与时代特征的结合，确保党始终走在时代前列，引领时代发展，成为坚强领导核心。党的十八大以来，习近平总书记在很多场合围绕如何把执政党建设好发表了一系列重要讲话，目的就是要保持党的执政本色。

1. 党的领导是中国特色社会主义最本质的特征

党的十九大报告指出："党政军民学，东西南北中，党是领导一切的。"[①]党是中国的最高政治领导力量。新中国成立以来，党领导中国人民进行社会主义建设，特别是改革开放以来中国特色社会主义建设所取得的一切成绩和进步的根本原因，归结起来就是创造了中国特色社会主义制度，开辟了中国特色社会主义道路，形成了中国特色社会主义理论体系。而中国特色社会主义制度、道路、理论的创立、发展与完善都是在党的坚强领导下实现的。

党的领导是实现党和国家各项事业顺利发展的根本保证，是战胜各种风险挑战和确保民族复兴的"定海神针"。习近平总书记曾多次强调，中国特色社会主义制度具有无比优越性，其中之一就是党总揽全局、协调各方的核心作用的有效发挥。习近平总书记把党在其中的地位形象地比喻为"众星捧月"的"月"和稳坐中军帐的"帅"。苍穹如果无"月"，则众星便会黯淡无光；三军如果无"帅"，则会一盘散沙。中国如果没

① 习近平：《决胜全面建成小康社会　夺取新时代中国特色社会主义伟大胜利》，人民出版社 2017 年版，第 20 页。

有党的领导，必然会出现各自为政、分崩离析的局面，不仅不能实现中华民族的复兴，而且会产生灾难性后果。

新中国成立以来，特别是改革开放以来，在党的领导下，通过总结历史经验，中国确立了中国特色社会主义制度。在政治层面上，这个制度主要表现为彰显党的领导、人民当家作主、依法治国有机统一的人民代表大会制度、中国共产党领导的多党合作和政治协商制度、民族区域自治制度和基层群众自治制度等根本政治制度和基本政治制度；在经济层面上，这个制度主要表现为以公有制为主体、多种所有制经济共同发展的社会主义市场经济体制的基本经济制度；在文化层面上，这个制度主要表现为马克思主义指导的面向现代化、面向世界、面向未来的，民族的科学的大众的社会主义文化；在社会层面上，这个制度主要表现为始终把人民利益摆在至高无上的地位，带领人民创造美好生活；在生态层面上，这个制度主要表现在始终把人与自然和谐共生作为基本目标。以及立足根本（基本）政治制度、经济制度的经济体制、政治体制、文化体制、社会体制、生态体制等各项具体制度。中国特色社会主义制度的形成，为当代中国经济社会发展提供根本制度保障。正是因为有了这些制度保障，中华民族在不到百年的时间里取得了其他发达国家几百年才取得的成绩，实现了从站起来到富起来再到强起来的历史性飞跃，前所未有地走近了世界舞台中心，前所未有地接近了中华民族伟大复兴的梦想。正是从这个意义上，可以说，坚持党对一切工作的领导，“是党和国家的根本所在、命脉所在，是全国各族人民的利益所系、幸福所系”①。

① 《十八大以来重要文献选编》中，中央文献出版社2016年版，第146页。

2. 党在中国的领导地位是近代中国历史和人民选择的结果

一个政党能不能立足潮头，赢得并保持执政地位，完全取决于这个政党能不能顺应历史潮流的发展，能不能得到最广大人民群众的支持和拥护。中国共产党所以能够历尽风雨而始终挺立潮头，就是因为顺应了历史发展的潮流，得到了人民群众的支持和拥护。

近代中国，在反抗外国侵略、争取中华民族独立和人民解放的社会变革与革命的洪流中，涌现出了很多的政党组织，他们都期冀能够赢得全国政权，但是只有中国共产党成为最后的赢家。特别是中国共产党以小胜大、以弱胜强，打败了中国国民党。这些都是近代中国历史和人民选择的结果。新中国成立后，党始终依靠人民群众推进中国社会主义事业发展进步，其间尽管也遭遇过挫折，但是最后都依靠自身的力量修正了错误，并找到正确的发展道路。经过 70 多年的发展，中国的综合国力显著增强，生产力水平显著提高，人民生活水平显著改善，等等。所有这些成就都只有在党的领导下才能取得。近代以来中国发展的历史已经证明，任何其他的阶级、阶层和组织都不可能完成这样的任务，取得这样的成就。正是在这个意义上，邓小平曾指出："在中国这样的大国，要把几亿人口的思想和力量统一起来建设社会主义，没有一个由具有高度觉悟性、纪律性和自我牺牲精神的党员组成的能够真正代表和团结人民群众的党，没有这样一个党的统一领导，是不可能设想的，那就只会四分五裂，一事无成。"①

---

①《十一届三中全会以来重要文献选读》上册，人民出版社 1987 年版，第 227 页。

3. 在实践中不断坚持和改善党的领导

坚持党的领导地位，必须在实践中不断地加强和改善党的领导。中国特色社会主义进入新时代，许多新矛盾新问题新挑战需要克服、化解和战胜，中国特色社会主义现代化和中华民族伟大复兴需要深刻擘画，同时，迎来百年诞辰的大党也面临自身建设的很多问题需要解决。打铁必须自身硬。党自身建设遇到的问题需要党刀刃向内着力解决。党领导人民进行伟大斗争、建设伟大工程、推进伟大事业、实现伟大梦想，“必须毫不动摇坚持和完善党的领导，毫不动摇把党建设得更加坚强有力”①。

完善坚持党的全面领导制度。党的十九届四中全会把坚持和完善党的领导制度放在“坚持和完善中国特色社会主义制度、推进国家治理体系和治理能力现代化”十三个重大问题的首要位置，突出党的全面领导制度对提升国家治理体系和治理能力的统摄性地位。之所以会如此，其关键就在于党的全面领导从来都是具体的、实在的，体现在党治国理政的方方面面。坚持党的全面领导制度，就是要坚持党总揽全局、协调各方的领导核心地位，在国家治理结构和运行中形成“众星捧月”的局面，使党中央在国家治理体系的大棋局中成为坐镇军帐中的“帅”。

提高党把方向、谋大局、定政策、促改革的能力和定力。中国的事情，关键在党。推动中国特色社会主义事业健康发展和实现中华民族伟大复兴，不仅要坚持党对一切工作的领导，而且要党提高执政本领，善于处理各种复杂矛盾，勇于战胜各种艰难险阻，牢牢把握发展领导权和

① 习近平：《决胜全面建成小康社会　夺取新时代中国特色社会主义伟大胜利》，人民出版社2017年版，第61页。

主动权。首先是要善于把方向。把方向，就是想问题、定政策要始终坚持中国特色社会主义方向。当今世界正处于百年未有之大变局，国际风云变幻，国内发展任务繁重，各种风险挑战层出不穷，稍有不慎就有可能犯颠覆性的错误。因此，必须始终自觉坚持中国特色社会主义不动摇，增强中国特色社会主义“四个自信”“四个意识”，确保中国特色社会主义不偏方向，不犯颠覆性错误。其次是要善于谋大局。谋大局，就是运用马克思主义方法论，从党和国家事业发展的根本利益出发，进行顶层设计。党的十八大以来，习近平总书记多次强调要从全面深化改革的大局出发考虑问题，“不谋全局者，不足谋一域。”[①]因此，在工作中要牢固树立大局意识，始终做到识大局、服大局、护大局，抓主要矛盾和矛盾的主要方面，以增强决策和工作的科学性、预见性、整体性和有效性。再次是要善于定政策。定政策，就是在找准方向、笃定大局的前提下制定符合发展需要的、切实管用的政策措施。政策不仅直接反映执政党的初心使命，而且反映执政党治国理政的能力和水平。因此，在定政策的时候，既要坚持以人民为中心的发展理念，着眼长远，又要坚持实事求是，立足国情，不“拍脑袋”，不“越底线”，真正做到科学、民主、依法决策。最后是要善于促改革。促改革，就是抢抓机遇，不失时机地把中国的改革事业推向前进。事实已经证明，改革是决定当代中国命运的关键一招。过去实现“富起来”靠改革，当前和今后实现“强起来”依然要靠改革。特别是在全面深化改革进入深水区的攻坚阶段，更要找准推进国家治理体系和治理能力现代化的靶向，大胆闯、大胆试，汇聚不断推进改革的磅礴力量。

---

①《十八大以来重要文献选编》上，中央文献出版社2014年版，第509页。

充分发挥党调动群众积极性、主动性、创造性的能力。党只有植根人民群众中才能发挥最大的能动力和创造力。揆诸历史，可以说一部党的发展史就是一部党领导人民群众，不断调动人民群众积极性、主动性、创造性的历史。正是因为有了这些，党才得以战胜革命、建设、改革历程中遭遇的所有困难和险阻，赢得了今天的大好局面。如果没有人民群众的支持和拥护，没有人民群众的积极性、主动性、创造性，没有人民群众的责任感和执行力，再美的蓝图都是废纸，再好的政策也会落空。因此，坚持和完善党的领导，还要发挥党紧密联系群众的优良传统，聚民心、汇民智、展民力，把党的路线方针政策转化为人民群众自觉干事创业的不竭动力。

（三）形成生动活泼的政治局面

马克思主义民主集中制是我们党的根本组织原则。党自创立之日起即高度重视党内政治生活，把民主集中制运用于党建活动中，构建起了严密的组织、严明的纪律和严肃的党内生活。新中国成立后，毛泽东在《一九五七年夏季的形势》一文中指出："我们的目标，是想造成一个又有集中又有民主，又有纪律又有自由，又有统一意志、又有个人心情舒畅、生动活泼，那样一种政治局面，以利于社会主义革命和社会主义建设"[①]。党的十八大以来，习近平总书记同样致力于构建党内生动活泼政治局面。他在省部级主要领导干部学习贯彻十八届六中全会精神专题研讨班开班式上的重要讲话中指出，要"增强党内政治生活的时代性，就是党内政治生活要紧跟时代步伐、聆听时代声音、回答时代课题，及时

① 《毛泽东年谱（1949—1976）》第3卷，中央文献出版社2013年版，第192页。

发现和解决党内出现的新问题，使党内政治生活始终充满活力”[①]。

1. 严肃认真开展党内政治生活。

党内政治生活是衡量党内政治生态和政治局面的晴雨表。党的百年发展史也证明，什么时候党内政治生活正常健康，什么时候党内政治生态和政治局面就好；反之，就不好。严肃认真开展党内政治生活，是我们党保持集中统一和紧密团结的重要法宝，彰显了我们党的优良传统和鲜明标识。我们党自创建伊始即逐步认识到严肃党内政治生活的极端重要性，并在实践中开始积极探索，取得了显著成效。针对党内存在的单纯军事观点、极端民主化、非组织意识等错误思想，毛泽东在《古田会议决议》中设专篇分别谈了“纠正党内非无产阶级意识的不正确倾向思想”“党的组织问题”等八大问题，指出了批评和纠正党内主观主义错误的方法，即“主要是教育党员使党员的思想和党内的生活都政治化，科学化”[②]等。古田会议的召开初步纠正了党内和军队中的非组织思想，为党的建设和正确开展党内政治生活指明了方向。在此后党的建设实践中，党中央始终把严肃党内政治生活作为重要任务，并逐渐形成了以民主集中制、批评和自我批评、群众路线和严明党的纪律等为核心内容的党内政治生活基本规范。习近平总书记强调：“新形势下加强和规范党内政治生活，要着力增强党内政治生活的政治性、时代性、原则性、战斗性。”[③]

① 《习近平在省部级主要领导干部学习贯彻十八届六中全会精神专题研讨班开班式上发表重要讲话强调　以解决突出问题为突破口和主抓手　推动党的十八届六中全会精神落到实处》，《人民日报》2017 年 2 月 14 日。

② 《毛泽东文集》第 1 卷，人民出版社 1993 年版，第 84 页。

③ 《习近平在省部级主要领导干部学习贯彻十八届六中全会精神专题研讨班开班式上发表重要讲话强调　以解决突出问题为突破口和主抓手　推动党的十八届六中全会精神落到实处》，《人民日报》2017 年 2 月 14 日。

严肃认真开展党内政治生活，必须遵循民主集中制，着力提高党内政治生活质量，增强党内政治生活的“四性”。

必须加强民主集中制建设。民主集中制是马克思主义政党的根本组织原则，也是过好党内政治生活的重要制度保障。党自创立之日起即以民主集中制作为自己的根本组织原则。贯彻落实民主集中制，就要坚持集体领导制度，实行集体领导和个人分工负责相结合，任何组织和个人在任何情况下都不能以任何理由违反这项制度。全党同志，特别是党员领导干部要切实遵从民主集中制的基本原则，增强“四个意识”，坚定“四个自信”，做到“两个维护”。同时，各级党员领导干部也要发扬民主、善于集中、敢于担责，坚决执行党组织的决定。

必须始终抓住思想建设。思想是人的行为的总开关。思想对则行为正，思想错则行为歪。党自创立之日起就非常注重思想建设。用马克思主义武装头脑，以共产主义信念激励行动，是党所以屡遭艰难困苦而百折不回，最终取得革命、建设、改革事业成功的重要法宝。在新时代的伟大征程中，坚定马克思主义信仰，坚守共产主义远大理想和中国特色社会主义共同理想，是广大党员干部的精神之“钙”和政治灵魂，也是保持党团结统一和不断奋进的内在动力。广大党员干部应该以实际行动践行理想信念，做“四个自信”“四个意识”“两个维护”的坚定守护者。在当前纷繁复杂的社会思潮中，只有始终把思想建设放在第一位，才能不断巩固马克思主义意识形态在思想领域中的领导地位，才会不被错误思潮左右，不在大是大非面前迷失方向，才能真正做到立场坚定、旗帜鲜明、亮剑护旗。

必须以党章为根本遵循。党章是全党同志必须遵循的总章程，是党内的根本大法。其内容涵盖党的性质、宗旨、路线以及党的建设要求等。

在新时代背景下，继承和弘扬党建优良传统，加强和规范党内政治生活，增强党自我革命能力，提高党的领导水平和执政水平，维护党中央权威和党的团结统一，保持党的先进性和纯洁性，必须牢固树立党章意识和党章权威。

2. 着力增强党内政治生活的政治性、时代性、原则性、战斗性。

所谓增强党内政治生活的政治性，“就是党内政治生活要把握坚定正确的政治方向，引导党员、干部自觉维护党中央权威、维护党的团结和集中统一”[①]。把握正确的政治方向是开展党内政治生活的“罗盘”。只要政治方向是正确的，就容易凝聚共识，统一全党意志，形成合力。反之，如果政治方向错误，就会给党的事业带来重大挫折，甚至犯颠覆性的错误。关于这一点，党在发展过程中的历史经验已经给予充分证明。也正是认识到方向的极端重要性，毛泽东在民主革命时期即强调：一个政党要引导革命到胜利，必须依靠自己政治路线的正确和组织上的巩固，“在革命中未有革命党领错了路而革命不失败的”[②]。习近平总书记在2013年全国宣传思想工作会议上的讲话中也强调：“坚持党性，核心就是坚持正确政治方向，站稳政治立场……坚决同党中央保持高度一致，坚决维护中央权威。”[③]坚定党内政治生活的政治方向，就要做到“四个服从”，树立“四个意识”，自觉防止和反对个人主义、分散主义、自由主义、本位主义、山头主义等。

---

① 《习近平在省部级主要领导干部学习贯彻党的十八届六中全会精神专题研讨班开班式上发表重要讲话强调　以解决突出问题为突破口和主抓手　推动党的十八届六中全会精神落到实处》，《人民日报》2017年2月14日。

② 《毛泽东选集》第1卷，人民出版社1991年版，第3页。

③ 《习近平谈治国理政》第1卷，外文出版社2018年版，第154页。

所谓增强党内政治生活的时代性，“就是党内政治生活要紧跟时代步伐、聆听时代声音、回答时代课题，及时发现和解决党内出现的新问题，使党内政治生活始终充满活力”①。党内政治建设要紧跟时代步伐。党史上曾经出现的教条主义、主观主义错误，主要都是没有跟上时代发展的要求。正因为如此，毛泽东在新民主主义革命时期提出了“马克思主义中国化”命题。邓小平在改革开放之初发出“解放思想”呐喊。1980年，党中央出台《关于党内政治生活的若干准则》，目的就是要总结“文化大革命”的教训，实现党内政治生活的拨乱反正，规范党内政治生活。2016年，党中央出台《关于新形势下党内政治生活的若干准则》。“新形势”就体现了时代变化对党内政治生活提出的新要求，必须具备更强的现实针对性，反映时代特点。

所谓增强党内政治生活的原则性，“就是党内政治生活要坚持党的思想原则、政治原则、组织原则、工作原则，按原则处理党内各种关系，按原则解决党内矛盾和问题。”②党章是党内的根本大法，也是规范党内政治生活的根本准则和指导纲领。《关于新形势下党内政治生活的若干准则》规定的12条准则，就是规范党内政治生活的准绳，任何人都不能逾越。其中理想信念是灵魂，基本路线是生命线，维护党中央权威是目的，纪律严明是保障，人民立场是要求，民主集中制是原则，党内民主是基

---

① 《习近平在省部级主要领导干部学习贯彻党的十八届六中全会精神专题研讨班开班式上发表重要讲话强调　以解决突出问题为突破口和主抓手　推动党的十八届六中全会精神落到实处》，《人民日报》2017年2月14日。

② 《习近平在省部级主要领导干部学习贯彻党的十八届六中全会精神专题研讨班开班式上发表重要讲话强调　以解决突出问题为突破口和主抓手　推动党的十八届六中全会精神落到实处》，《人民日报》2017年2月14日。

础，坚持正确的选人用人导向是根本，健康的组织生活是载体，批评和自我批评是武器，强化监督是保证等。这些准则共同构成了衡量党内政治生活是否健康的重要准则，也为开展党内政治生活提供了依据和标尺。

所谓增强党内政治生活的战斗性，“就是党内政治生活要旗帜鲜明坚持真理、修正错误，勇于开展批评和自我批评，使每个党组织都成为激浊扬清的战斗堡垒，使每个党员都成为扶正祛邪的战斗员。”①党的十八大以来，习近平总书记多次强调要开展具有许多新的伟大特点的斗争，特别是他在2019年春季学期中央党校（国家行政学院）中青年干部培训班开班式上的讲话中系统地阐述了斗争思想。在新的时代条件下，必须旗帜鲜明地同一切否定党的领导、否定我国社会主义制度、否定改革开放的言行作坚决斗争；与一切歪曲、丑化、否定中国特色社会主义的言行作坚决斗争；与一切歪曲、丑化、否定党的历史、中华人民共和国历史、人民军队历史的言行作坚决斗争；与一切歪曲、丑化、否定党的领袖和英雄模范的言行作坚决斗争；与一切违背、歪曲、否定党的基本路线的言行作坚决斗争；与一切形式的官僚主义、形式主义和腐败现象作坚决斗争。

党内政治生活的政治性、时代性、原则性和斗争性是一个既相对独立又联系紧密的整体，共同发挥作用，保障党内政治生活质量。其中政治性是灵魂、管方向；时代性是指向、体现活力；原则性是标尺、托住底线；战斗性是要求、展现精神品格，四者共同维护党内政治生活的健康有效开展。

---

① 《习近平在省部级主要领导干部学习贯彻党的十八届六中全会精神专题研讨班开班式上发表重要讲话强调　以解决突出问题为突破口和主抓手　推动党的十八届六中全会精神落到实处》，《人民日报》2017年2月14日。

（四）全面从严治党价值目标的实现路径

全面从严治党的价值目标是引领党的建设，实现和保持党的先进性和纯洁性的行动指南，对于全面从严治党发挥着指引性作用。那么，如何保障全面从严治党价值目标的实现呢？

1. 强化全面从严治党价值目标教育

纵览党的百年发展史，可以发现党始终高度重视从严治党。无论是在新民主主义革命时期、社会主义改造与建设时期，还是改革开放时期，党对自身建设始终抓得很紧，特别是党的十八大以来，全面从严治党成为加强党自身建设的重要战略和手段，并取得了显著成果。但是，由于各种复杂因素的制约，就全党 9800 多万名党员而言，并不是每一名党员对党的信仰、宗旨、任务和目标，特别是全面从严治党的目标的认识都是清楚的。因此，必须要强化全面从严治党价值目标教育。

首先，规范全面从严治党价值目标教育的内容。马克思主义是中国共产党的坚定信仰和行动指南，共产主义和中国特色社会主义是中国共产党人的最高理想和共同理想，对于实现全面从严治党战略要求和战略部署发挥着决定性作用，因而它们构成全面从严治党价值目标教育的主要内容。其他诸如党的历史、党的路线方针政策、党的纪律、党内法规等也都应该成为全面从严治党价值目标的教育主题和教育资源。

其次，明确全面从严治党价值目标教育的对象。全面从严治党，关键在“严”，要害在“治”，基础在“全面”。所谓“全面”，就是面向全体党员。在管党治党方面，不允许有任何特权和特例。在把全党纳入教育对象和教育范围的同时，在遵循一视同仁的基础上，又要对党员干部进行分类分级分层。党内"关键少数"和高级领导干部是全面从严治党价值目标教育的主要对象，因为他们是党保持团结、稳定和坚强有力的主体力量。如果他们对于全面从严治党价值目标不了解、不明确，就可能会从根本上动摇党的执政地位和损害党的核心政治利益，就不能发挥以上率下的榜样引领作用，就可能带坏党风政风民风。党内"绝大多数"的基层党员也是全面从严治党价值教育的对象，因为他们面向基层、面向群众，其精神风貌和一言一行都会对普通群众产生直接影响。如果他们对于全面从严治党价值目标不了解、不明确，就不仅不会发挥党员全心全意为人民服务的先锋模范作用，而且可能侵害群众利益，直接影响党在群众中的形象。

最后，落实全面从严治党价值目标教育的举措。全面从严治党是一个永恒的理论话题，也是一个永恒的实践话题，必须在实践中予以落实。要厘清全面从严治党价值目标；依据目标制定切实可行的全面从严治党价值教育方案；采取切实有效的教育方式；建构完善的教育考核体系；科学运用教育考核结果。

2. 推动全面从严治党价值目标教育实践

虽然教育本身就是一种实践活动，但是全面从严治党价值目标教育实践不仅具有一般教育实践的特性，而且更具有其特定的意涵。这种教育实践必须服从服务于全面从严治党的价值目标和价值方向，把集中教育与日常教育结合起来、工作能力培养与党性修养提升结合起来，最终达到"马克思主义政党"目的。

首先，开展形式多样、内容丰富的主题教育实践活动。开展主题教育实践活动是达成全面从严治党价值教育的主要抓手，也是中国共产党加强党的建设的宝贵经验。改革开放以来，特别是党的十八大以来，围绕全面从严治党，党中央部署了一系列教育实践活动，如党的群众路线教育实践活动、“三严三实”专题教育、“两学一做”学习教育、“不忘初心、牢记使命”主题教育和党史学习教育等。通过这些主题教育活动，能够在短时间内集中解决困扰党员干部思想的某些痼疾，帮助党员干部重温、感悟中国共产党的性质宗旨，筑牢初心使命。

其次，充分发掘和利用红色资源。红色资源是中国共产党在领导中国人民进行革命、建设、改革进程中创设和遗留下的革命遗址、革命文物、革命精神等宝贵财富。党的一部百年创业史实际上也是一部不断创造红色资源的历史。红色资源见证了中国共产党从开天辟地到改天换地再到翻天覆地的全历史流程，具有很强的教育启发意义。并且这些红色资源已经遍布全国各地，涉及各行业、各领域，组织干部群众参观学习、开展教育也非常方便。通过红色资源，可以让广大党员干部认识到党创业之艰、过程之难和成就的宏业之伟，一方面涤荡灵魂、稳固初心；另一方面激发斗志、续创伟业。

最后，发挥反面教材在全面从严治党价值目标教育中的警示作用。达成全面从严治党价值目标的路径有很多，既可以利用正面的素材进行榜样示范，也可以利用反面教材进行反向镜鉴。而在现实生活中，因为惩治反面教材所形成的巨大震慑力，往往赋予反面教材的警示作用更大。习近平总书记曾多次指出，要“深入剖析严重违纪违法干部的典型案例，发挥警示、震慑、教育作用”，“要加强警示教育，把一些反面典型跌入违纪违法泥坑的教训给大家说透，让大家引为镜鉴、自觉自律”。党的十八大之后，党中央确立了“不敢”“不能”“不想”的反腐败路线图。其中，第一步就是通过雷霆手段强力惩治腐败分子，在全党全社会形成强大威慑力，使心存妄想的人不敢腐，发挥了警戒作用。实现全面从严治党价值目标必须充分发挥反面教材的警示作用，唯有如此，才能催生党员干部心有所畏、行有所止。

3. 开展自我革命。

所谓自我革命，实质上是广大党员干部自我教育、自我修养的革命。它是一种革命性锻造，可以固本培元，让党变得更加坚强有力。敢于自我革命，是中国共产党的鲜明品格，也是最大优势。但是，对于一个长期执政的政党来说，容易产生惰性、衍生腐败，甚至导致垮台的危险，因此必须警钟长鸣，不断开展自我革命。习近平总书记指出："全面从严治党是一场自我革命，必须探索出一条党长期执政条件下实现自我革命的有效路径，这关乎党和国家事业成败，关乎我们能不能跳出历史周期率。"①开展自我革命就是要实现自我净化、自我完善、自我革新、自我提高，不断纯洁党的队伍，保证党的肌体健康。

首先，敢于开展自我革命是党在革命、建设、改革进程中始终永葆初心、勇担使命所展现出来的鲜明政治品格，也是长期积累的宝贵经验和精神财富。历史上，党一次次同各种错误思想，特别是党内错误思想作斗争，一次次刀刃向内解决自身存在的突出问题，都真正地体现了自我革命的精神。新时代，党的自身建设所面临的问题和挑战并不比以往少，甚至是超过了以往任何时候，因此，必须继续推进自我革命，发挥自我革命精神，战胜前进路上的风险与考验。

其次，开展自我革命必须"严"字当头。习近平总书记指出，全面从严治党，关键在"严"。在日常时间要严抓思想、政治、组织、作风、纪

---

① 《坚定不移正风肃纪反腐（新时代的关键抉择）——以习近平同志为核心的党中央推进党风廉政建设和反腐败斗争述评》，《人民日报》2021 年 11 月 8 日。

律、制度和反腐败等工作；对待党员干部要严格管理、严格教育、严格监督；对待违纪违法现象，要寸步不让，坚持伸手必捉、违纪必究。一要严格监督，落实落细巡视全覆盖，让监管不留“死角”，没有“盲区”；二要严肃执纪，坚持无禁区、零容忍，避免“破窗效应”；三要严厉问责，坚持纵向延伸、横向拓展，不搞特权，压实“两个责任”“一岗双责”。

再次，开展自我革命要抓住“关键少数”。面对国内外、党内外各种风险挑战，习近平总书记始终强调“打铁必须自身硬”，“必须抓住‘关键少数’”。“关键少数”是党内处于高位的特殊群体，发挥着标杆带动作用。“关键少数”能否做到信念过硬、政治过硬、责任过硬、能力过硬、作风过硬，他们的作用发挥以及自我革命的开展状况直接决定着全党的整体风貌和命运走向。全面从严治党也要抓住“关键少数”，通过“关键少数”的自我革命把住“关键重点”，辐射带动全党的管党治党，形成全面从严治党的整体态势。

最后，必须坚持自我革命永远在路上。全面从严治党的目的是永葆党的先进性和纯洁性，使党始终成为全面建设社会主义现代化和全面推进中华民族伟大复兴事业的主心骨。党的十八大以来，全面从严治党虽然取得了显著成效，但是遏增量、去存量的任务依然严峻，党员干部信仰缺失、腐败现象屡禁不绝，必须坚持自我革命的立场不动摇，始终用好党跳出历史周期率的“第二个答案”。

二、全面从严治党的规范目标

全面从严治党是一项任务艰巨、历久弥新的伟大工程，需要有顶层设计和制度规范。党的十八大以来，以习近平同志为核心的党中央始终着力强化全面从严治党的制度建设和规范建设，不仅为全面从严治党筑起了制度和规范的“防火墙”，而且为全面从严治党进一步明确了规范目标。

（一）规范目标及其定位

依据“百度百科”词条的解释，规范是指明文规定或约定俗成的标准，具有明晰性和合理性。规范目标就是通过相关的制度、准则、条例、规定等文件的制定和执行，织牢织密织细党内法规制度体系，构建一整套运行有序、规制有力的制度规范，在党内形成铁的纪律。规范目标具有规约性、强制性和可操作性等特点，对全面从严治党发挥着保驾护航的作用。规范目标的科学性、严密性和可操作性影响着全面从严治党的流程、依据和效果。

1. 规范目标。

没有规矩就没有方圆。作为一个马克思主义政党，中国共产党自创立之初就制定了自身的规范，即《中国共产党第一个纲领》，为党的建设奠定了最初的基石。此后，随着党领导的革命、建设、改革事业不断推进和党自身建设的需要，党的规范目标越来越明确，围绕实现规范目标的规范也越来越丰富，涉及思想、组织、作风、制度、政治、纪律和反腐败等多个方面，既有刚的制度性约束，也有柔的非制度性约束。制度性约束和非制度性约束共同构筑起了规范体系和实现规范目标的保障。

党的规范目标是一个多圈多层的保障体系，既包括核心层的信仰价值规范目标，又包括提供支撑的制度规范目标、纪律规范目标和行为规范目标等。所谓信仰价值规范目标，就是通过教育与自我教育，用马克思主义共产主义远大理想、中国特色社会主义共同理想和社会主义核心价值观涵育党员干部精神上的“钙”，把牢党员干部世界观、人生观、价值观的"总开关"，增强党员干部的"免疫力"和"抵抗力"。所谓制度规范目标，就是通过制定出台"条例""准则""规定"等，完善管党治党的制度体系，织密全面从严治党的制度笼子，筑牢全面从严治党的制度性堤坝。所谓纪律规范目标，就是通过监督与执纪，特别是监督执纪"四种形态"，警醒和惩治有违纪倾向或已经违纪的党员干部，营造风清气正的党内政治生态。所谓行为规范目标，就是通过党性教育，促使党员干部自觉维护党中央权威和集中统一领导；通过倡导"老黄牛""孺子牛""拓荒牛"精神，引导党员干部始终把人民放在干事创业的首要位置，牢固树立全心全意为人民服务的宗旨意识，同时勇于创新、敢于变革，永做时代的弄潮儿和引领者。党的规范目标的核心是要"培养造就一支具有铁一般信仰、铁一般信念、铁一般纪律、铁一般担当的干部队伍"。①

2. 规范目标的定位。

在中国共产党全面从严治党的目标体系中，规范目标是关键，是党全部管党治党理论、策略的重要抓手，为全面从严治党的目标实现发挥着保驾护航的作用。

首先，规范目标是实现全面从严治党目标的关键保障。全面从严治党是一个系统庞大而复杂的伟大工程。要完成这个工程，始终保持党的纯洁性和先进性，就必须制定系统、全面、严格的规范。可以说，有什么样的党建规范，就有什么样的党建成果。因而，在这个过程中，规范目标就显得异常重要。如果规范目标科学可行，党的建设就有章可循，

---

①《习近平在全国党校工作会议上强调 坚持党校姓党根本工作原则 切实做好新形势下党校工作》，2015 年 12 月 13 日《人民日报》。

反之，就会导致混乱、事与愿违。就当前全面从严治党而言，要达成能够经受住各种风险挑战，永葆纯洁性、先进性的马克思主义执政党的建设目标，必须要有明确的信仰价值规范、制度规范、纪律规范和行为规范。通过信仰价值规范，确保广大党员干部真懂真信马克思主义，牢固确立中国特色社会主义共同理想和共产主义远大理想，同时能够自觉运用马克思主义思想武器同各种错误思潮作斗争，捍卫马克思主义和中国特色社会主义。通过制度规范，确保党中央权威和集中统一领导以及党对一切工作的领导，彰显党的全面领导的制度优势，同时也是织密制度的笼子，为“不能腐”目标的实现奠定制度基础。通过纪律规范，警示和约束广大党员干部牢固树立底线思维，在实际工作中严守底线，不触碰“红线”和“高压线”，同时惩罚那些触犯党纪党规的腐败分子，树立在纪律面前没有特权的认识和理念。通过行为规范，使广大党员干部明了全心全意为人民服务和以人民为中心发展理念的深刻内涵和意旨，始终把实现好、维护好、发展好最广大人民群众利益作为自己工作的出发点和归宿，同时杜绝行为失范的现象。

其次，规范目标是为增强党员干部自觉而提出来的硬性要求。马克思主义政党应该是理论上和行动上都高度自觉的政党。共产党员是工人阶级中最优秀的代表，其对于党的宗旨、目标、行动、纪律等都应该有高度的自觉。但是，由于各种主客观因素的影响，并不是所有的党员干部都能实现自觉，不仅如此，有些党员干部甚至还带头违纪违法，因而必须要有硬性的制度性规范，规约党员干部并使之达到自觉。回望党的百年发展历程，之所以能够始终保持党的领导坚强有力，战胜革命、建设、改革中的一个又一个“敌人”，其关键就在于有规范和讲规范。因而，可以说，讲规范是中国共产党与生俱来的内在品质，是不断带领人民群众从一个胜利走向新的胜利的重要法宝。100多年来，每一次重大胜利的取得都是党内规范意识强、执行得好的结果，每一次遭遇挫折或损失都是规范意识不够、执行不好的结果。当然，每一次对错误的纠正依然靠的是规范。正是因为有了规范和依靠这些规范，中国共产党才能发挥强大的领导力、组织力、号召力、执行力，在完成一次又一次“赶考”中推动了自身事业的发展。党的十八大以来，以习近平同志为核心的党中央立足世情、国情、党情、民情，着眼于“始终走在时代前列，成为领导全国人民沿着中国特色社会主义道路不断前进的坚强核心”的马克思主义执政党建设目标，提出了全面从严治党的规范要求。从制定实施“八项规定”到修订出台近200项党内文件，健全党内法规体系，将“有规可依、有规必依、执规必严、违规必究”贯穿于管党治党全过程，落实到党的建设各方面，在全党牢固树立规矩意识。党的十八大以来依规管党治党的实践证明，有了铁的规范，从严治党，党风政风就能为之一新，极大地增强党的凝聚力、向心力。

最后，规范目标为全面从严治党目标的实现发挥保驾护航作用。把党建设成为“始终走在时代前列，成为领导全国人民沿着中国特色社会主义道路不断前进的坚强核心”的马克思主义执政党，以及在全党牢固树立“四个意识”、做到“两个维护”绝不是喊喊口号、写写理论文章就能实现的，而一定是要落实在行动上。全面从严治党规范目标的提出为全面从严治党总目标的实现发挥了保驾护航的作用。其一，规范目标是全面从严治党总体目标的重要组成部分，是全面从严治党总体目标在纪律、规矩等层面上的具体表现。只有有效地落实了规范目标等，才能够最后高质量地实现全面从严治党总体目标。其二，规范目标具有很强的针对性，并且这些规范的遵守往往是无条件的，任何组织、任何个人在规范面前没有特权。规范面前无特区，规范面前无特权。特别是党的十八大以来，党中央把过去管党治党过程中出现的问题凝练为纪律规范，让纪律“长牙”、规范“带电”，形成纪律规范“高压网”，促使广大党员干部时刻警醒自己，自觉做到心有所畏、言有所戒、行有所止，最终成为一名合格的共产党员和为人民服务的好干部。

（二）制度规范

所谓制度规范是组织管理过程中借以约束全体组织成员行为，确定办事方法，规定工作程序的各种规章、条例、守则、规程、程序、标准、办法等的总称。这是现代组织管理系统中必不可少的重要组成部分。作为现代组织的最高形态——政党也必然有相应的制度规范。中国共产党自成立伊始即十分注重制度规范建设，在长达百年的发展历程中出台了诸如“党章”“准则”“条例”“规定”“意见”等一系列党内法规，形成了独具特色的党建制度规范。依据《中国共产党党内法规制定条例》的规定，党内法规可以分为党章、准则、条例、规则、规定、办法、细则7类。虽然这7类党内法规的名称、内容、适用范围和效力等级各不相同，但它们是一个整体，共同构成了党内规范的制度体系，对推动全面从严治党具有重要意义。根据制定和颁发单位的不同，不同党内制度规范的效力与作用范围也不一样。一般来说，由党中央制定颁发的效力要高，主要包括党章、准则、条例等，其中党章由党的全国代表大会制定、修订并颁发，其效力最高；由中央纪律检查委员会、中央各部门和省、自治区、直辖市党委制定的则次之。

1. 党章。

党章是一个政党的总章程，发挥着根本法的作用，是准则、条例、规则、规定、办法、细则等党内其他规范制定的总纲与依据。中国共产党自二大开始有章程（党的一大通过的是《中国共产党第一个纲领》，事实上发挥着党章的作用），到党的十九大通过最新的党章，一共出台了 18 部党章。虽然这 18 部党章的出台背景、主要内容、基本要求等都不尽相同，但它们都是中国共产党领导革命、建设、改革各阶段引领党的建设的总纲。党章对党的性质和宗旨、路线和纲领、指导思想和奋斗目标、组织原则和组织机构、党员义务和权利、党的纪律以及党旗党徽等作出根本性规定，在党内法规中具有最高效力。党章的制定与修订都有着非常严格的程序，它必须由党的全国代表大会制定、修订并发布。

2. 准则。

准则是根据党的建设需要，依据党章对全党政治生活、组织生活和全体党员行为作出的基本规定。准则由中央委员会全体会议或者中央政治局会议审议批准，以中共中央名义发布。中国共产党现行的准则主要有两个，分别是 2015 年颁布实施的《中国共产党廉洁自律准则》和《关于新形势下党政治生活的若干准则》。其中《中国共产党廉洁自律准则》是 2010 年颁布实施的《中国共产党党员领导干部廉洁从政若干准则》的修订版。新准则删除了过去文本中许多关于具体违纪及其处分内容的规定，大大压缩篇幅。新准则全文只有 281 个字，主要是为全体党员树立道德高线，突出自律重在立德，为党员和领导干部树立了一个看得见、够得着的高标准，充分体现全面从严治党要求。《关于新形势下党内政治生活的若干准则》是 1980 年颁布实施《关于党内政治生活的若干准则》的修订版，并由党的十八届六中全会通过，目的是更好地进行具有许多新的历史特点的伟大斗争、推进党的建设新的伟大工程、推进中国特色社会主义伟大事业，经受“四大考验”、克服“四种危险”。

3. 条例。

条例是根据《中国共产党章程》制定的党内法规，是对党的某一领域重要关系或者某一方面重要工作作出全面规定。条例由党的中央组织制定，以中共中央名义发布。党的十八大以来，党中央系统梳理了历史上出台的党内法规，废止了一批不适用的法规，先后制定修订200多部条例，其规模之大、力度之大都是前所未有的。据统计，仅2019年一年，党中央就集中“制定修订了14部条例，占现行条例1/3以上，出台数量为历年之最”[①]，广泛涉及党的组织法规、党的领导法规、党的自身建设法规、党的监督保障法规等各方面。其中最主要有《中国共产党纪律处分条例》《中国共产党问责条例》《中国共产党党内监督条例》《中国共产党巡视工作条例》等。

《中国共产党纪律处分条例》旨在“维护党的章程和其他党内法规，严肃党的纪律，纯洁党的组织，保障党员民主权利，教育党员遵纪守法，维护党的团结统一，保证党的路线、方针、政策、决议和国家法律法规的贯彻执行”[②]。该条例自1997年中共中央发布《中国共产党纪律处分条例（试行）》以来，已先后经过2003年、2015年和2018年3次修改。2015年10月修订印发《中国共产党纪律处分条例》坚持依规治党与以德治党相结合，围绕党纪戒尺要求，明确违反政治纪律、组织纪律、廉洁纪律、群众纪律、工作纪律和生活纪律六类违纪行为，开列负面清单，重在立规，将党的十八大以来全面从严治党方面的实践成果制度化、

① 姜洁、江琳：《浓墨重彩书写依规治党新篇章——以习近平同志为核心的党中央2019年推进党内法规制度建设综述》，2020年3月18日《人民日报》。

② 《中国共产党纪律处分条例》，人民出版社2018年版，第1页。

法规化、常态化，画出了党组织和党员不可触碰的底线。2018 年新修订的《中国共产党纪律处分条例》的鲜明特点就是突出政治性，把坚决维护习近平总书记党中央的核心、全党的核心地位，坚决维护党中央权威和集中统一领导作为出发点和落脚点，作为根本的政治纪律和政治规矩，推动各级党组织和党员、干部始终在政治立场、政治方向、政治原则、政治道路上同党中央保持高度一致，确保全党令行禁止。

《中国共产党问责条例》是为推进“全面从严治党、规范和强化党的责任工作”，解决有决策但不担责的问题而制定的面向各级党组织和党员领导干部的党内法规。该条例的最大特色就是以追究责任倒逼责任落实，进而推动管党治党从宽松软走向严紧硬。在 2019 年印发修订颁布施行之前，中共中央分别印发了 2016 年的《中国共产党问责条例》和 2009 年的《关于实行党政领导干部问责的暂行规定》。新条例是在 2016 年版基础上的修订稿，而 2009 年的《关于实行党政领导干部问责的暂行规定》还仅相当于一个党内文件，并不是一部更具有权威性、系统性的党内法规。

强化党内监督是党的建设的一个重要手段，也是全面从严治党取得实效的基本保证。推动全面从严治党，必须从根本上解决党内监督责任缺位的问题，着力构建上级、平级、下级都能够监督的联动机制，充分发挥党内监督的制度优势，释放党内监督的制度效能。一直以来，党中央始终高度重视党内监督问题。2003 年中共中央颁布的《中国共产党党内监督条例（试行）》对加强党内监督、维护党的团结统一发挥了积极作用。但是，随着管党治党形势任务的变化，条例与新实践新要求不相适应的问题显现出来。2016 年，中共中央决定修订《中国共产党党内监督条例（试行）》，并于党的十八届六中全会审议通过。

巡视始终是中国共产党强化党内监督的一种重要方式。早在新民主主义革命时期，党就形成了较为严格的巡视制度，积累了丰富的巡视经验。巡视条例则是为了规范党内巡视工作、强化党内监督而制定的法规。2009年中央颁布实施的《中国共产党巡视工作条例（试行）》，对于推动巡视工作制度化、规范化、长效化发挥了重要作用。党的十八大以后，党内巡视面临的形势任务、内容方式都有了重要调整和改变，也在实践中积累了丰富经验。在习近平总书记的亲自指导下，2015年中央纪委会同中央组织部发布新修订的《中国共产党巡视工作条例》。2017年中共中央又根据巡视工作的新发展，特别是进一步发挥巡视监督在全面从严治党中的利剑作用，决定对《中国共产党巡视工作条例》做部分修订。实践证明，巡视是全面从严治党的重要推手，可以对腐败分子发挥强大的震慑和惩治作用。据统计，十八届中央巡视组“共处理来信来访159万件次，与党员干部和群众谈话5.3万人次，发现各类突出问题8200余个，山西系统性、塌方式腐败、湖南衡阳破坏选举案、四川南充和辽宁拉票贿选案等重大问题线索都是巡视发现的。十八届中央纪委执纪审查的案件中，超过60%的线索来自巡视……形成专题报告225份，向党中央和国务院分管领导通报巡视情况59次，向中央全面深化改革领导小组办公室报送专题报告89份”[①]。

4. 规则、规定、办法、细则。

除了上述党章、准则和条例外，党内法规、规范还包括规则、规定、办法、细则等。这些党内法规规范都是对党的某一方面重要工作或者事

① 王岐山：《巡视是党内监督战略性制度安排，彰显中国特色社会主义民主监督优势》，2017年7月17日《人民日报》。

项作出具体规定。它们一般都是由中央纪律检查委员会、中央各部门和省、自治区、直辖市党委负责制定实施的党内法规。

（三）治理规范

所谓治理规范就是通过科学的制度设计、严格的制度流程，推进管党治党的制度规范治理体系和治理能力现代化。治理规范是马克思主义执政党建设的内在要求，是中国共产党管党治党目标与手段的有机统一，是推进国家治理体系和治理能力现代化的题中应有之义。党的十八大以来，习近平总书记在多个场合提到治理体系和治理能力的现代化，这不但是指国家治理，而且包括政党治理，而规范就是确保治理现代化的前提与基础。

首先，治理规范是马克思主义执政党建设的内在要求。先进性、纯洁性、科学性、人民性是其最鲜明的特质；作风硬朗、纪律严明是其最显著的形象。马克思主义经典作家认为机器大生产建构起了“无产阶级的物质和精神基础”，培养了无产阶级自身的团结精神和组织性、纪律性。那么，作为无产阶级先锋队的共产党必须具有更加严格的组织性和纪律性，也即共产党必须把无产阶级在机器大生产中所养成的团结精神和组织性纪律性升华为党的纪律规范和广大党员遵守党纪党规的自觉意识。马克思指出：“我们现在必须绝对保持党的纪律，否则将一事无成。”[①]列宁认为共产党是以无产阶级的、自觉的、铁的纪律结合起来的统一的战斗组织，并强调：“党的纪律是铁的纪律”。他在十月革命胜利后指出：“无产阶级实现无条件的集中和极严格的纪律，是战胜资产阶级

① 《马克思恩格斯全集》第 29 卷，人民出版社 1972 年版，第 413 页。

的基本条件之一。”[①]

中国共产党在创建伊始即以马克思主义建党学说为指引，始终注重并不断强化自身的政治、思想、组织、作风、纪律等建设，形成了科学系统的政党治理理论和治理规范。毛泽东在领导新民主主义革命实践中提炼出“三大纪律、八项注意”，坚守了党及其领导的军队为人民谋利益的底线。围绕治党规范，毛泽东先后提出了诸如“必须是为着加强纪律而不是为着减弱纪律”[②]“党的纪律之一是少数服从多数”[③]“纪律是执行路线的保证”等论断，目的是把党建设成为“一个有纪律的，有马克思列宁主义的理论武装的，采取自我批评方法的，联系人民群众的党”[④]。改革开放后，邓小平、江泽民、胡锦涛等都认识到党的治理的极端重要性，并且都围绕这个问题发表了系列讲话，形成了各具时代特色的政党治理理论。邓小平把市场经济条件下的党建称作“新的伟大工程”，指出搞好这个伟大工程，党员干部保持崇高的理想和严明的纪律是“我们的真正优势”。他指出：“遵守纪律的最高标准，是真正维护和坚决执行党的政策，国家的政策。”[⑤]谁违反了党的政治纪律，“各级党组织和各级纪律检查委员会就必须对他严格执行纪律处分，因为这是党的最高利益所在，也是全国人民的最高利益所在”[⑥]。毛泽东、邓小平等关于党的纪律的论述实际上就是强化党的治理规范。也正是因为有了这些

① 《列宁选集》第 4 卷，人民出版社 2012 年版，第 135 页。
② 《毛泽东选集》第 1 卷，人民出版社 1991 年版，第 83 页。
③ 《毛泽东文集》第 1 卷，人民出版社 1993 年版，第 82 页。
④ 《十八大以来重要文献选编》上，中央文献出版社 2014 年版，第 764 页。
⑤ 《邓小平文选》第 3 卷，人民出版社 1993 年版，第 112 页。
⑥ 《邓小平文选》第 2 卷，人民出版社 1994 年版，第 272 页。

纪律和治理规范，中国共产党才在各种风险挑战中保持了强大的凝聚力、战斗力，才始终走在时代前列，取得了中华民族和中国人民站起来、富起来的伟大奇迹，并为新时代强起来作了坚实的准备。

进入新时代，党的建设面临许多新问题新挑战新斗争，习近平总书记更是把政党治理放在党的建设的重中之重的位置。为了有效应对复杂的斗争局面，习近平总书记提出了全面从严治党的要求，从“八项规定”抓起，坚持“打虎拍蝇”，对腐败现象坚决说“不”；全面梳理、修订党内法规，制定新法规，构建党的建设的制度保障基础；进行不间断的学习教育，通过党的群众路线教育实践活动、“三严三实”专题教育、“两学一做”学习教育、“不忘初心、牢记使命”主题教育、党史学习教育等厚植党员干部初心意识，强化干部使命担当，等等，使党内治理形成了科学合理、管束有力的制度性规范。

其次，治理规范是中国共产党管党治党目标与手段的有机统一。建立一个什么样的治理规范往往是与什么样的治理目标相适应的，同时还要辅以相应的治理手段。中国共产党的宗旨是全心全意为人民服务，初心使命是为中国人民谋幸福，为中华民族谋复兴。新中国成立以来，始终“把党建设成为始终走在时代前列、人民衷心拥护、勇于自我革命、经得起各种风浪考验、朝气蓬勃的马克思主义执政党”成为中国共产党推进全面从严治党的重要目标。为此，百年来，中国共产党虽历经革命、建设、改革等不同历史阶段，面对不同的阶段性历史任务，加强党自身的建设的决心始终没有动摇，并在斗争实践中不断提升管党治党现代化、科学化水平。在这个过程中，治理规范发挥了极其重要的作用。

治理规范是中国共产党管党治党的目标之一。这可以从两个方面理解：其一，治理规范是中国共产党管党治党的一种成熟的实践样态，也即规范治理。这是基于成熟的治理制度体系与治理机制而展开的制度化、常态化的治理实践。它需要明确治理主体、治理客体、治理手段、治理标准、治理环节、治理目标等一系列可以标的和衡量的要素。其二，治理规范是中国共产党管党治党的一整套制度体系，也即治理制度。它主要解决的是治理过程要于法有据、有规可依的问题。习近平总书记强调“要搞好制度‘供给侧结构性改革’”。在中国共产党100多年的发展历程中，党法党规建设始终是加强党的建设的重要保障和根本依据，其中最重要最核心的就是党章建设。自创立以来，中国共产党的“纲领”或党章为党的治理制度建设提供了根本大纲。党的十八大以来，党中央依据新时代管党治党的实践要求，以党章为纲，先后出台了一系列诸如准则、条例、规则、规定、办法、细则等党内法规，构筑起了科学的、立体化的治理规范，为管党治党织密了“制度之网”，为防治腐败扎牢了“制度的笼子”。据不完全统计，党的十八大以来，党中央先后制定修订了200多部党内法规，形成了严密的党内法规制度体系，使管党治党有规可依的问题基本得到解决。同时，为了规范党内法规的制定程序，以习近平同志为核心的党中央还加强了党内法规本身的立法工作。2019年8月30日，习近平总书记主持召开了中共中央政治局会议，会议审议通过了《中国共产党党内法规制定条例》《中国共产党党内法规和规范性文件备案审查规定》《中国共产党党内法规执行责任制规定（试行）》等规范性文件。习近平总书记就进一步加强党内法规制度建设作出了重要指示。

治理规范是中国共产党管党治党的必要手段。目标确立后，如何实现目标是一个非常严肃的问题。关于这个问题的回答，在党的历史上是有过教训的。在新民主主义革命时期，党内曾经出现过“家长制”作风和“残酷斗争、无情打击”等不好的方式，也曾出现过有好的出发点但过程“过火”的现象，结果给党的建设造成了损失。正是认识到这一点，毛泽东在强调思想建设的同时，强调了党内法规建设，指出“须制定一种较详细的党内法规，以统一各级领导机关的行动”，并在实践中领导全党建立了民主集中制、党委制等一系列制度。改革开放后，邓小平认为必须解决制度问题，因为制度问题更带有根本性、全局性、稳定性和长期性。他强调“组织制度、工作制度方面的问题更重要”“制度好可以使坏人无法任意横行，制度不好可以使好人无法充分做好事，甚至会走向反面”[①]。党的十八大以后，以习近平同志为核心的党中央充分认识到党内法规制度建设对于党领导开展“具有许多新的历史特点的伟大斗争”，有效应对各种风险挑战、确保党的纯洁性、先进性的重大历史作用，坚持目标导向与问题导向相统一的原则，大力推进党内法规制度建设，形成了一系列党内法规制度体系。

最后，治理规范是推进国家治理体系和治理能力现代化的题中应有之义。党的十八届三中全会提出全面深化改革的目标是“完善和发展中国特色社会主义制度，推进国家治理体系和治理能力现代化”。党的十九届四中全会审议通过了《中共中央关于坚持和完善中国特色社会主义制度、推进国家治理体系和治理能力现代化若干重大问题的决定》，并擘画了路线图和具体举措，为国家治理体系和治理能力现代化指明了方向。党是国家治理现代化的领导者和推动者。国家治理体系和治理能力的现代化离不开执政党的领导。一般来说，有什么样的执政党就有什么的国家建设与发展。因而，要实现国家治理现代化，首先必须实现执

① 《邓小平思想年谱（1975—1997）》，中央文献出版社1998年版，第173页。

政党的现代化。没有一个现代化的执政党就不可能有国家治理的现代化，而要实现执政党的现代化，其前提又是执政党治理的现代化。

中国共产党自成立以来，就一直致力于自身的现代化建设。早在新民主主义革命时期，毛泽东就提出要“教育党员使党员的思想和党内的生活都政治化，科学化”[①]，实现“党内生活的民主化”等思想，并在实践中形成了“四个服从”的纪律和民主集中制。新中国成立后，他更是提出：“我们的目标，是想造成一个又有集中又有民主，又有纪律又有自由，又有统一意志，又有个人心情舒畅、生动活泼，那样一种政治局面”[②]。毛泽东关于党的建设思想体现了政党治理的规范性要求，为政党的规范治理提供了指导，为继续推进政党规范治理提供了理论准备、实践基础和宝贵经验。改革开放之后，邓小平多次强调不能把党和国家的未来放在某一个人身上，而应该加强制度建设。他从总结历史的高度指出：“我们过去发生的各种错误，固然与某些领导人的思想、作风有关，但是组织制度、工作制度的问题更重要。这些方面的制度好可以使坏人无法任意横行，制度不好可以使好人无法充分做好事”[③]。因此，他认为“党除了应该加强对于党员的思想教育之外，更重要的还在于从各方面加强党的领导作用，并且从国家制度和党的制度上作出适当的规定，以便对于党的组织和党员实行严格的监督”[④]。江泽民、胡锦涛等在担任中共中央总书记期间也都非常注重党的制度建设和规范性治理，形成了党的建设的规范体系。党的十八大以来，习近平总书记更是立足国家治理体

① 《毛泽东选集》第 1 卷，人民出版社 1991 年版，第 92 页。

② 《建国以来重要文献选编》第 10 册，中央文献出版社 1994 年版，第 485 页。

③ 《邓小平文选》第 2 卷，人民出版社 1994 年版，第 333 页。

④ 《建国以来重要文献选编》第 9 册，中央文献出版社 1994 年版，第 121 页。

系和治理能力现代化的战略高度，统筹党的治理现代化与国家治理现代化，把执政党治理现代化与国家治理现代化有机结合起来，并以之统领和推进国家治理现代化进程。当前正在推进的建立不忘初心、牢记使命制度等就是政党治理现代化的重要标志。

三、全面从严治党的能力目标

全面从严治党不仅是党中央实现管党治党整体目标的重要手段，更是对管党治党提出了能力要求。党的十八大报告指出，要增强党的自我净化、自我完善、自我革新、自我提高能力（以下简称“四自能力”）。自我净化能力主要是指针对党内出现的痼疾和问题，以强烈的忧患意识和革命精神，依靠党的组织等实现自我纠错，防止党的肌体发生病变的能力；自我完善能力主要是指通过政治、思想、组织、作风、纪律、制度建设等使党更加成熟、更加坚强；自我革新主要是指党因时因势因事以及由此引发的根本任务的变化及时调整理论、路线、方针、政策等，摒弃不合时宜的思想观念和体制机制，做到解放思想、实事求是；自我提高主要是指党的建设能力和水平由低向高发展的一种上升过程，体现于党的理论水平、执政能力、作风形象等方方面面。中国特色社会主义进入新时代，面对“两个大局”和推进党的建设的新问题新挑战，“四自能力”的提出既是永葆党的纯洁性和先进性的战略选择，也是党有效应对各种风险、考验，始终保持执政党地位的永恒课题。

（一）能力目标及其定位

能力目标一般是指人类为了生存和发展而具备或追求的本领，它包括获取、收集、处理、运用信息的能力、实践与创新的能力、终身学习的能力等。对于一个政党而言，能力目标就是指政党为了始终保持其性质、宗旨和执政地位等而已经具备或努力追求的本领。中国共产党自创立伊始即非常注重自身的能力建设。从组织宣传群众的能力、学习本领、斗争本领、领导国家建设和城市管理能力、领导社会主义市场经济建设能力到拒腐防变能力再到“四自能力”，党对自身能力建设和能力目标的认识越来越清晰，也体现了党对执政党建设规律和执政规律的认识达到新的高度。新时代，党的能力目标就是基于党的价值目标和规范目标而提出的自我净化能力、自我完善能力、自我革新能力和自我提高能力，进而达到永葆党的先进性、纯洁性和提升执政能力。“四自能力”的核心和最终能力目标指向是实现保持党的先进性、纯洁性的能力和增强党的执政能力。

首先，“四自能力”目标是党始终保持强大生命力的奥秘所在，也是党战胜各种风险挑战的法宝。中国共产党诞生于血雨腥风的旧中国，在革命、建设和改革的严峻复杂的历史环境和艰难曲折的实践探索中逐渐形成了“超强的生存发展能力，不断从小到大、由弱变强”[①]。新民主主义革命时期，党处于一片白色恐怖之中，在这样艰险的环境中，如何战胜敌人、克服由于各种原因造成的自身错误，必须不断增强“四自能力”。只有如此，才能彰显先进性和纯洁性，才能赢得人民群众的支持，才能获得生存和发展。社会主义革命和建设时期，面对外国的封锁和自身经验的不足，如何探索出一条适合我国国情的社会主义建设道路，党

① 杜艳华:《以全面从严治党增强“四自能力”》,《人民日报》2016 年 7 月 28 日。

只有不断增强“四自能力”，才能不断总结经验，开辟社会主义建设的新道路。改革开放以来，面对社会主义市场经济的严峻考验，习近平总书记强调：“全党要以自我革命的政治勇气，着力解决党自身存在的突出问题，不断增强党自我净化、自我完善、自我革新、自我提高能力，经受‘四大考验’、克服‘四种危险’，确保党始终成为中国特色社会主义事业的坚强领导核心”[①]。

其次，“四自能力”目标为全面从严治党的价值目标和规范目标的实现提供重要保障。目标的实现具有一定的指引性，同时也需要一定的条件保障。就全面从严治党的价值目标、规范目标和能力目标而言，每一目标对于全面从严治党都发挥着指引作用，都需要具备一定的条件才能实现。但是在这三个目标当中，能力目标更具有基础性，它是其他两个目标的基础和保障。价值目标和规范目标的制定与实现都需要基于一定能力，以能力目标的实现为前提。就中国共产党而言，要达成自己的价值目标和规范目标，就必须要有强大的“四自能力”。党的百年发展历程也证明，什么时候党的“四自能力”强，什么时候党所领导的事业就发展顺利；什么时候党的“四自能力”被削弱，什么时候党所领导的事业就会遭遇挫折。正是从历史经验的总结中，习近平总书记在全面从严治党的战略部署中，把“四自能力”作为目标和手段的统一体提了出来。党的十八大以来全面从严治党的实践也充分证明，“四自能力”在保持党的先进性和纯洁性上发挥了极其重要的历史作用。

最后，“四自能力”目标是党始终保持先进性、纯洁性和提升执政

① 习近平：《在庆祝中国共产党成立95周年大会上的讲话》，人民出版社2016年版，第22—23页。

能力的根本基础。始终保持党的先进性和纯洁性是马克思主义政党建设的本质要求。中国共产党的性质、初心、使命决定了其全心全意为人民服务的宗旨。党除了最广大人民群众的根本利益外没有自身的特殊利益。中国共产党之所以能够赢得人民群众的衷心拥护和支持，实现由领导革命的政党向长期执政的政党、由领导社会主义计划经济建设的政党向领导社会主义市场经济建设的政党转变，其根本原因就在于党始终保持先进性和纯洁性，始终坚持以人民为中心的发展理念。我们常说中国共产党是“伟大、光荣、正确”的党，并不是说党不犯错误，而是党始终拥有“四自能力”，始终保持承认错误并改正错误的勇气，始终敢于拿起“手术刀”革除自身的病症，进行自我修复。“四自能力”是中国共产党历百年而愈坚、逢挑战而愈强的强大保障，是永葆先进性、纯洁性和不断提升执政能力和执政水平的重要因素。

（二）增强长期执政能力

争取执政并保持长期执政是现代政党的一个鲜明标识，也是现代政党的奋斗目标。纵览世界近现代政党发展史，几乎所有的政党都把赢得国家执政权作为政党建设的首要目标。中国共产党也不例外，她在成立之初的第一个纲领中就明确规定了自己的奋斗目标：“推翻资本家阶级的政权”“承认无产阶级专政”[①]。随后，经过 28 年艰苦卓绝的奋斗，终于夺取了国家的政权而成为执政党。70 多年来，党始终注重自身执政能力建设，始终把执政能力作为最重要的能力目标之一。

首先，中国共产党通过全面从严治党增强自身能力并赢得了执政权。

① 《中国共产党简史》，人民出版社、中共党史出版社 2021 年版，第 14 页。

1921 年中国共产党的成立是中国近现代史上一件开天辟地的大事变。自成立伊始，党即把领导革命、夺取政权，建设一个新中国作为自己的奋斗目标。从江西瑞金的中华苏维埃共和国、陕甘宁边区政府、华北人民政府到中华人民共和国，从局部执政到全国执政，党在领导革命实践中始终注重党的建设和全面从严治党。早在 1931 年中华苏维埃共和国成立之际，除选举产生了全国中华苏维埃代表大会、中华苏维埃中央执行委员会、中央执行委员会主席团、人民委员会、最高法院、审计委员会等，还颁布了《中华苏维埃共和国宪法大纲》《中华苏维埃共和国土地法》《中华苏维埃共和国劳动法》《中华苏维埃共和国关于经济政策的决定》等法律文件，针对党内和政府内出现的少数腐败分子，不管他过去有多大功劳，党决不姑息。如与党内出现的右和"左"的错误进行不妥协的斗争、坚决惩处腐败分子等。后来，虽然中华苏维埃共和国在艰难的革命岁月中历经中华苏维埃人民共和国、中华苏维埃民主共和国、陕甘宁边区政府、华北人民政府等，最后建立全国政权，但是党始终注重全面从严治党在推进执政能力建设中的作用，始终把全面从严治党提升执政本领和全心全意为人民服务能力作为一切工作的出发点和落脚点。全面从严治党使党在艰险复杂的斗争环境中保持先进性和纯洁性的同时，培养了大批具有丰富实际工作经验的各级领导干部，积累了宝贵的工作经验，为顺利领导新中国建设提供了组织制度基础、理论指导、宝贵经验和干部队伍。

其次，中国共产党已经成为长期执政的党，并在全面从严治党中不断增强执政能力。自新中国成立，中国共产党已经连续 70 多年执政，成为世界政党史上连续执政时间最长的政党之一。之所以会如此，其根本原因固然是党始终在践行全心全意为人民服务宗旨中提升执政能力，得到了人民群众的拥护和支持。但与党始终注重全面从严治党也是有必然联系的。从 1950 年的全党整风运动到重申“中国共产党是中国工人阶级的党，是工人阶级的先进的有组织的部队”①；从开展“三反”“五反”运动到坚决处决刘青山、张子善等，都表明了党全面从严治党的自觉。改革开放后，如何保障党成为改革开放和社会主义市场经济建设的领导核心，邓小平始终扭住党的建设不放松，一手抓改革开放，一手抓党的建设。江泽民提出“三个代表”重要思想，把“讲政治”提到党的建设的重要位置。进入新世纪，胡锦涛基于党的建设的新的历史方位，把思想理论建设看成党的建设的根本，提出要“以改革精神加强和改进党的建设，切实解决好提高党的领导水平和执政水平、提高拒腐防变和抵御风险能力这两大历史性课题”②。党的十八大以来，习近平总书记立足“两个大局”，在深刻总结党的建设与提升执政能力历史经验的基础上，把全面从严治党与党执政兴国紧密结合起来，创新党的建设理论，形成了全面从严治党的新思想新战略，坚持把党的政治建设摆在首位，制度建设贯穿始终，思想建设、组织建设、作风建设、纪律建设等同向发力，始终全面强化对党的监督，以零容忍惩治腐败，反腐败永远在路上的姿态管党治党，进一步强化了党的建设，细化了全面从严治党的内容，在丰富和发展马克思主义政党建设理论的同时，提升了党的执政能力和执政水平。

最后，在全面从严治党中增强执政能力是执政党需要长期面对的课题。在党的十九大会议上，习近平总书记指出：“领导十三亿多人的

---

① 《建国以来重要文献选编》第 2 册，中央文献出版社 1992 年版，第 206 页。

② 《胡锦涛文选》第 2 卷，人民出版社 2016 年版，第 493 页。

社会主义大国，我们党既要政治过硬，也要本领高强。”[①] 他从增强政治领导本领、改革创新本领、依法执政本领、狠抓落实本领、驾驭风险本领等方面向全党提出了明确要求，并同时强调“伟大的事业必须有坚强的党来领导”，因此必须把党“自身建设好、建设强”。从这些要求中可以看出，引领事业发展、增强执政本领，其前提是必须全面从严治党。

新时代党和国家面临的风险挑战决定了通过全面从严治党以提升党的执政能力是一个长期课题。治国必先治党，治党务必从严。进入新时代，中国发展所处重要战略机遇期的内涵和外延都已经发生了深刻的变化。党的十九大概括为“前景十分光明，挑战也十分严峻”。就当前中国发展所面临的国际环境而言，世界经济复苏乏力，局部冲突和动荡频发，以美国为首的西方发达国家遏制、西化、分化中国的图谋不仅没有停歇，而且有愈演愈烈之势；就国内发展状况而言，虽然已经取得了令世人惊叹的成就，促使了社会主要矛盾的转化，但是发展不平衡不充分的问题、创新能力不足的问题、发展质量和效益不高的问题、民生领域的短板问题、党的建设尚存薄弱环节等问题，都对党的领导和国家发展提出了更高的要求。作为执政党，要带领这个国家发展得好，行稳致远，就必须始终把党的建设放在优先战略位置上，始终坚持全面从严治党。只有把党建设好了，使党保持了先进性和纯洁性，才能践行初心使命，才能自觉提升为人民服务的执政能力。

---

① 习近平：《决胜全面建成小康社会　夺取新时代中国特色社会主义伟大胜利》，人民出版社2017年版，第68页。

（三）保持先进性和纯洁性的能力

先进性就是指一个政党在思想、理论、纲领等方面所具有的优于其他政党的特质及其在人类社会历史发展进步中发挥的引领性作用。纯洁性就是指党员和党组织在思想、政治、组织、作风、纪律、行为等方面与党的性质、宗旨的一致性。党的先进性和纯洁性关乎党的兴衰成败。在庆祝中国共产党成立 95 周年大会上，习近平总书记指出：“先进性和纯洁性是马克思主义政党的本质属性”[①]。纵观中国共产党的百年发展史，既是一部党领导人民不断赢得革命、建设、改革胜利的历史，也是一部党不断保持自身先进性和纯洁性的历史。在习近平总书记关于全面从严治党的重要论述中，保持党的先进性和纯洁性是一项重要内容。

首先，保持党的先进性和纯洁性是我们必须回答好、解决好的一个根本性问题。习近平总书记在中共中央政治局第十五次集体学习时强调：“我们党作为百年大党，如何永葆先进性和纯洁性、永葆青春活力，如何永远得到人民拥护和支持，如何实现长期执政，是我们必须回答好、解决好的一个根本性问题。”[②]作为一个以马克思主义为指导的政党，无疑具有先天的先进性和纯洁性。但是，这种先进性和纯洁性体现在组织成员身上并不会自然赓续，而需要组织成员在实践中不断经受考验和淬炼。回顾党的发展史，不难发现，绝大多数党员都是可以保持入党初心，保持先进性和纯洁性的。但是，也有部分党员在入党前后的一段时间内是

---

① 习近平：《在庆祝中国共产党成立 95 周年大会上的讲话》，人民出版社 2016 年版，第 22 页。

② 《习近平关于“不忘初心、牢记使命”论述摘编》，党建读物出版社、中央文献出版社 2019 年版，第 178 页。

有先进性和纯洁性的。他们符合党章规定的入党要求，并能够发挥榜样示范作用，只是后来在各种风险考验面前败下阵来，逐渐丧失了先进性和纯洁性，甚至走向了反面。必须看到，新时代面临“两个大局”和更加尖锐复杂的国内国际形势，党面对的风险挑战前所未有，保持先进性和纯洁性的难度也是前所未有。党内一些人贪图享乐的现象时有发生，官僚主义、形式主义屡禁不绝。因此，要回答好、解决好先进性和纯洁性这个根本问题，就必须始终牢记党的初心使命，始终要有“刀刃向内”的勇气，敢于自我革命。习近平总书记对此特别指出：要“教育引导党员、干部特别是领导干部从思想上正本清源、固本培元，筑牢思想道德防线，增强拒腐防变和抵御风险能力，时刻保持共产党人的政治本色”①；要“提醒全党同志，党的初心使命、先进性和纯洁性是党的性质宗旨、理想信念、奋斗目标的集中体现，越是长期执政，越不能忘记党的初心使命，越不能丧失自我革命精神”②。

其次，保持党的先进性和纯洁性必须强化党史学习教育，从党史中汲取动力和意志。一部党百年奋斗发展史，就是一部党在带领人民群众赢得革命、建设、改革胜利的进程中不断实现、保持、发展自己先进性和纯洁性的历史。这段历史已经雄辩地证明，我们党越是能保持、发展先进性和纯洁性，党在人民群众中的威望就越高，领导的事业就发展得越顺。党的十八大以来，习近平总书记始终注重党史学习教育，强调要在党史学习教育中增强初心使命意识，保持先进性和纯洁性。他在党

---

① 《习近平在中央政治局第十五次集体学习时强调　全党必须始终不忘初心牢记使命　在新时代把党的自我革命推向深入》，2019 年 6 月 26 日《人民日报》。

② 《习近平在中央政治局第十五次集体学习时强调　全党必须始终不忘初心牢记使命　在新时代把党的自我革命推向深入》，2019 年 6 月 26 日《人民日报》。

史学习教育动员大会上强调："我们党历来重视党史学习教育，注重用党的奋斗历程和伟大成就鼓舞斗志、明确方向，用党的光荣传统和优良作风坚定信念、凝聚力量，用党的实践创造和历史经验启迪智慧、砥砺品格。"[①]通过党史学习教育，促进全党在把握中国共产党百年来波澜壮阔的历史中，深刻回答中国共产党为什么"能"、马克思主义为什么"行"、中国特色社会主义为什么"好"等问题，进一步强化理想信念，自觉用马克思主义及其中国化的理论成果，特别是习近平新时代中国特色社会主义思想武装自己，不断提高政治判断力、政治领悟力、政治执行力，增强"四个意识"、坚定"四个自信"、做到"两个维护"，更加自觉地在思想上政治上行动上同以习近平同志为核心的党中央保持高度一致；进一步推动历史经验总结，不断加强自身建设，坚持以政治建设为统领，全面推进政治建设、思想建设、组织建设、作风建设、纪律建设、制度建设和反腐败斗争，不断增强斗争意识、丰富斗争经验、提升斗争本领，自觉识别和抵御各方面的诱惑和考验，牢记打铁必须自身硬，做到拒腐蚀、永不变，永葆一名共产党员的政治本色和廉洁底色。

最后，保持党的先进性和纯洁性"就是要同一切弱化先进性、损害纯洁性的问题作斗争，祛病疗伤，激浊扬清"[②]。习近平总书记指出，在市场经济和长期执政的条件下，特别是在长期执政条件下，"各种弱化党的先进性、损害党的纯洁性的因素无时不有，各种违背初心和使命、动摇党的根基的危险无处不在，'四大考验'、'四种危险'依然复杂严峻，

① 《习近平在党史学习教育动员大会上强调　学党史悟思想办实事开新局　以优异成绩迎接建党一百周年》，2021 年 2 月 21 日《人民日报》。

② 习近平：《在庆祝中国共产党成立 95 周年大会上的讲话》，人民出版社 2016 年版，第 22 页。

如果不严加防范、及时整治，久而久之，必将积重难返，小问题就会变成大问题、小管涌就会沦为大塌方”[①]。党的历史经验已经证明，想要保持党的先进性和纯洁性就必须同一切弱化和损害先进性、纯洁性的情形作斗争。事实上，党也正是在与这些不良现象的斗争中发展壮大起来的。无论是党的历史上曾经发生的路线错误，还是出现的其他腐败现象，都在一定程度上影响和削弱了党的先进性和纯洁性。党都是通过同这些错误作坚决斗争，才保持了自身先进性和纯洁性，才赢得了党心民心，成为始终走在时代前列的马克思主义政党。

进入新时代，随着全面从严治党向纵深推进，减少了腐败存量、遏制了腐败增量，“不敢腐”“不能腐”已经见到显著成效，“不想腐”的制度性设计不断完善，反腐败斗争取得了重大阶段性战略成果，党的面貌发生了持续向好的积极变化。但是，由于党的建设面临着尖锐复杂的国内国际环境和各种各样的风险挑战，一些党员，特别是党员干部在关键时刻经受不住考验，甚至有些党员干部甘受“围猎”，最终丧失了先进性和纯洁性，败坏了党的形象，影响了人民群众对于党的认同与信仰。针对党内出现的削弱党的先进性和纯洁性的现象，习近平总书记旗帜鲜明地指出，“先进性和纯洁性是马克思主义政党的本质属性”[②]，必须维护好、发展好、实现好。为此，必须同一切违反党规党纪、损害人民群众根本利益、影响党的先进性和纯洁性的现象作斗争，以保证党在思想、政治、组织、作风、纪律、制度等方面的先进性和纯洁性。

---

① 《习近平关于“不忘初心、牢记使命”论述摘编》，党建读物出版社、中央文献出版社 2019 年版，第 179 页。

② 习近平：《在庆祝中国共产党成立 95 周年大会上的讲话》，人民出版社 2016 年版，第 22 页。

全面从严治党的价值目标、规范目标和能力目标是一个统一体，三者之间相辅相成、互相促进。其中，价值目标是导向，在习近平新时代中国特色社会主义思想指引下发挥着根本的引领作用，为规范目标和能力目标提供根本遵循。规范目标是保障，通过党章以及其他党内法规等发挥约束性作用，确保价值目标、能力目标乃至规范目标本身的顺利实现。能力目标是基础，通过政党能力建设，特别是保持先进性和纯洁性的能力和执政能力建设，为规范目标、价值目标的实现提供重要支撑。

第四章 新时代全面从严治党的逻辑体系

党的十八大以来，面对新时代提出的新问题新挑战，习近平总书记立足实践基础推动理论变革，围绕以建设什么样的长期执政的马克思主义政党，怎样建设长期执政的马克思主义政党为主题，以坚定理想信念宗旨为根基，以提升党的长期执政能力建设、先进性和纯洁性建设为主线，以马克思主义执政党为旨归等全面从严治党问题展开了精辟论述，形成了全面从严治党的理论体系。

一、主题：建设什么样的长期执政的马克思主义政党，怎样建设长期执政的马克思主义政党

（一）建设什么样的长期执政的马克思主义政党

党的十九大明确指出，新时代党的建设总要求是："坚持和加强党的全面领导，坚持党要管党、全面从严治党，以加强党的长期执政能力建设、先进性和纯洁性建设为主线，以党的政治建设为统领，以坚定理想信念宗旨为根基，以调动全党积极性、主动性、创造性为着力点，全面推进党的政治建设、思想建设、组织建设、作风建设、纪律建设，把制度建设贯穿其中，深入推进反腐败斗争，不断提高党的建设质量，把党建设成为始终走在时代前列、人民衷心拥护、勇于自我革命、经得起各种风浪考验、朝气蓬勃的马克思主义执政党。"①党的二十大要求"落实新时代党的建设总要求，健全全面从严治党体系，全面推进党的自我净化、自我完善、自我革新、自我提高，使我们党坚守初心使命，始终成为中国特色社会主义事业的坚强领导核心。"②

这样一个党的建设总目标，是我们党立足于国内主要矛盾发生转变的现实国情，在紧扣时代主题的基础上，从正面回答了新时代建设什么

① 习近平：《决胜全面建成小康社会　夺取新时代中国特色社会主义伟大胜利》，人民出版社2017年版，第61—62页。

② 习近平：《高举中国特色社会主义伟大旗帜　为全面建设社会主义现代化国家而团结奋斗》，人民出版社2022年版，第64页。

样的长期执政的马克思主义政党、怎样建设长期执政的马克思主义政党这一重大时代课题，有力地证明了我们党在时代发展的潮流中始终坚持自我净化、自我完善、自我革新、自我提高，始终能够保持党的领导这个核心优势。在新时代的背景下，围绕着这样一个总目标，全面从严治党可以从以下三个方面来理解。

其一，建设一个能够带领中国特色社会主义伟大事业不断取得胜利的党。伟大工程在“四个伟大”中具有决定性的作用，建设什么样的党，决定了伟大斗争的胜利，关乎伟大梦想的实现，影响到伟大事业的完成。全面从严治党已经是推进新的伟大工程的必然要求。“伟大斗争，伟大工程，伟大事业，伟大梦想，紧密联系、相互贯通、相互作用，其中起决定性作用的是党的建设新的伟大工程。”[①]无论是实现伟大的中国梦，还是如何正确处理社会主要矛盾，或是继续推进国家发展等历史重任，都离不开党的建设这一根本前提。中国共产党自身的建设，是事关全局的大事，对整个国家的运行、社会的发展、民族的进步有着关键性作用。习近平总书记指出：“历史已经并将继续证明，没有中国共产党的领导，民族复兴必然是空想。我们党要始终成为时代先锋、民族脊梁，始终成为马克思主义执政党，自身必须始终过硬。”[②]伟大斗争、伟大事业、伟大梦想都需要坚持建设伟大工程，要始终坚持党的领导，全面推进党的建设，严格进行管党治党，在治国理政的具体实践中不断增强党的政治领导力、思想引领力、群众组织力、社会号召力，能够在各种复杂的风

---

① 习近平：《决胜全面建成小康社会　夺取新时代中国特色社会主义伟大胜利》，人民出版社2017年版，第17页。

② 习近平：《决胜全面建成小康社会　夺取新时代中国特色社会主义伟大胜利》，人民出版社2017年版，第16页。

险考验中坚挺下来，始终走在时代前列，成为最坚强的领导核心。坚持新的伟大工程所起到的决定性作用，完全符合进行伟大斗争、建设伟大事业、实现伟大梦想的内在逻辑。

其二，建设一个能够肩负起实现国家发展、社会稳定、民族进步的党。我们党是开创历史、创造奇迹、展望未来的伟大的党，肩负着追求强国之梦的责任担当。只有不断推进伟大工程，才能担负起全面建成小康社会、推进社会主义现代化的历史重任。历史赋予我们党的任务与职责，决定了我们党要不断加强自身建设以应对时代之问、人民之盼。建设什么样的党，就是要正面回答在国际局势日渐复杂、国内主要矛盾发生转变的现实背景下，如何带领中华民族和中国人民走向伟大的复兴之路。如何带领社会主义中国开启现代化建设的新局面。全面从严治党具有历史必然性，是顺应历史发展潮流、把握时代发展方向、解决实际矛盾的正确途径。新时代我们党面临着来自国内国外的双重考验。一是我国社会主要矛盾的转化，带给我们党治国理政的新考验；二是国际局势趋于复杂，风云变幻，由西方国家构建的原有国际秩序已经不再适应世界和平与发展的主题需要。同时，随着中国的迅速发展，承担起更多的大国责任，对构建更加公正合理的国际新秩序提出了诸如“人类命运共同体”“人类共同的价值观”等新思想新理念。无论是出于对本国社会经济取得更大发展的最优导向，还是为了应对国际复杂形势的必然需要，都对党的建设提出了新要求。针对这种历史境遇，全面从严治党就更加具有现实意义。置于中国的历史情境下，全面从严治党既符合中国特色社会主义伟大事业不断向前发展的现实逻辑，也完全符合实现中华民族伟大复兴中国梦的历史逻辑。全面从严治党既有对于党性的锤炼，也有对执政能力与执政水平的提升；既注重对于理想信念的坚定不移，也注重对现实问题的探讨与解决，使我们党能够成为一个符合时代要求、顺应历史发展、具有强大能力的执政党。

其三，建设一个始终保持强大的战斗力、凝聚力与创新力的党。坚持推进新的伟大工程，才能开拓进取、不断创新，把党建设成一个始终保持先进性与纯洁性的伟大的党。通过全面从严治党，进一步加强党性教育，提升党员素质，真正把控好广大党员的人生三观的“总开关”，在思想层面首先保证能够成为整个国家、社会和民族的先锋队。在加强党的先进性与纯洁性的建设中，可以让我们党时刻保持强大的战斗力，以应对各种风险考验；可以让我们党时刻拥有强大的凝聚力，充分动员一切有利因素解决问题；可以让我们党时刻充满强大的创新力，在时代的发展中永葆青春与活力。保持先进性与纯洁性，就必须依靠全面从严治党，不断提升党员干部自我改进与自我批评的能力，增强自我控制能力与自我净化能力，确保自身的综合能力进一步得到提高。党员干部应该坚持理论联系实际的优良作风，坚持以问题为导向，深入工作实践中去，坚持运用正确的思想指引，严肃对待自身存在的精神懈怠、能力不足、松弛纪律、不良作风等负面问题。保持先进性和纯洁性，就是要通过全面从严治党，进一步解决部分党员对理想信念的丧失、严重脱离人民群众的现实问题，始终保持党群之间的密切联系，维持良好的干群关系。习近平总书记指出，“人们对美好生活的向往，就是我们的奋斗目标。”[①]把人民群众的利益当作最首要的事情，始终保持党与人民群众“心连心、同呼吸、共命运”。除此之外，也要时刻注意作风建设。作风建设关系到我们党的纯洁性的“质量”。坚持良好的工作作风、学习作

① 中共中央宣传部编：《习近平新时代中国特色社会主义思想学习纲要》，学习出版社、人民出版社2019年版，第40页。

风、生活作风等，对于保持纯洁性有着非常重要的影响作用。严厉惩治腐败，加强纪律建设，完善制度体系，不仅要对腐败现象与问题保持高度的警惕性，也要时刻关注与解决人民群众的真实需求，在保持高压反腐的同时，也必须进一步完善反腐惩戒制度体系，提升党的执政能力，为保持先进性与纯洁性提供足够的制度支撑。

（二）怎样建设长期执政的马克思主义政党

新时代，党必须回答好“建设一个什么样的长期执政的马克思主义政党、怎样建设长期执政的马克思主义政党”这个时代课题。为此，中国共产党坚持将政治建设摆首位，同时不断提升执政能力与执政水平，进一步加强党的思想建设、组织建设、作风建设、纪律建设、制度建设等，同时深入推进反腐败斗争。通过这些具体方式，在党治国理政的具体实践中不断锤炼党的先进性和纯洁性，提升党的政治判断力、政治领悟力、政治执行力。

第一，坚持把政治建设摆在首位，是新时代全面从严治党的显著特征。关于政治建设的重要性，习近平总书记作出了精辟的概括：“中国特色社会主义最本质的特征是中国共产党领导，中国特色社会主义制度的最大优势是中国共产党领导，中国共产党是最高政治领导力量，坚持党中央集中统一领导是最高政治原则”①。政治作为一个政党的基本属性，对政党的建设、发展、行政、决策等都产生非常重要的影响。提升政治能力，有利于进一步提升政党的综合能力。讲政治、懂政治，对于

① 习近平：《高举中国特色社会主义伟大旗帜　为全面建设社会主义现代化国家而团结奋斗》，人民出版社2022年版，第6页。

一个成熟的执政党来说是必不可少的基本要求。坚持把政治建设摆在首位，就是依据时代变化与发展而产生的新的治党理念，不断提升政治素养，恪守政治纪律，积极打造一支水平高、能力强、纪律严的马克思主义执政党。由于中国共产党本身就承担着重大的历史使命与职责，对自身的政治要求必须从严、从紧，必须确保党的政治能力、政治水平等能够更好地契合社会发展的要求。把握政治建设、做好政治建设，需要全体党员认真学习与深入领会新思想、新理论、新成果，时刻增强“四个意识”，坚定“四个自信”，做到“两个维护”。要想建设好党，首先必须在政治上达到要求。只有在政治上达到成熟，严肃政治生活，严守政治纪律，遵守政治规矩，保持政治定力，才能在新的时代考验中树立良好的政治形象，才能真正赢得广大群众的热情拥护与衷心爱戴。

第二，思想建设是党的基础性建设，是关系到党员是否坚定理想信念的关键，对思想建设的高度重视，体现了我们党对最高理想的孜孜追求与坚定不移。在新时代继续推进思想建设，就是要坚持用新思想武装全党。思想建设是我们党历来坚持与重视的重点工作。习近平总书记指出：“共产主义远大理想和中国特色社会主义共同理想，是中国共产党人的精神支柱和政治灵魂，也是保持党的团结统一的思想基础。”[①]“用党的创新理论武装全党是党的思想建设的根本任务。全面加强党的思想建设，坚持用新时代中国特色社会主义思想统一思想、统一意志、统一行动，组织实施党的创新理论学习教育计划，建设马克思主义学习型政党。加强理想信念教育，引导全党牢记党的宗旨，解决好世界观、人生观、价

① 习近平：《决胜全面建成小康社会　夺取新时代中国特色社会主义伟大胜利》，人民出版社2017年版，第63页。

值观这个总开关问题，自觉做共产主义远大理想和中国特色社会主义共同理想的坚定信仰者和忠实实践者。”[①]思想建设首要任务就是要坚定理想信念。这个理想信念并非来自空谈妄想，而是深深地源自我们党对共产主义的执着追求。继承与发展马克思主义，学习与运用马克思主义，时时刻刻加强对马克思主义的信仰、对共产主义的信仰，是每一个中国共产党人的“必修课”。

思想建设还要时刻注重加强马克思主义及其中国化时代化理论，特别是习近平新时代中国特色社会主义思想的学习与运用，始终坚持理论与实践相统一，正确运用到治国理政的具体实践中去。因为思想建设的重点就在于要坚持马克思主义的立场、原则、方法来解决实际问题。也就是说，党员干部不仅要认真学习马克思主义的基本内容，还必须要在学会的基础上弄懂，弄懂的前提下运用。只有学好、用好理论知识，才能更加坚定理想信念。思想建设本身也是一项长久性工程，它直接影响到中国共产党党员能否牢记党的宗旨，挺起精神脊梁，能否在新时代自觉做共产主义远大理想的坚定信仰者和实践者。

总之，推进思想建设，要坚持以坚定理想信念为基础，积极学习新思想，进一步坚定对伟大斗争、伟大工程、伟大事业、伟大梦想的追求，通过思想建设，把自己锻炼成理想更加纯洁、信仰更加坚定、行动更加实际的新时代党员。

第三，中国共产党不断提升执政能力与执政水平，努力成为一个具有卓越执政能力的马克思主义政党，为国家发展、社会繁荣、民族进步

① 习近平：《高举中国特色社会主义伟大旗帜　为全面建设社会主义现代化国家而团结奋斗》，人民出版社 2022 年版，第 65 页。

提供了有效的政治保障。如何领导中国这样一个幅员辽阔但人口众多、地大物博却资源紧张的发展中大国稳定发展，就必然要求我们党既要政治过硬，也要本领高强。中国共产党始终坚持与时俱进，以勇于应对时代之问的政治姿态随时应对新的挑战，开创了社会主义中国的光明未来前景。随着国家发展向更高深层次、更广泛领域不断延伸，对党的执政能力提出新的考验。中国共产党能够革除弊端、自我调整，应对新机遇、新问题和新要求迅速作出相应的部署和调整，在治国理政的具体实践中锻炼工作能力，提升执政水平，为带领中国人民和中华民族走向光明的未来而不断努力。作为中国唯一的执政党，面对复杂多变的国内、国际形势，统筹好国内国外两个大局，实现伟大梦想、建设伟大事业、进行伟大斗争，需要我们党能够有所担当，不断坚持自我更新、自我建设、自我进步，继续保持核心领导的优势与作用。尽管政党现代化仍然是一个概念较为抽象的学术名词，没有具体的衡量标准，但如果充分结合现实语境，就必然决定了党建必须以中国特色社会主义为紧要依托，这也是中国共产党能够不断提升自我、改善自我的根本保证。

第四，继续推进党的组织建设，尤其是注重党的基层组织建设。"做好基层基础工作十分重要，只要每个基层党组织和每个共产党员都有强烈的宗旨意识和责任意识，都能发挥战斗堡垒作用、先锋模范作用，我们党就会很有力量，我们国家就会很有力量，我们人民就会很有力量，党的执政基础就能坚如磐石。"[①]我们党是拥有着近亿名党员、数百万个基层党组织的政党，是名副其实的世界最大政党。治理、管理这么多党

---

① 《充分调动干部和群众积极性　保证教育实践活动善作善成》，2013 年 7 月 13 日《人民日版》。

员、这么多基层党组织不是一件容易的事情，因为要始终保持党的战斗力、凝聚力、创新力，不仅需要确保政令上通下达，还需要凝聚党心人心，就非常考验党的组织能力与决策能力了。党的组织建设主要是指党的组织制度、党的中央组织、党的地方组织、党的基层组织、党的干部、党的纪律、党的纪律检查机关、党组等方面的建设。其中，党的基础组织建设尤其重要。基础不牢，地动山摇。“党的基层组织是确保党的路线方针政策和决策部署贯彻落实的基础。要以提升组织力为重点，突出政治功能，把企业、农村、机关、学校、科研院所、街道社区、社会组织等基层党组织建设成为宣传党的主张、贯彻党的决定、领导基层治理、团结动员群众、推动改革发展的坚强战斗堡垒。”[①]无论是实现社会经济的高速发展，还是推进国家现代化的进程，都需要党发挥出强大的动员能力与组织力，强化党的基层组织建设，把党的政策、方针真正贯彻、落实到地方上去。总的来看，党的基层组织发挥着三个主要作用。其一，基层党组织是整个党的“细胞”，能够把各个党员组织、联系在一起，构成一个完整的党。如果把党看作一个有机整体，那么基层组织就是构成这个整体的细胞，处于基础性的重要地位，试想一下，倘若没有细胞的运行，那么整体必然会分崩离析，无法发挥出全部力量。所以，党正是通过基层组织这个“桥梁”，把各个党员连接起来、组织起来、动员起来，形成了一个有着共同理想、坚定信念、统一行动的有机整体。其二，基层党组织是贯彻党的路线、方针、政策、要求、决定的工作支撑。无论是进行党的工作、完成党的部署，还是开展党的活动、布置党的任

---

① 习近平：《决胜全面建成小康社会　夺取新时代中国特色社会主义伟大胜利》，人民出版社 2017 年版，第 65 页。

务，都需要基层党组织来贯彻执行。党中央起到首脑作用，基层党组织就是双手和双脚，根据脑的指示来开展实践活动，如果“手脚”不听使唤、不灵活，或者有所残缺，那么大脑再好的想法也无法实现。基层党组织分布在各个领域、各个单位，可谓是遍布整个国家的组织机构，能够接触到日常的具体工作、具体实践，与社会实践紧密地关联在一起，它们所起到的作用无疑是非常重要的。新党章就明确指出基层党组织的职责与意义所在：党的基层组织“宣传和执行党的路线、方针、政策，宣传和执行党中央、上层组织和本组织的决议，充分发挥党员的先锋模范作用，积极创先争优，团结、组织党内外的干部和群众，努力完成本单位所担负的任务。”[①]因此，“锻炼”好作为“双手双脚”的基层党组织，能够灵活、准确执行上级的指令。其三，基层党组织是党联系人民群众的基本桥梁。正所谓上面千条线，下面一根针。实际上，党的基层组织直接面对人民群众，与人民群众直接联系、经常交流、关系密切，对于人民群众的真实想法、要求、反映以及行为都有着“第一手资料”。基层党组织不仅能够准确抓住和反映人民群众的真实要求与内心想法，还能切实地解决群众困难、问题，充分反映我们党的群众路线，还要积极地向人民群众宣传与解释党的政策与方针，也把党的主张与决定反馈给人民群众，让他们了解、理解党的执政理念、政策方针，更好地去动员与组织广大人民群众，坚定其对党的信任，把党的思想理念进一步转化为人民群众的自觉行动。

第五，严明党的纪律。如果不能做到纪律严明，那么党和国家的事业就失去了基本保证。因此，无论是出于社会经济建设、发展的现实需

① 《中国共产党章程》，人民出版社 2022 年版，第 24 页。

求，还是党的建设的内在要求，中国共产党都必须时刻严明纪律，尤其是严明政治纪律，才能持续发挥领导核心的巨大优势。当然，这种优势体现在多个方面，例如党的执政能力、组织动员能力上，如果在纪律上松松垮垮，就绝不能体现出党的领导这一绝对优势。习近平总书记指出："党面临的形势越复杂、肩负的任务越艰巨，就越要把纪律建设摆在更加突出位置，坚持纪严于法、纪在法前，把纪律和规矩挺在前面。"[①]纪律是管党治党的重要抓手，无论是出于维护党自身纯洁性的必然要求，还是要树立良好的执政党形象，都必须重申党的纪律的重要性。实际上，只有坚守铁的纪律，才能形成一个有战斗力的党，才能形成一个有原则有组织的党，才能建设一个开创历史、创造奇迹、开创未来的政党。

同其他政党相比，纪律严明是中国共产党的一个显著优势，正是靠着铁的纪律和坚定的理想信念，我们党才能保持强大的战斗力。党的十八大以来，由于国内国外的形势变化，出现了许多新的风险与挑战。加强党建必须遵循社会发展规律，牢牢把握住时代发展脉络，还要在自我批评和自我革命中不断得到锻造，特别是面对国内仍然还存着一些腐败现象，存在着一些不良风气，这就要求党员干部更要严格遵守党纪党规，用党的纪律来严格约束自己，坚守本心，通过严明纪律来始终保持党的纯洁性与先进性。不仅如此，还需要做到有效地约束权力的运行，让党的每项政策方针都能够在合理合法的范围内执行、运行，用党的纪律给权力画出一个范围圈，真正做到把权力关进制度的牢笼。把党的纪律建设作为党建的重点来抓，才能在反腐斗争中取得压倒性胜利，才能

① 中共中央宣传部编：《习近平新时代中国特色社会主义思想学习纲要》，学习出版社、人民出版社 2019 年版，第 235 页。

在党治国理政中发挥出最大的优势。

第六，不断加强党的作风建设。就具体形式方法上来说，随着“八项规定”的出台和党内系列教育活动的开展，极大地推动了党的作风建设，构建了良好的政治生态。重视作风建设是中国共产党的一贯坚持，并从多个维度来全面推进，加强党的作风建设并不是空话、套话，而是实实在在地在进行。始终保持党的优良作风，坚决铲除那些违背党的性质、宗旨的邪风、歪风。我们党的历史上就拥有着优良作风。党的优良作风是我们党赢得人民衷心拥护、提升自我能力、维护良好的政党形象的重要依靠。习近平总书记指出：“党风问题关系执政党的生死存亡。”①“我们党来自人民、植根人民、服务人民，一旦脱离群众，就会失去生命力。加强作风建设，必须紧紧围绕保持党同人民群众的血肉联系，增强群众观念和群众感情，不断厚植党执政的群众基础。”②党的十八大以来，党的作风建设一直是党建的重要内容，习近平总书记针对“形式主义、官僚主义、享乐主义、奢靡之风”问题，给予了重要指示：“坚持以上率下，巩固拓展落实中央八项规定精神成果，继续整治‘四风’问题，坚决反对特权思想和特权现象……坚持开展批评和自我批评，坚持惩前毖后、治病救人，运用监督执纪‘四种形态’，抓早抓小、防微杜渐。”③党的作风建设永远在路上，只有坚持正风肃纪，坚决克服歪风、邪风，

---

① 习近平：《高举中国特色社会主义伟大旗帜　为全面建设社会主义现代化国家而团结奋斗》，人民出版社 2022 年版，第 68 页。

② 习近平：《决胜全面建成小康社会　夺取新时代中国特色社会主义伟大胜利》，人民出版社 2017 年版，第 66 页。

③ 习近平：《决胜全面建成小康社会　夺取新时代中国特色社会主义伟大胜利》，人民出版社 2017 年版，第 66 页。

继承与发展党的优良作风，才能让党深深植根于人民群众之中。

第七，坚持反腐倡廉。腐败严重危害到社会稳定与经济发展，如果放之任之、一味纵容，最后的结果只能是党和国家的事业遭受到严重损失，最终导致亡党亡国的结局出现。这决不是危言耸听，纵观世界历史，不乏纵容贪污腐败最终引发严重社会问题而导致国家动荡、人民受累、政党覆灭的例子。即使将视角转换到中国上来，我们也能发现，在新中国的历史上，也有贪污腐败的现象出现，尤其是改革开放之后，经济的发展带来物质的繁荣，贪污腐败现象也开始呈上升趋势，甚至在一段时期大有越演越烈之势。针对这种状况，中国共产党从未放弃严惩腐败，对反腐倡廉的重视也在不断上升。坚持反腐倡廉是我们党敢于自我剖析、刮骨疗伤的优良表现。我们党高度重视反腐倡廉建设，督促全党全国全力进行反腐败斗争，取得了重大胜利成果。对于反腐倡廉的重要意义所在，习近平总书记明确指出："人民群众最痛恨腐败现象"[①]。"腐败是危害党的生命力和战斗力的最大毒瘤，反腐败是最彻底的自我革命。只要存在腐败问题产生的土壤和条件，反腐败斗争就一刻不能停，必须永远吹冲锋号。坚持不敢腐、不能腐、不想腐一体推进，同时发力、同向发力、综合发力。"[②]反腐倡廉是一项长期性与艰苦性并存的任务，因为随着社会物质条件的不断繁荣，出现的各种"诱惑"也会增多，贪污腐败的事件也会随之变多，倘若仅仅是严厉惩治腐败，还不足以根治，更重要的是要加快构建合理的防腐机制，其目的就是从根本上杜绝腐败，不

---

① 习近平：《决胜全面建成小康社会　夺取新时代中国特色社会主义伟大胜利》，人民出版社 2017 年版，第 66—67 页。

② 习近平：《高举中国特色社会主义伟大旗帜　为全面建设社会主义现代化国家而团结奋斗》，人民出版社 2022 年版，第 69 页。

能腐不想腐不敢腐。除了采取严厉有效的惩治措施，让自身行为控制在合理合法的范围之内，不仅如此，在思想上也抵制腐败思想，从精神、管控、行为三个方面做到杜绝腐败行为。反腐倡廉建设是全局性、长久性的，党中央所部署的“不敢腐、不能腐、不想腐”的合理体系与机制，就充分说明了我们党对整个反腐斗争的长远考量。构建防腐体系，不但是我们党在党建理论上的丰富，更体现在党在治国理政中根据腐败贪污的具体现象，作出了相应的实践部署与战略规划，力求打造一个张弛有度、体系完整、科学合理的防腐机制。

第八，把制度建设贯穿于党的建设。制度建设是多层面的，不仅要体现在思想建设上，也要体现在实际的规章制度上。习近平总书记指出：“要加强对权力运行的制约和监督，让人民监督权力，让权力在阳光下运行，把权力关进制度的笼子。”[①]对权力的管控需要在制度上有所保证，所谓“建章立制”，就是需要科学有效地将权力的运行置于合法合理的范围，形成以不敢腐为目的的依法惩戒体系，完善以不能腐为目标的行为预防机制，构建以不想腐为指向的思想预防体系，集三者为一体，进一步健全巡视制度体系，全方位地推动权力在合法的框架内运行，让党和政府公正、廉洁、高效的形象不受损害。

制度建设的关键在于思想建设，将制度建设全面贯穿于党的建设的方方面面，就必须做到思想建党与制度建设相互结合。习近平总书记指出，全面从严治党的关键在于“坚持思想建党和制度治党紧密结合。从

---

① 《习近平关于“不忘初心、牢记使命”论述摘编》，党建读物出版社、中央文献出版社 2019 年版，第 167 页。

严治党靠教育，也靠制度，二者一柔一刚，要同向发力、同时发力。”[①]这一精辟论述阐明了两者之间的辩证统一，对于全面从严治党，既需要从思想层面来根治杜绝，同时也要从制度层面来加以管控，既要在思想上净化纯洁，也要在行动上有所约束，将两者辩证结合起来，进一步扩展了党建理论的科学内涵。

实现制度建设的一大现实依据就是坚持完善以党章为核心的党内法规体系，将党的行为准则以规章制度的形式体现在党章和党内其他法规上。党章作为党的总章程、总规矩，为党员制定了最根本的行为规范。习近平总书记指出：“认真学习党章、严格遵守党章，是加强党的建设的一项基础性经常性工作，也是全党同志的应尽义务和庄严责任，对强化全党党章意识，增强党的创造力、凝聚力、战斗力具有极为重要的作用。”[②]党章是制定党内其他规章制度的根本依据。认真学习和深入贯彻党章，准确把握全党必须遵循的行为准则，将党章的统摄作用、尺度作用、警醒作用以及教育作用尽力发挥出来，为党的建设提供全面而又坚强的保证。

综上所述，全面从严治党必须要兼顾政治建设、思想建设、组织建设、作风建设、纪律建设各个方面，坚持把制度建设贯穿其中，深入推进反腐败斗争，注重培养与选拔优秀人才，可以看出，这些建设相辅相成、交相辉映，涉及党的建设的方方面面，是推进党建工程的重要举措。总的看来，全面从严治党的整体开展在于“全面”，在于“从严”，并不

---

① 习近平：《在党的群众路线教育实践活动总结大会上的讲话》，人民出版社2014年版，第16页。

② 习近平：《认真学习党章　严格遵守党章》，2012年11月20日《人民日报》。

能只侧重某一方面，而是应该放眼全局、统筹兼顾，在社会的发展中不断完善自我，在人民的拥护中茁壮成长，在时代的呼唤中砥砺前行，在新时代坚持全面从严治党，最终指向就是真正地把我们党建设成一支始终走在时代前列、人民衷心拥护、勇于自我革命、经得起各种风浪考验、朝气蓬勃的马克思主义执政党。

二、主线：加强党的长期执政能力建设、先进性和纯洁性建设

坚持全面从严治党，就必须回答一个现实问题，那就是如何加强党的长期执政能力建设、先进性和纯洁性建设，让党始终能够保持自身的创新力、凝聚力和战斗力。党的长期执政能力是影响到国家长治久安、民族进步发展、社会繁荣稳定的关键点，党的先进性则是维护领导核心优势的重要保障，党的纯洁性关系到党建的质量所在，是全面从严治党的主线。

始终保持与发展党的先进性和纯洁性建设，是我们党能够屹立不倒的重要因素。从国家、社会、民族等现实层面作长远考虑，坚持全面从严治党，在治国理政的具体实践中大大加强党的先进性与纯洁性建设，就是为党和人民的各项事业注入了强大动力。

我们党所肩负的历史责任十分重大。随着时代的不断发展，党所面临的执政环境也发生了改变，遇到了许多新的问题与困难。这就需要我们党全面提升执政能力、执政水平，使党越来越具有战斗力，能够带领中国人民和中华民族实现伟大的复兴之梦。新时代党所面临的执政环境依然复杂多变，一些影响党的先进性、纯洁性，动摇党的执政根基的负面因素仍然存在；党内出现的一些思想不纯、信仰动摇、组织涣

散、纪律败坏、作风不良等突出问题没有得到根治。针对这些现实状况，习近平总书记指出，我们必须“要深刻认识党面临的执政考验、改革开放考验、市场经济考验、外部环境考验的长期性和复杂性，深刻认识党面临的精神懈怠危险、能力不足危险、脱离群众危险、消极腐败危险的尖锐性和严峻性，坚持问题导向，保持战略定力，推动全面从严治党向纵深发展。”[①]特别是针对国内国外局势变动、社会经济发展方式需要优化调节、改革阻力与深度逐渐增加等现实问题，以及现在面临的“四大考验”“四种危险”等，都要求我们必须在解决问题的过程中坚持问题导向，提升执政能力，完善执政方式，都是关系到党的建设能否取得重大成果、重大胜利的关键因素。

要破解这些新的考验与难题，各级党组织和党员干部要牢牢树立“四个意识”，与党中央保持一致，积极遵守配合党中央的指示，把“四个意识”真正贯彻到工作实处上去，作出正确的决断，要在工作的各个方面体现出坚持党的领导这一核心准则，坚持把党的领导落实到工作实处，决不搞形式主义。同时，也要时刻严明纪律，把遵守党纪国法作为开展工作的基本准则。正是因为我们党是全国唯一的执政党，领导干部更要慎重使用手中的权力，以发挥出最好的作用。而如何将权力关入制度的牢笼，完善纪律制度，健全党内规则体系，严明党的纪律，遵守党纪国法，都是至关重要的解决方式。再者，要深入开展党性教育，在新时代的背景下结合时代特征与现实问题，把问题导向带入具体工作中去，时刻注意对自我能力的不断提升，对自我品德修养的不断培养，对自我

① 习近平：《决胜全面建成小康社会　夺取新时代中国特色社会主义伟大胜利》，人民出版社2017年版，第61页。

理想信念的不断坚定，对学习新思想的不断加强，在工作实践中不断锤炼党性，让党的先进性与纯洁性建设能够得到进一步巩固。最后，必须要提升政治素养，严格遵守政治纪律，特别是领导干部要时刻保持政治判断力与政治鉴别力，始终要绷紧“政治意识”这根弦，把政治建设摆在首位，既要坚持以高标准、严要求、全方位的准则来要求各种具体工作，同时也要守住底线，绝不能为了发展而放弃原则，也不能固守原则而消极怠慢，把高标准、守底线紧密结合在一起，同时也要时刻注重对理想信念的坚定、对自我品德修养的培养，以个人为点，以组织为面，从而形成一个良好的政治生态，进一步强化党的创造力、提升党的凝聚力和加强党的战斗力，确保我们党始终发挥出核心领导的巨大优势。

总之，习近平总书记关于全面从严治党的重要论述，为我们党如何在新时代管党治党提供了根本依据，正是通过全面从严治党，大大推进了党的政治建设、思想建设、作风建设、组织建设、纪律建设、反腐败斗争、制度建设，确保了我们党是一个在历史发展中保持先进性与纯洁性，能够在治国理政的具体实践中不断实现自我净化、自我完善、自我革新、自我提高的党；一个全心全意为人民服务的党；一个在各种风险考验中越发成熟自信的党；一个始终带领中国人民和中华民族实现伟大复兴、不断开创伟大事业的党。

在协调推进“四个全面”战略布局中提升党的执政水平与执政能力。“四个全面”战略布局是我们党站在中华民族伟大复兴中国梦的历史高度，统筹国内与国外两个大局而提出的重大治国理政方略。对“四个全面”的谋篇布局，体现出我们党对整个国家未来发展的充分考虑与擘画，将治国理政的全局性与规律性提升到了新的历史高度。习近平总书记从协调推进“四个全面”战略布局的高度出发，深刻论述了全面从严治党的重要意义所在，为党的建设提供了坚实的理论支撑。

在“四个全面”战略布局中，全面从严治党为其他三个“全面”的顺利完成提供了实现依据，同时也是做好党和国家各项事业、工作的根本保证。党中央在提出每一个“全面”时都非常强调党的执政能力、执政水平起到的重要作用。例如，在规划全面建成小康社会的总体目标时提出：“我们党担负着团结带领人民全面建成小康社会、推进社会主义现代化、实现中华民族伟大复兴的重任。党坚强有力，党同人民保持血肉联系，国家就繁荣稳定，人民就幸福安康。形势的发展、事业的开拓、人民的期待，都要求我们以改革创新精神全面推进党的建设新的伟大工程，全面提高党的建设科学化水平。”[①]在擘画全面深化改革时提出：“全面深化改革必须加强和改善党的领导，充分发挥党总揽全局、协调各方的领导核心作用，提高党的领导水平和执政能力，确保改革取得成功。”[②]在制定全面依法治国战略时提出：“坚持党的领导，是社会主义法治的根本要求，是党和国家的根本所在、命脉所在，是全国各族人民的利益所系、幸福所系，是全面推进依法治国的题中应有之义。”[③]

通过以上的表述，我们党是非常注重党的建设这个关键点的。可以说，全面从严治党赋予了追求其他现实目标的充分可能。无论是出于完成我们持之以恒的总目标，还是全面深化改革、全面依法治国，都需要

① 胡锦涛：《坚定不移沿着中国特色社会主义道路前进　为全面建成小康社会而奋斗》，人民出版社2012年版，第49页。

② 《中国共产党第十八届中央委员会第三次全体会议文件汇编》，人民出版社2013年版，第14页。

③ 《中共中央关于全面推进依法治国若干重大问题的决定》，人民出版社2014年版，第5页。

党坐镇中央，居中调度，协调指挥，统一布局，发挥核心领导作用，组织和动员各种社会资源与力量来加以实现，反过来说，这也需要党具备相应的执政能力与执政水平，具备合格的领导本领。只有全面从严治党，才能进一步推进党的建设，为永葆党的形象与自信提供坚强的领导核心，使国家综合国力稳步上升，使民族复兴继续前行，使人民生活更加安康。只有坚持全面从严治党，才能稳住全面深化改革的设计框架。改革随着时代的步伐也逐渐进入更深的阶段，我们所遇到的阻力前所未有，如何全面深化改革，是党必须去应对的重大现实问题。要不断强化应对与预防重大风险能力、解决问题的创新思维、对稳定发展的总体把握，将顶层设计与摸着石头过河相结合，集中全党、全国、全民的智慧，调动各种社会积极因素，为深化改革做好充足的准备。只有坚持全面从严治党，才能正确处理依法治国与依法管党、治党之间的关系。中国共产党自身的政治行为都必须在宪法和法律的既定范围之内，党章中也明确指出，党员要带头遵守法律法规。要在治党、管党中确立正确的法治思维，使党能够将依法治国的理念贯彻到治国理政中去。

加强党的长期执政能力建设要立足于中国共产党是世界上最大的政党的现实。中国共产党是世界最大的政党，大就要有大的样子。从数量上来看，截至2022年年底，中国共产党党员已经超过9800万，是名副其实的世界最大的政党。从成就上来看，世界上没有任何一个政党能够像中国共产党一样，领导中国人民和中华民族开拓进取，取得一个个伟大的历史成就。纵观整部党史，不得不感叹这是一个开创历史、创造奇迹、展望未来的党：在战火纷飞的革命年代，从寥寥数十人的“星星之火”成长为拯救中华民族于危难之中的伟大的党；在社会主义建设时期，党领导下的社会主义中国突破资本主义国家阵营的经济封锁，在国家最艰苦的时期仍然建立了十分完整的工业体系，使国民经济快速恢复，让人民真正当家作主；在改革开放之初，面对近乎崩溃的国民经济、还未完全稳定的社会秩序，能够迅速调整治国方略，将经济建设放在工作中心，继续带领中国人民取得一个个举世瞩目的成就，使中国的国际地位不断提升，成为一个具有世界影响力的社会主义大国。种种迹象、件件大事都无可辩驳地表明，中国共产党无愧于世界最大政党的光辉形象。同时，要领导这么大一个国家，领导这么多民族，领导这么多人民，无论是现实要求还是自身建设，都对党的综合能力提出了更高、更多、更严的标准与要求。

加强党的长期执政能力建设，关键要立足于“强”字。国家发展，需要一个强大的政党来领导；民族复兴，需要一个强大的政党来擘画；社会稳定，同样需要一个强大的政党来促成，并且如何将这种“强”作为一种长期优势继续保持下去。对于这样一个复杂方程，中国共产党给出了正确解码。我们党全面部署了在“两个一百年”历史交汇期如何建成一个现代化强国，既有具体的执行措施，又有清晰的时间表，还有科学的战略步骤。可以说，中国共产党的领导，促使中国逐渐恢复了往日的荣光，正在以一个全新的姿态全力冲向强国的伟大目标。要想实现这样一个伟大目标，就必须让党具备更高水平的执政能力。习近平总书记指出：“随着世情、国情、党情的不断变化，影响从严治党的因素更加复杂，提出了很多新课题。”[①]这些课题给提升党的执政能力带来了新的考验与困难。但无论是何种风险、何种考验，分别从提升能力、改善领导、

---

① 习近平：《在党的群众路线教育实践活动总结大会上的讲话》，人民出版社2014年版，第29页。

从严治党等各方面来加强党建才是解决问题的关键所在。也就是说，只有党本身的力量变得强大，才能经受治国理政过程中所遭遇的问题、挑战、风险、考验。加强党的长期执政能力，在当今实现伟大梦想、完成伟大事业的现实背景下显得更加重要，不仅要把提升党的执政能力作为一项长期性的工作来进行，也要应对时代的发展加以调整变化，依据出现新问题、新矛盾来实施新方法、新举措。强国与强党的关系是内在统一的，无论从现实发展层面还是理论诉求层面，一个强大国家的诞生，首先是从建设一支强大的领导力量开始的。社会主义中国在历史的发展中虽几经挫折，但在党的坚强领导下，破浪前行、一往无前，开创了更新的发展格局，凝聚了更大的发展力量，取得了更多的成果。

加强党的长期执政能力建设，重点在于“长期”。罗马不是一天建成的。如果将建设伟大事业看作艰难性与长久性并存的浩大工程，那么强化党的长期执政能力，则是保证这项工程顺利完成的根本保证。纵观世界发展史，很多国家的强盛并非长期持久，而是极具短暂性，可能曾经强盛一时的国家在遭受到某些挫折之后一蹶不振，很快就跌落历史的舞台，湮没在滚滚尘埃之中。一个强大国家的覆灭是由多种因素造成的，其中执政党的内部出现了重大的问题是非常重要的因素。倘若执政党失去了对全局工作的掌控与管理，又无法寻找合适的方式与方法来应对和解决这些矛盾与问题，最终就可能会带来严重后果。一个执政党缺乏长期执政能力建设，在出现重大矛盾、重大问题时必然会丧失应对之力。在现代社会的历史语境下，政党作为一种客观存在的政治现象，是行使国家最高权力的集中反映，如果政党内部出现了问题，缺乏对长期执政的信心与能力，那么就难以长久地运行国家机器。因此，加强党的长期执政能力建设，不仅需要提出高标准，还要在如何长期保持这种高水平、高标准的执政能力上作出回应，否则很难在历史的进程中保持政党的生命力与活力。习近平总书记指出："与国内外形势发展变化相比，与党所承担的历史任务相比，党的领导水平和执政水平，党组织建设状况和党员干部素质、能力、作风都还有不小差距。特别是新形势下加强和改进党的建设面临'四大考验'、'四种危险'，落实党要管党、从严治党的任务比以往任何时候都更为繁重更为紧迫。"[①]要想长期保持高水平的党的执政能力，就必须从实际情况出发，对时代产生的一些新问题，如"四大考验""四种危险"等严加警惕，增加抵抗诱惑的定力、反对贪污腐败的动力、应对风险考验的能力，把加强党的执政能力建设作为一项根本工作，更能体现出我们党作为一个成熟政党应当具备的大局视野与全局思维。

加强党的长期执政能力建设，根本在于"能力"。党的执政能力关乎党的生死存亡。如果治党不严，不积极听取人民群众的真实反映，那么我们党的执政能力就无法得到提高，甚至会出现大幅度的下滑，最终也就没法保持核心领导地位。加强党的长期执政能力建设，就必须置于中国的现实语境中去。如何把握党的执政能力建设，如何提升党的执政水平，如何完善党的领导方式，这都是我们党亟须解决的问题。习近平总书记指出："我国已进入全面建成小康社会决胜阶段，中华民族正处于走向伟大复兴的关键时期。改革进入深水区，经济发展进入新常态，各种矛盾叠加，风险隐患集聚。当今世界，国际力量对比发生新的变化，世界经济进入深度调整，我国发展面临的国际环境更加复杂严峻。我们前进的道路上有各种各样的'拦路虎'、'绊脚石'。在这样的国内外形

① 《习近平谈治国理政》第1卷，外文出版社2018年版，第15页。

势下，我们要赢得优势、赢得主动、赢得未来，就必须把党建设得更加坚强有力，使我们党能够团结带领人民有力应对重大挑战、抵御重大风险、克服重大阻力、解决重大矛盾。”[①]特别是处于历史的关键时期，提升党的执政能力和执政自信，加强党的长期执政能力建设，凝聚党心民心，坚决克服一切困难与险阻，对我们党、我们国家、我们民族的各项事业有着极其重要的意义与作用。

三、根基：坚定理想信念宗旨

习近平总书记指出：“坚定理想信念，坚守共产党人精神追求，始终是共产党人安身立命的根本。对马克思主义的信仰，对社会主义和共产主义的信念，是共产党人的政治灵魂，是共产党人经受住任何考验的精神支柱。形象地说，理想信念就是共产党人精神上的‘钙’，没有理想信念，理想信念不坚定，精神上就会‘缺钙’，就会得‘软骨病’。现实生活中，一些党员、干部出这样那样的问题，说到底是信仰迷茫、精神迷失。”[②]习近平总书记从精神层面的维度出发，指出了当前党员出现的一些具体问题与缺陷，生动地阐明了最高理想同党员的根本信仰相互结合，从根本上补充精神上的“钙”，以求解决信仰、精神迷失的负面问题。

首先，对马克思主义理论的信仰坚守，是每一个共产党人的本质要求。始终坚持马克思主义，不偏离、不动摇，这不仅是党员的个人信仰

① 《习近平关于全面从严治党论述摘编》，中央文献出版社2016年版，第18—19页。

② 《十八大以来重要文献选编》上，中央文献出版社2014年版，第80—81页。

遵循，也是全面从严治党的必然要求。

作为博大精深的科学理论体系，马克思主义深刻地影响着人类历史进程与世界发展格局。自马克思主义理论诞生以来，它就以其无可辩驳的科学真理、激情澎湃的革命热情、不断创新思维方式、决不妥协的斗争勇气深深影响并激励着一代又一代的共产党人创造未来、创造奇迹。始终坚持马克思主义，正确理解与运用马克思主义，更应该成为每个共产党员的看家本领。习近平总书记对此有着精辟的论述与深刻的见解："马克思主义尽管诞生在一个半多世纪之前，但历史和现实都证明它是科学的理论，迄今依然有着强大生命力。马克思主义深刻揭示了自然界、人类社会、人类思维发展的普遍规律，为人类社会发展进步指明了方向；马克思主义坚持实现人民解放、维护人民利益的立场，以实现人的自由而全面的发展和全人类解放为己任，反映了人类对理想社会的美好憧憬；马克思主义揭示了事物的本质、内在联系及发展规律，是'伟大的认识工具'，是人们观察世界、分析问题的有力思想武器；马克思主义具有鲜明的实践品格，不仅致力于科学'解释世界'，而且致力于积极'改变世界'。在人类思想史上，还没有一种理论像马克思主义那样对人类文明进步产生了如此广泛而巨大的影响。"① 马克思主义为中国共产党人提供了最强有力的思想武器。无论处于什么样的现实语境，坚持马克思主义的指导思想，掌握其基本内容，正确运用其根本方法，是我们党立于不败之地的奥秘所在。学"马"、懂"马"、用"马"始终是中国共产党人的内在要求。

---

① 习近平：《在哲学社会科学工作座谈会上的讲话》，人民出版社2016年版，第8—9页。

始终坚持马克思主义是根本前提。习近平总书记指出："马克思主义是我们立党立国的根本指导思想。背离或放弃马克思主义，我们党就会失去灵魂、迷失方向。在坚持马克思主义指导地位这一根本问题上，我们必须坚定不移，任何时候任何情况下都不能有丝毫动摇。"[①]自中国共产党成立以来，从未动摇过对这一科学理论的信心与坚守，领导中国人民取得一次次的伟大胜利。尽管在历程中有过失败与挫折，但中国共产党的性质始终没有发生过改变，从根本上说，这就是因为马克思主义赋予我们党的特性就是永远全心全意服务于人民。中国逐渐从世界舞台边缘走近世界舞台中央，每时每刻所处的境遇都在发生变化。与世界各国的交往联系中，我们吸收了国外先进的管理经验与资金技术，充分利用这些优势来建设国家、发展经济。但需要警惕的是，不乏某些国家叫嚣着所谓的"中国威胁论""历史终结论""历史虚无主义""普世价值"等负面思潮，或多或少地冲击与损害马克思主义的意识形态主流地位。应对这些关乎意识形态问题的重大考验，广大党员更应该坚守马克思主义的根本指导地位，要坚持用马克思主义的原则、方法去严肃抵制、反对这种思想侵蚀。我们所要坚持的理论自信，其根源就在于马克思主义本身的科学性，是经得起时代检验的正确思想理论。苏联的惨痛教训历历在目，其中有一点原因非常值得我们警醒，那就是在原则问题上绝不能让步，一旦曲解了马克思主义、放弃了马克思主义、背离了马克思主义，那么就等于放下了最强大的武器，最终的结局也只能是亡党亡国。马克思主义蕴含的绵绵真理与勃勃生机是世界社会主义事业不断发展的内在动力。习近平总书记指出："马克思主

① 习近平：《在庆祝中国共产党成立95周年大会上的讲话》，人民出版社2016年版，第9页。

义哲学深刻揭示了客观世界特别是人类社会发展一般规律，在当今时代仍然有着强大生命力，依然是指导我们共产党人前进的强大思想武器。”[①]尽管时代是在不断发展与变化的，但马克思主义所蕴含的真理仍然生机勃勃，经得起无数次的实践检验。

深入学习马克思主义是重要保证。习近平总书记指出：“理论上清醒，政治上才能坚定。坚定的理想信念，必须建立在对马克思主义的深刻理解之上，建立在对历史规律的深刻把握之上。全党要……不断提高马克思主义思想觉悟和理论水平，保持对远大理想和奋斗目标的清醒认知和执着追求。”[②]深入学习、正确理解马克思主义是每一个共产党员的硬性要求。只有通过认真阅读马克思主义经典文献，深入学习最新理论成果，才能在思想上做到“守正”。学“马”是一个全面而又系统的过程，不仅要在文本上下“苦功夫”，还要同具体实践相结合，做到既要在理论上熟知熟读，了然于胸，更要在实践中积极吸收经验，持续不断地强化对马克思主义的理解与运用。例如，一些人认为共产主义是虚无缥缈的，是摸不着看不见的，这本身就是背弃了唯物史观的观点。还有一些人对中国特色社会主义提出质疑与攻讦，反复抹黑中国改革开放的伟大事业，公然叫嚣要全面批判马克思主义等。这些现象产生的根本原因就在于这些人对马克思主义的误解与偏见，甚至仅仅停留在浅薄的自我认识基础上大放厥词，毫无原则、毫无立场，以致产生很多负面影响。针对这些现实情况，广大党员尤其是党员干部，更应该从理论的深度进

---

① 中共中央宣传部编：《习近平新时代中国特色社会主义思想学习纲要》，学习出版社、人民出版社 2019 年版，第 241 页。

② 习近平：《在庆祝中国共产党成立 95 周年大会上的讲话》，人民出版社 2016 年版，第 11—12 页。

行强力反驳与回击。必须将理论自信建立在深厚的知识体系上，方能在新时代继续彰显共产党人的本色。

正确理解和运用马克思主义是实践基础。与时俱进，不断发展，这是马克思主义理论的一大特征。恩格斯就曾经明确指出："我们的理论是发展的理论，而不是必须背得烂熟并机械地加以重复的教条。"[①]正确理解马克思主义，在不同时代条件下能够灵活运用马克思主义，在实践中坚持用马克思主义的观点、方法、原则来解决问题，是我们能够正确改造客观世界的有力武器。纵观历史，不乏背离了马克思主义，或者曲解马克思主义并最终产生严重后果的历史教训。例如，民主革命时期，一些中央领导同志忽视中国革命的实际情况，一味地奉行十月革命的经验，生搬硬套、墨守成规，没有辩证地分析中国革命的具体形势，而是采取错误的斗争形式与方法，结果导致革命力量遭受到重大损失；社会主义建设时期，由于没有正确认识客观规律，最终造成非常严重的后果。历史一再证明，对马克思主义的正确理解与运用，是关乎党、关乎国家、关乎民族的前途与未来的关键。前事不忘，后事之师，在新时代更需要不断强化党员干部对马克思主义理论的努力学习与正确运用。习近平总书记指出："党的各级领导干部特别是高级干部，要原原本本学习和研读经典著作，努力把马克思主义哲学作为自己的看家本领，坚定理想信念，坚持正确政治方向，提高战略思维能力、综合决策能力、驾驭全局能力，团结带领人民不断书写改革开放历史新篇章。"[②]所以，必须要认真扎根

---

① 《马克思恩格斯文集》第 10 卷，人民出版社 2009 年版，第 562 页。

② 《习近平在中共中央政治局第十一次集体学习时强调　推动全党学习和掌握历史唯物主义　更好认识规律更加能动地推进工作》，2013 年 12 月 5 日《人民日报》。

于经典著作，读“马”、学“马”、懂“马”，进而全面塑造正确而又坚定的马克思主义观。

“每一个时代的理论思维，包括我们这个时代的理论思维，都是一种历史的产物，它在不同的时代具有完全不同的形式，同时具有完全不同的内容。”① 关于如何在新时代正确运用马克思主义，习近平总书记指出：“一定要以我国改革开放和社会主义现代化建设的实际问题、以我们正在做的事情为中心，着眼于马克思主义理论的运用，着眼于对实际问题的理论思考，着眼于新的实践和新的发展，不断开辟马克思主义中国化新境界。”② 习近平总书记的讲话非常清晰地指出正确运用马克思主义的理论必须从改革开放和社会主义现代化建设所遇到的实际问题出发，不能空谈理论而脱离实际。在新时代的背景下，国内矛盾发生重大转变，国外局势错综复杂，这就要求我们的党员干部进一步把握马克思主义的科学性、真理性，坚持以马克思主义作为分析当今世界发展的强大思想武器，并找到问题的答案。

其次，对共产主义的坚定信念，也是我们共产党人安身立命的根本所在。习近平总书记指出：“坚定理想信念，坚守共产党人精神追求，始终是共产党人安身立命的根本。对马克思主义的信仰，对社会主义和共产主义的信念，是共产党人的政治灵魂，是共产党人经受住任何考验的精神支柱。形象地说，理想信念就是共产党人精神上的‘钙’，没有理想信念，理想信念不坚定，精神上就会‘缺钙’，就会得‘软骨病’。现

① 《马克思恩格斯选集》第 3 卷，人民出版社 2012 年版，第 873 页。

② 中共中央宣传部编：《习近平新时代中国特色社会主义思想学习纲要》，学习出版社、人民出版社 2019 年版，第 32 页。

实生活中，一些党员、干部出这样那样的问题，说到底是信仰迷茫、精神迷失。”①习近平总书记的这段精辟论述，高度概括了共产党人坚守理想信念的重要性，点明了共产党人必须要把理想信念作为安身之本。

对共产主义的坚定信念，就是要将共产主义作为最高理想。中国共产党成立之初，就为这个最高理想而不断奋斗。百年风雨历程，尽管有所挫折，但是中国共产党不忘初心、牢记使命，书写出一部惊天动地的光荣史诗。习近平总书记指出：“中国共产党之所以叫共产党，就是因为从成立之日起我们党就把共产主义确立为远大理想。我们党之所以能够经受一次次挫折而又一次次奋起，归根到底是因为我们党有远大理想和崇高追求。”②共产主义的远大理想激励着一代又一代共产党人勇于奉献自我，用青春的动力与生命的激情推动着党和国家的伟大事业不断前进。共产党员一旦偏离或放弃了共产主义，就会丧失了斗志，丢失了灵魂。一段时期以来，一些党员干部迷失自我，缺乏理论自信，对共产主义产生怀疑甚至抵制，陷入实用主义、功利主义的怪圈之中，归根结底还是因为动摇了甚至丧失了内心的理想与信念，遇到一些暂时的挫折或困难就退缩；听到一些流言蜚语就对自己的信仰出现了怀疑。实际上，在新时代如何锤炼自己的党性，就是要紧紧围绕着坚定理想信念来展开的。将共产主义作为最高理想是共产党员的“天性”，只有将共产主义作为最高理想，才能实现个人党员与整个党派的理想统一，实现小我与大我的价值统一，实现党性锤炼与服务人民的辩证统一。

---

① 《十八大以来重要文献选编》上，中央文献出版社2014年版，第80—81页。

② 习近平：《在庆祝中国共产党成立95周年大会上的讲话》，人民出版社2016年版，第10页。

对共产主义的坚定信念，就是要充分认识共产主义。将共产主义作为最高理想，就要首先了解和认识什么是共产主义。马克思、恩格斯深度剖析资本的运行规律，批判了资本主义的内在矛盾性，在唯物史观的基础上科学预测了人类未来社会的运行轨迹。按照马克思、恩格斯的观点，只有在物质文明高度繁荣的基础上，共产主义才可能实现。至于如何过渡到共产主义社会，马克思提出了著名的“三阶段论”，即“以人的交往为基础”的第一阶段，到“以物的依赖性为基础”的第二阶段，再到“个人全面发展”的第三阶段，也就是共产主义社会。马克思、恩格斯在《共产党宣言》中是这样解读与表达共产主义社会的具体概念的：“代替那存在着阶级和阶级对立的资产阶级旧社会的，将是这样一个联合体，在那里，每个人的自由发展是一切人的自由发展的条件。”[①]除此之外，他们还对共产主义的基本特征作出了概括，即：第一，社会生产力高度发展，物质财富极大丰富；第二，社会成员共同占有全部生产资料；第三，实行各尽所能、按需分配的原则；第四，彻底消灭了阶级差别和重大社会差别；第五，全体社会成员具有高度的共产主义觉悟和道德品质；第六，国家消亡。随着阶级和阶级差别的彻底消灭。通过马克思、恩格斯的这些概况与描述，让我们对共产主义社会有了大致的印象与了解。经历近两百年的风雨历程，共产主义仍然焕发着强大的生命力。在科学社会主义焕发勃勃生机的今天，我们共产党员更应该加深对共产主义的认识，从文本的角度理解经典作家们对共产主义的精辟论述，从实践的角度把握共产主义的发展方式，从时代的角度理解共产主义的未来前景。

对共产主义的坚定信念，就是要坚信共产主义的光明前景。马克思、

---

① 《马克思恩格斯文集》第2卷，人民出版社2009年版，第53页。

恩格斯对共产主义学说的严谨论述，向我们阐述了资本主义必然灭亡、社会主义必然胜利的客观规律。当今时代与马克思、恩格斯所处的时代大不相同，资本主义在同社会主义的竞争中也在不断地改变着自己。必须看到的是，在与社会主义的长期竞争中，为了避免过于暴露资本与资本家的贪婪，资本主义国家也采取了一系列政策措施对自身进行改良。例如，逐渐增加工人的劳动福利，提高劳动水平等，这在一定程度上延缓资本主义社会的矛盾。一些资本主义国家在生产力高度发达后，也采取相对温和的方式方法优化劳动者的福利待遇，期冀弱化"阶级对立"的矛盾性和革命性，使社会矛盾和积极对抗处于一种相对平和、稳定的可控状态。但是，从本质上来说，资本主义无论采取何种改良方法，终究是改良，并不能从根本上解决问题，无法消除其最基本的内在矛盾，周期性的经济危机正是这种矛盾的现实印证。从历史发展的大趋势上来说，资本主义的消亡是历史发展的必然结果，而共产主义的光芒终会闪烁出胜利的光辉。

虽然这个历史结果是可以科学预测的，但是，一切事物的发展往往也伴随着一些历史限制条件。因此，马克思、恩格斯还提出"两个绝不会"。从现实的角度来说，我们不仅要看到共产主义充满希望的光明前景，同时也必须充分认识道路的曲折与艰难。因此，实现共产主义既要有坚定不移的信仰、信念、信心，也要有对现实情况的充分考量，既要准确把握共产主义的科学内涵，也要从实践的基础上寻求正确的实现方式。共产主义需要在物质文明、精神文明非常发达的基础上才能够实现，绝不是短时期内就可以完成的。对实现共产主义的伟大理想，既不能过于自信乐观，也不能消极懈怠。习近平总书记指出："必须认识到，我国社会主要矛盾的变化，没有改变我们对我国社会主义所处历史阶段的判断，我国仍处于并将长期处于社会主义初级阶段的基本国情没有变，我国是世界最大发展中国家的国际地位没有变。”[①]正确认识自己的历史定位，就能够正确处理现阶段的基本矛盾。中国模式的巨大成功，既是中国历史上的伟大奇迹，也是人类社会发展史上的伟大奇迹，坚持改革开放，坚持中国特色社会主义，努力为共产主义社会提供更好的先决条件。

四、旨归：马克思主义执政党

新时代全面从严治党是围绕着如何建设一个“马克思主义执政党”所展开的，中国共产党最鲜明的特征，就是始终坚持马克思主义。对于一个党的性质判断是多维度的，但是最重要的一点还是要看这个执政党的指导思想、根本立场和价值追求是什么，很显然，中国共产党是始终站在最广大人民群众的立场上、将实现共产主义作为最高理想的马克思主义执政党。

从指导思想上来看，始终坚持马克思主义，是我们党与其他政党的最大区别。在新时代坚持全面从严治党，就是要注重锤炼党性，锤炼出一支不忘初心、牢记使命的马克思主义执政党队伍。只有正确运用马克思主义，才能够为建设伟大工程、推进伟大事业、实现伟大梦想、进行伟大斗争提供最根本的思想遵循。建设中国特色社会主义是前所未有的伟大事业，它不仅显示出中国共产党领导中国人民完成了由一个落后的农业大国转变为位居世界第二的经济强国，成为拉动世界经济增长与繁荣的重要引

---

① 习近平：《决胜全面建成小康社会 夺取新时代中国特色社会主义伟大胜利》，人民出版社 2017 年版，第 12 页。

擎，同时也是马克思主义在当今世界取得重大胜利并长盛不衰的有力证明。以习近平同志为主要代表的中国共产党人立足于时代发展的现实情况，进一步扩展与丰富了马克思主义执政党的党建内涵。习近平总书记指出："马克思主义哲学深刻揭示了客观世界特别是人类社会发展一般规律，在当今时代仍然有着强大生命力，依然是指导我们共产党人前进的强大思想武器。"① 在改革开放的历史实践中，坚持马克思主义是我们破解难题的强大武器，这不仅有利于我们进一步深化认识社会主义建设的内在规律，也有利于广大党员加强马克思主义的理论素养、树立正确的马克思主义观，在历史与时代发展中进一步绽放出马克思主义的璀璨光芒。在新时代的背景下，全面从严治党既要全面遵循正确的指导思想，同时也要充分结合时代发展和具体国情的现实状况，注重在实践中继续创新和发展新的党建思想与理论，进而不断形成具有科学性、时代性、创新性的党的建设理论体系，在实践与理论的双重维度上坚守对马克思主义的执着与追求。

从根本立场上来看，以人民为中心，是我们党安身立命的坚守原则。在新时代的背景下，随着改革开放进入更深层次的领域，国家发展遭受到诸多新的挑战，这些都需要党依靠广大人民群众去应对和解决。面对这一机遇和挑战并存的崭新时代，对人民所创造的巨大能量，习近平总书记作了高度概括："改革开放在认识和实践上的每一次突破和发展，改革开放中每一个新生事物的产生和发展，改革开放中每一个方面经验的创造和积累，无不来自亿万人民的实践和智慧。"② 深刻地认识和理解人

① 中共中央宣传部编：《习近平新时代中国特色社会主义思想学习纲要》，学习出版社、人民出版社 2019 年版，第 241 页。

② 《习近平谈治国理政》第 1 卷，外文出版社 2018 年版，第 68 页。

民群众发挥的巨大作用，才能促使国家在经济、政治、社会、文化、生态等方面都实现巨大飞跃。历史证明，人民的广泛支持与热情参与造就了我们的伟大事业，是人民的智慧开启了历史的新纪元，也是人民的努力创造了一次又一次的伟大奇迹。中国共产党依靠广大人民群众的智慧，最大限度地激发人民群众的创造性和积极性，集中体现出在全面建成小康社会的现实背景下，我们党与广大人民群众血肉相连、鱼水情深，共同朝着实现中华民族伟大复兴的宏伟目标奔赴前进。尤其在处于当今激烈的国际竞争中，只有将人民群众的力量作为现代化建设的中流砥柱，中国才能更有力量、更有信心、更有质量地完成新的时代使命，才能更好地凸显出马克思主义执政党的本质体现与根本遵循。

从价值追求上来看，将实现共产主义作为最高理想，这是马克思主义执政党的必然使命与根本价值追求。中国共产党自成立起，从未放弃过对共产主义的追求。回顾近百年的党史，就是一部党带领中国人民和中华民族走向共产主义的奋斗史。无论处于何种历史时期，遇到什么危险困难，中国共产党从未动摇对这个最高理想的坚定信念。在新时代的背景下，中国共产党提出了要实现伟大的中国梦，就是对共产主义远大理想在现阶段的现实体现。这是因为，中国梦的最终指向就是实现共产主义，不忘初心、牢记使命，为中国人民谋幸福，为中华民族谋复兴，实现伟大的中国梦，都是为了追求最高理想的前奏曲、进行曲。国家强盛、民族复兴、人民幸福，这些追求目标就是最高理想的一部分。这个汇聚着人民期盼、民族复兴、国家崛起的中国梦，就是实现共产主义最高理想的阶段性目标的集中体现。

实现共产主义是光荣与希望并存、长久与艰巨同在的远大目标。中国梦则是代表现阶段中国发展事业与发展前景最适合、最贴切的代名词，可以说，实现伟大的中国梦，就是为共产主义提供先决条件。正因为实现共产主义的长久性与艰巨性，所以必须要根据当前的时代背景与具体的历史阶段来提出相应的目标，中国梦的提出，就是最好的印证。中国梦蕴含着中华民族数千年来的梦想与希望，承担着国家强大与民族复兴的历史使命，更是对人民、对民族、对国家的郑重承诺，实现伟大的中国梦，既汇集了中国人民的热切期盼，又结合了当下的现实国情，既符合了历史发展的必然逻辑，又蕴含着对共产主义的现实认识与执着追求，无论是中华民族伟大复兴的现实需要，还是对社会主义建设规律的探索与总结，我们党对中国梦的深刻理解与科学把握，就是对共产主义的“中国式”解读，置于中国的具体语境下，中国梦的提出代表了对最高理想的新的认识与理解。所以，实现中国梦，完全符合马克思主义执政党的必然使命。

无论是在战火纷飞的革命时期，还是艰苦奋斗的建设时期、充满活力的改革时期，在领导中国人民走向一条崭新道路之时，中国共产党所扮演的角色远非是一个革命党向一个执政党转变这么简单，而是真正成长为了一个有能力、有思想、有纪律、有号召力的领路人角色，这充分体现了我们党对马克思主义的坚守与发展，对时代发展的理解与把握，对人民群众的关怀与尊重，坚持马克思主义，正是我们党最显著的本质体现。也正是在这种“不忘初心”的坚守之中，对马克思主义的信仰才会更加纯净、更加坚定，可以说，无论是在理论学习上还是实践创造上，马克思主义都发挥出关键的作用。因此，全面从严治党的旨归是毫无疑问的，就是要对自己进行更加深刻的洗礼，在新的风险考验中锻造出更具有战斗力、凝聚力、创造力的马克思主义执政党。

第五章

新时代全面从严治党的主要特点

党的十八大以来，以习近平同志为核心的党中央以问题为导向，以行百里者半九十的危机意识，坚持刀刃向内、自我革命，推进全面从严治党，取得了显著成效，展现出了鲜明的时代特征。

一、坚持思想建党和制度治党的统一

习近平总书记在党的群众路线教育实践活动总结大会上强调："从严治党靠教育，也靠制度，二者一柔一刚，要同向发力、同时发力。"[①]党的十九大报告中进一步指出，坚持全面从严治党，"必须以党章为根本遵循，把党的政治建设摆在首位，思想建党和制度治党同向发力"[②]。这些重要论断的提出充分反映了中国共产党对自身建设与执政规律的深刻认知与创新阐释，说明了党要管党、全面从严治党的整体性、系统性、全局性，体现了以习近平同志为核心的党中央的高瞻远瞩和深谋远虑。新时代推进全面从严治党向纵深发展既要解决思想问题，也要解决制度问题，二者相辅相成、辩证统一，一方面我们要将坚定理想信念、筑牢思想防线作为根本任务，不断加强马克思主义理论教育、党性教育和道德教育；另一方面我们要把制度建设贯穿到党的各项建设之中，进一步完善党内法规制度体系，强化制度执行力，做到有章可循、有据可依，使真抓严管成为新常态。

（一）思想建党与制度治党的理论内涵

"回顾党的奋斗历程可以发现，中国共产党之所以能够历经艰难困苦

① 《十八大以来重要文献选编》中，中央文献出版社 2016 年版，第 94 页。

② 习近平：《决胜全面建成小康社会　夺取新时代中国特色社会主义伟大胜利》，人民出版社 2017 年版，第 26 页。

而不断发展壮大，很重要的一个原因就是我们党始终重视思想建党、理论强党，使全党始终保持统一的思想、坚定的意志、协调的行动、强大的战斗力。”[①]思想建党是中国共产党在长期革命、建设和改革的历史进程中孕育、形成、坚持和弘扬的优良传统，是党的建设过程中以坚定崇高的理想信念、系统科学的思维方法、立党为民的价值导向扎实推进工作的关键举措，为实现党的建设科学化提供了深刻的理论指导和丰厚的精神养料。思想建党是党的基础性建设，是党的灵魂工程，贯穿于党的建设全方位、全领域、全过程，它所要解决的是世界观、人生观、价值观这个根本性的“总开关”问题，它是保证党的先进性与纯洁性得以延续和巩固的内生动力，在源头上发挥着“领头羊”“指南针”“主心骨”的定向作用。中国共产党之所以能够始终保持昂扬向上的精神状态和百折不挠的革命勇气，关键就是以思想建设凝聚了党心民意，形成了强大的内在力量。思想建设的核心是加强马克思主义、共产主义理想信念教育和对党忠诚教育。党的十八大以来，习近平总书记反复强调理想信念的重要性，指出“理想信念动摇是最危险的动摇，理想信念滑坡是最危险的滑坡”[②]，他将理想信念形象地比喻为“精神之钙”，指出“没有理想信念，理想信念不坚定，精神上就会‘缺钙’，就会得‘软骨病’”[③]。广大党员要始终坚守共产党人的精神家园，树牢“四个意识”、坚定“四

① 习近平：《在纪念马克思诞辰200周年大会上的讲话》，人民出版社2018年版，第24页。

② 习近平：《在庆祝中国共产党成立95周年大会上的讲话》，人民出版社2016年版，第10页。

③《习近平关于全面从严治党论述摘编》，中央文献出版社2016年版，第57页。

个自信”、做到“两个维护”、拥护“两个确立”。一是用理论武装头脑，深入学习马克思主义中国化的最新理论成果，通过思想政治教育不断将党的理想信念内化于心、外化于行；二是加强党性教育，在扎根人民、清正廉洁、拒腐防变中把准政治方向，提高政治能力，坚定政治立场，永葆政治本色，做政治上的合格者、纪律上的明白人；三是涵养道德境界，引领全体党员干部弘扬和践行社会主义核心价值观，不断提升党员的道德修养，做到“明大德”“严公德”“守私德”，树立正确的权力观、地位观和利益观，自觉在思想上画红线，在行动上立规矩，真正做到权为民所用、情为民所系、利为民所谋。

“党要管党、从严治党，靠什么管，凭什么治？就要靠严明纪律。”[①]严肃党内政治生活，净化党内政治生态，需要解决权力运行的制度化、规范化、程序化问题，需要“建立健全相关制度，用制度管权管事管人。要突出重点，重在管用有效，全方位扎紧制度笼子，更多用制度治党、管权、治吏。”[②]党的制度建设是党的根本性建设，是依据法律法规管党治党，确保党长期执政和国家长治久安的可靠保障。制度问题具有全局性、稳定性、长期性，强调制度治党就是要发挥制度本身强大的外在约束力量，规范党员干部的行为，引导其自觉尊崇和遵守组织纪律和政治规矩，将制度要求内化为稳定的思想观念和行为操守。同时，直面“四大考验”“四种危险”，坚决做到刀刃向内，不断提升党组织自我革命能力，强化党的自我监督和群众监督，切实抓好党组织的制度建设，以勇

---

① 《习近平关于党风廉政建设和反腐败斗争论述摘编》，中央文献出版社、中国方正出版社 2015 年版，第 36 页。

② 《习近平关于全面从严治党论述摘编》，中央文献出版社 2016 年版，第 110 页。

于自我革命的精神打造和锤炼自己。一是强化制度意识，要明确中国特色社会主义制度对于推进国家治理体系和治理能力现代化，实现“两个一百年”奋斗目标的重要意义，要尊重制度、敬畏制度，用制度规范权力，党员领导干部更要充分发挥“头雁效应”，将敬畏制度内化为自己的行为习惯和价值追求；二是要健全制度体系，“构建以党章为根本、若干配套党内法规为支撑的党内法规制度体系”①，以“制”“治”党，解决党员的行为规范、责任追究、监督机制等问题，做到破废立改，深入推进党建成果向制度和规范转化，进一步体现社会主义制度的优越性；三是要构建监督机制，“健全权力运行制约和监督体系”②，加强日常督查和专项检查，做好巡视工作，充分发挥党内监督、群众监督、社会监督和舆论监督的合力，保障监督没有死角，不留空白；四是要提高制度执行力，彰显制度的生命力。任何制度如果没有坚决有效地执行都会变成一纸空文和形式摆设，“好的制度如果不抓落实，只是写在纸上、贴在墙上、锁在抽屉里，制度就会成为稻草人、纸老虎。”③要明确制度执行主体责任，多层级协同，形成共治合力。要做好制度执行的程序管控，确保制度治党的正确方向。要落实制度监管的效果测评，确保制度的权威性、有效性和可操作性。

---

① 《习近平关于全面从严治党论述摘编》，中央文献出版社2016年版，第105页。

② 《习近平关于全面从严治党论述摘编》，中央文献出版社2016年版，第199页。

③ 习近平:《做焦裕禄式的县委书记》，中央文献出版社2015年版，第59页。

（二）思想建党与制度治党的内在关联

习近平总书记强调："要使加强制度治党的过程成为加强思想建党的过程，也要使加强思想建党的过程成为加强制度治党的过程。"[①]这一重要论述充分揭示了思想建党与制度治党的辩证关系。二者互为条件、良性互动，思想建党是制度建党的内核与前提，制度治党是思想建党的支撑与保障。新形势下全面从严治党既要靠教育也要靠制度，要坚持思想建党和制度治党紧密结合，使加强制度治党的过程成为加强思想建党的过程，也要使加强思想建党的过程成为加强制度治党的过程，二者刚柔相济，同向同时发力。

一方面，思想建党是制度建党的基础。一则思想建党为制度建党提供方向指引。"一个政党要引导革命到胜利，必须依靠自己政治路线的正确和组织上的巩固。"[②]党之所以可以制定正确的政治路线，根本上就是不断加强思想建设。思想建党所蕴含的价值理念和意识观念为党的制度建设明确了方向，一旦弱化党的思想建设，漠视党的思想理论创新，党员思想就会涣散，不能真正践行党的宗旨，党组织建设就会停滞，组织力和战斗力大大下降，制度建党就会因此变成无源之水、无根之木。只有在马克思主义理论的正确指导下，才能确保党的制度的根本性质和价值指向，保证党的建设沿着正确的方向前行。二则思想建党关乎制度治党的内容优化。"党的建章立制，本质上是党的思想建设过程，意即将

① 《十八大以来重要文献选编》中，中央文献出版社 2016 年版，第 95 页。
② 《毛泽东选集》第 1 卷，人民出版社 1991 年版，第 303 页。

党的价值理念、思想理论、具体要求融入到制度建构之中。”[①]理论创新是思想建党的生命源泉，更是制度治党的精神土壤，思想的变动不仅直接影响制度内容的调整，更是确保制度治党始终处于正确航向、位于时代前列的科学指引。理论源于实践，中国共产党在百年历史征程中不断形成、变化、发展的理论成果充分作用于管党治党的全过程、全领域，成为实现国家治理体系和治理能力现代化的思想武器。党的理论在政治实践中日益丰富，成为制度执行的思想源泉和精神指南。三则思想建党制约制度建党的具体执行。制度执行离不开行为主体的思想觉悟，行为主体的思想觉悟水平直接决定着党的执政能力和水平。广大党员干部要以马克思主义理论武装头脑，坚定信念立场，增强政治意识、宗旨意识和组织观念，始终保持清醒的头脑，树立正确的世界观、人生观、价值观，强化党员、干部的信仰、信念和认同，继而将思想建党的作用转化成制度治党的力量，把制度优势转化为治理效能，不断激发思想建党的引擎力量，让制度治党真正落地，取得实实在在的治理成效。

另一方面，制度治党是思想建党的保障。一则党的思想建设以制度规范为载体。任何思想体系所蕴含的价值目标、共同意识只有以制度规定作为支撑并加以执行才能真正落到实处。思想建党本质上就是理论的建构和观念的内化，理论建构与观念内化不是“空对空”的思辨，而是“实打实”的贯彻。这种思想教育和理论武装需要具体的制度规范作为载体。可以说，“一个政党只有将其思想建设的成果、政党的价值理想转换成相应的制度规范，这个政党才谈得上是依据某种主义所组织起来的政

① 严华：《思想建党和制度治党协同推进——学习习近平全面从严治党思想》，《湖湘论坛》2018年第3期。

党。”[1]而只有将无形的理论、路线、方针和政策转化为有形的党章、准则、条例和规矩，才能确保党在学习制度、遵行规范中不断强化思想建党的政治意义与理论价值。二则制度规范为思想理论创新提供保障。理论源于实践，实践也需要理论加以指导。中国共产党作为中国特色社会主义事业的领导核心，只有在实践中不断强化理论创新，以与时俱进的思想观念武装头脑，以实事求是的政治觉悟勇担使命，才能顺应历史变化，引领时代发展。因此，必须建立有利于思想理论创新的科学评价体系、人才培养机制、政策咨询制度等，从而为党的理论创新提供制度支撑。三则制度规范有助于提升思想建设实效。思想教育的根本目的是要实现党纪党规的内化于心与外化于行。然而，面对党员个体间的差异性，仅仅依靠思想“软约束”无法保持思想教育的相对统一。与此同时，单纯依赖党员、干部的个人领悟、主观执行和自觉自律难以确保教育的有效性，尤其是面对丧失思想道德底线和政治觉悟意识的极少数人来说，教育无济于事。因此，通过制度化建设的“硬约束”规范党员的角色行为，对于背离思想建党的不合规行为和不到位现象予以惩戒，防止少数党员、干部突破制度、道德、法律底线，将思想影响力转化为制度约束力，以制度权威性确保思想建党的有效落实。

（三）思想建党与制度治党的融合推进

如前所述，思想建党与制度治党相辅相成、有机统一。如何做到刚柔并济，发挥二者同向发力、协同推进的集聚效应，直接关系到全面从

① 何腊生：《从严治党遵循的基本原则：坚持思想建党和制度治党紧密结合》，《思想理论教育导刊》2017 年第 7 期。

严治党的有效实施。“思想建党与制度建党的结合是思想基础、制度约束、目标引导、实践过程以及具体路径的有机统一，思想建党与制度建党要相互体现，相互融合，使各自的优越性在党的建设和执政实践中实现价值的最大化”①。

一是要以人民为中心，融合推进思想建党与制度治党。坚持以人民为中心，是全面从严治党的立足点和落脚点，是思想建党与制度治党同向同行的价值导向，要把以人民为中心的发展思想贯穿于思想建党与制度治党的实践全过程。首先，在深入推进思想建党的过程中，夯实马克思主义理论基础，加强马克思主义人民史观教育，积极引导广大党员干部学习贯彻落实习近平新时代中国特色社会主义思想，深入理解践行“为人民谋幸福，为中华民族谋复兴”的初心和使命，切实以思想建设为统领，以制度建设为杠杆，将党和人民群众紧紧联系在一起，攻坚克难、齐心协力，共同推进社会主义伟大事业蓬勃发展。其次，牢固树立宗旨意识，始终坚持党的群众路线。在统筹推进思想建党和制度治党的过程中，始终坚持同人民群众的血肉联系，以优良作风把人民紧紧凝聚在一起，在思想上将“权为民所用、情为民所系、利为民所谋”的执政理念内化于心，在制度上将“为人民服务”的宗旨意识以规范的形式外化于行，深刻领悟“时代是出卷人，我们是答卷人，人民是阅卷人”的内涵价值，真正深入群众的实践活动，始终立足于人民群众的本质要求，实现好、维护好、发展好最广大人民的根本利益。最后，及时回应人民诉求，充分发挥思想建党的激励引领作用以及制度建党的提升保障

① 郑士鹏：《论思想建党与制度建党的内在逻辑统一性》，《思想政治教育研究》2016 年第 1 期。

作用，使各自的优越性在党的思想教育和制度建设中实现价值最大化，充分彰显思想建党和制度建党的聚合效应，将以人民为中心的理念与党内问责、监督等一系列制度举措相结合，通过净化党风政风，使党在人民群众中的威信显著提高，培养一批具有坚定责任意识和担当意识的党员干部，提高其思想认识、政治站位和政治自觉，以凝聚全党智慧带动全体人民共同奋斗。

二是将实事求是贯穿思想建党和制度治党融合全过程。习近平总书记深刻指出：“实事求是，是马克思主义的根本观点，是中国共产党人认识世界、改造世界的根本要求，是我们党的基本思想方法、工作方法、领导方法。”[①]因此，首先要严格遵守求真务实的原则。要理论联系实际，一切从实际出发，主动探寻管党治党科学规律。要坚持问题导向，在开展全面从严治党的过程中，将正视、发现和解决关乎全局和长远发展的最突出问题作为立足点和着力点，面对思想不端不纯等问题，注重对症下药、靶向治疗，杜绝形式主义和官僚主义，决不允许搞不正之风，大力惩治腐败，净化党内政治生态。同时，要做到依法执政、依规办事。建立健全党内法规制度体系，用制度管事管权管人，以铁的纪律维护党中央权威，面对全体党员、干部做到立规矩、讲规矩、守规矩，要提高制度执行力，使制度、纪律真正成为带电的“高压线”，在解决党内突出问题的过程中实现思想建党和制度治党的有机融合，切实提升思想建党和制度治党同向发力的实效性。其次要遵循党建内在发展规律。善于认识和把握规律，按规律办事是马克思主义的基本特征和本质要求。习近平总书记强调：“从严治党有其自身规律，对我们这样一个老党大党

① 《习近平谈治国理政》第1卷，外文出版社2018年版，第25页。

来说，从严治党更有其自身规律。”[①]党在长期管党治党的过程中，积累了丰富的经验，并认识掌握了诸多规律，例如，坚定理想信念是管党治党的关键，明确思想建党和制度治党的内在统一性，依靠自身力量和人民群众的监督解决自身问题，落实全面从严治党主体责任等。在具体融合推进思想建党和制度治党的过程中，要按照规律办事，把思想引领与制度约束相融合，推进党的建设平稳有序运行。

三是将建立长效监督机制作为融合推进思想建党和制度治党的根本保障。监督是国家治理的重要方面，也是权力正确运行的根本保证。党的十九届四中全会对坚持和完善党和国家监督体系，强化对权力的制约和监督作出重要部署。习近平总书记指出：“长期以来，党内存在的一个突出问题，就是不愿监督、不敢监督、抵制监督等现象不同程度存在”[②]。因此，要建立健全长效监督机制，把“严”的主基调长期坚持下去，一以贯之坚持从严监督，规范精准问责，充分发挥监督在管党治党、治国理政中的重要作用。首先要强化党内监督。党内监督是党的建设的重要内容，也是全面从严治党的重要保障。加强党内监督是我们党永葆肌体健康的生命之源，推进自我革命，保证立党为公、执政为民，保持先进性与纯洁性的内在要求和重要手段。要及时将党的思想理论转化为明确的纪律规矩，以制度的强制力强化思想建党的作用，充分发挥思想建党的教育引领功能与制度治党的权力约束功能的合力效应，最大限度地保证党内政治生活的正常有序。其次要大力发挥民主监督。习近平总

① 《十八大以来重要文献选编》中，中央文献出版社 2016 年版，第 101—102 页。

② 《习近平关于全面从严治党论述摘编》，中央文献出版社 2016 年版，第 214 页。

书记指出："党内监督在党和国家各种监督形式中是最根本的、第一位的，但如果不同有关国家机关监督、民主党派监督、群众监督、舆论监督等结合起来，就不能形成监督合力。"[①]要自觉接受党外监督，尤其是群众监督，让广大党员干部在"阳光"下规范工作，对违规违纪等典型问题进行严肃处理，有效回应人民关切。着力发挥巡视监督功能，重点解决党的领导弱化、主体责任缺失、从严治党不力等问题。要积极听取群众反映的问题，"不以权势大而破规，不以问题小而姑息，不以违者众而放任"[②]，及时发现统筹推进思想建党和制度治党中的不协调、不适应的地方，纠正矛盾和偏差，确保各种监督更加规范、落到实处、见到成效，为严肃党内政治生活，营造协调发力、同向共进的思想建党和制度治党政治环境创造有利条件。

二、坚持使命引领和问题导向的统一

习近平总书记在十九届中央纪委二次会议上指出，全面从严治党"要坚持使命引领和问题导向相统一，既要立足当前、直面问题，在解决人民群众最不满意的问题上下功夫；又要着眼未来、登高望远，在加强统筹谋划、强化顶层设计上着力"[③]。问题是时代的声音，人心是最大的

---

① 《习近平关于全面从严治党论述摘编》，中央文献出版社2016年版，第217页。

② 《习近平关于全面从严治党论述摘编》，中央文献出版社2016年版，第205页。

③ 《习近平在十九届中央纪委二次全会上发表重要讲话强调　全面贯彻落实党的十九大精神　以永远在路上的执着把从严治党引向深入》，2018年1月12日《人民日报》。

政治。党的十八大以来，以习近平同志为核心的党中央推动党和国家事业发展取得了全方位、开创性的历史性成就，“解决了许多长期想解决而没有解决的难题，办成了许多过去想办而没有办成的大事”[①]；同时也促进经济社会发展实现了深层次、根本性的历史性变革，改革开放的四梁八柱已经建构，重点领域和关键环节的改革取得突破性进展，党风、政风、民风发生根本性变化。全面从严治党之所以取得显著成效，以党风促政风、民风的变革之所以能够实现，与坚持使命引领和问题导向相统一是分不开的。

（一）使命引领与问题导向的理论内涵

坚持使命引领是深入推进全面从严治党的重要举措，更是社会主义现代化建设迈向新征程的精神指南。党的十九大报告中明确指出，“中国共产党人的初心和使命，就是为中国人民谋幸福，为中华民族谋复兴。这个初心和使命是激励中国共产党人不断前进的根本动力”[②]。不忘初心、牢记使命彰显了中国共产党人的价值取向和宝贵品质，是我们党不变的信念。面对错综复杂的国内外形势，党中央总揽全局、运筹帷幄，站在新的历史方位谋发展、谋复兴、谋幸福，带领广大党员、干部在应对重大挑战、抵御重大风险、克服重大阻力、解决重大矛盾中冲锋在前、迎难而上，始终保持昂扬向上的精神风貌和立党为公、执政为民的政治定力，更加坚定进行伟大斗争、建设伟大工程、推进伟大事业、实现伟大

① 习近平：《决胜全面建成小康社会　夺取新时代中国特色社会主义伟大胜利》，人民出版社 2017 年版，第 8 页。

② 习近平：《决胜全面建成小康社会　夺取新时代中国特色社会主义伟大胜利》，人民出版社 2017 年版，第 1 页。

梦想的信心和决心，在实现中华民族伟大复兴的追梦路上蹄疾步稳。使命呼唤担当。近代中国的百年奋斗征程见证了中国共产党由弱小走向强大，中华民族由站起来到富起来再到强起来的历史性飞跃。正如马克思、恩格斯在《共产党宣言》所指出的："过去的一切运动都是少数人的，或者为少数人谋利益的运动。无产阶级的运动是绝大多数人的，为绝大多数人谋利益的独立的运动。"[①]中国共产党一经成立，就将"全心全意为人民服务"镌刻在自己的旗帜上，明确了自己的价值追求和价值理想，无论遇到任何艰难险阻，我们党都初心不改、矢志不渝，团结带领广大人民群众攻克一个又一个难关，夺取一个又一个胜利。使命引领未来。习近平总书记指出："实现中国梦必须凝聚中国力量。这就是中国各族人民大团结的力量。"[②]践行初心使命是党在伟大斗争实践中积淀的政治智慧和力量源泉，它像一盏明灯，指引无数共产党人奋勇前进，以涓滴之力汇聚磅礴伟力，这种无比强大的精神力量一旦形成必将成为中华民族复兴之路上的胜利之本，激励人心、引领未来。也只有在实现中华民族伟大复兴中国梦的历史使命的指引下，我们党才能始终走在时代前列，以巨大的政治勇气和强烈的责任担当，带领广大人民不断创造美好生活，在实现全面建设社会主义现代化强国的征程中披荆斩棘、破浪远航，最终实现全体人民共同富裕。

坚持问题导向是新时代全面从严治党的必然要求。马克思指出："问题是时代的格言，是表现时代自己内心状态的最实际的呼声。"[③]只有通

① 《马克思恩格斯选集》第1卷，人民出版社2012年版，第411页。

② 习近平：《在第十二届全国人民代表大会第一次会议上的讲话》，人民出版社2013年版，第4页。

③ 《马克思恩格斯全集》第1卷，人民出版社1995年版，第203页。

过问题意识把握时代之音，才能展现理论创新与实践创造的深刻内涵。“问题导向”是以正视问题、分析问题和解决问题为导向的，它突出理论联系实际，在实践中解决问题。问题是矛盾的外在表现形式，矛盾是事物本质的内在规定，抓住了问题就抓住了矛盾，解决了问题就解决了矛盾。新时代我国社会主要矛盾是人民日益增长的美好生活需要和不平衡不充分的发展之间的矛盾。这是最核心、最根本的问题。解决得好坏，将直接关乎党的执政根基、关乎民心所向、关乎社会稳定。习近平总书记指出：“全党要坚持问题导向，保持战略定力，推动全面从严治党向纵深发展”[①]。从某种意义上来说，这就是要求广大党员、干部在全面从严治党的过程中善于把认识和化解矛盾作为自己工作的突破口，要敢于直面问题，不回避、不推诿、不掩饰，要鼓励群众讲真话、提意见，让问题体现得更加充分。推进全面从严治党，就是要以科学的方法论为指导，用联系、全面、发展的观点看问题，以刀刃向内的勇气和自我革命的决心“刮骨疗毒”；要注重从具体问题、现实问题着手，“从细处入手，向实处着力，一环紧着一环拧，一锤接着一锤敲，才能积小胜为大胜”[②]；要分清主次，对制约发展的深层次问题和人民关心的“老大难”问题进行调查梳理，做好问题排序，明确重点改革的方向；要建立行之有效的效果评价标准和考评机制，始终以群众满不满意、高不高兴、答不答应为出发点和落脚点，以实实在在的改革成效取信于民。党的十八大以来，“问题导向”在管党治党实践中发挥了十分重要的作用，面对“四大

① 《习近平谈治国理政》第2卷，外文出版社2017年版，第64页。

② 郝永平、黄相怀：《天下为公：中国共产党与新时代中国特色社会主义》，人民出版社2018年版，第268页。

考验”和“四种风险”，我们党始终保持战略定力，不断提升把握政治大局、辨明政治是非、防范政治风险的素质能力，“坚定不移推进全面从严治党，着力解决人民群众反映最强烈、对党的执政基础威胁最大的突出问题，形成了反腐败斗争压倒性态势”[①]。新形势下，面对党内少数党员干部存在的“七个有之”等突出问题，要更加注重主体责任，增强斗争精神，强化政治担当，敢于亮剑、善于斗争；要始终坚持“靶向治疗”“对症下药”，找准问题的症结所在，找到解决问题的方法，有效整治突出问题，以强有力的政治决心和攻坚克难的斗争精神推动全面从严治党向纵深发展。

（二）使命引领与问题导向的内在关联

实现中华民族伟大复兴的中国梦是中国共产党的历史使命。在面对建设、改革发展中的任何艰难险阻时，我们党始终保持初心不改、使命不变、道路不偏、旗帜不倒，团结带领全国各族人民英勇奋战，夺取了中国特色社会主义事业的伟大胜利，谱写了人类发展史上的壮丽史诗。使命是历史和人民赋予的强大动力，也是指引接续奋斗的方向，只有牢固树立崇高的使命感，才能鼓足勇气直面问题，最终从根本上解决问题；问题是时代的呼唤，只有坚持问题导向意识，才能更好践行自身的艰巨使命，继而逐步实践发展愿景。可以说，没有崇高的使命感，解决问题就会缺失价值导向；没有精准的问题导向，践行使命就会失去动力源泉。

一方面，使命引领是解决问题的方向盘和指南针。实现人民幸福、民族复兴，是近代以来中华民族最伟大的梦想，是激励中华儿女砥砺前

---

① 《习近平谈治国理政》第2卷，外文出版社2017年版，第61页。

行、奋发有为的精神旗帜，是中华民族团结奋斗的最大公约数和最大同心圆。坚定使命就是要时刻与人民群众心连心、同呼吸、共命运，牢记人民对美好生活的向往就是我们的奋斗目标，必须时刻站在人民立场上想事情、看问题、做决策、尽职责，要倾听群众声音，反映群众诉求，真心实意地实现好、维护好、发展好最广大人民的根本利益。面对人民群众对美好生活的新期待新要求，我们党要有清醒的认识，尤其在关系百姓切身利益，事关社会民生福祉的重要领域找问题、查不足，以务实之举增强人民群众获得感、幸福感、安全感。崇高的使命感使得广大党员、干部时刻谨记党和人民的重托，提高从严治党、利国利民的思想自觉、政治自觉、行动自觉，迎难而上、攻坚克难，坚定不移做党和人民忠诚卫士，切实把初心使命落实到为人民群众解忧解困解难上。可以说，我们党的紧迫感越强，发现问题的敏锐性就越高，越是能够从错综复杂的社会现象中找到民众最关心的问题，善于在调查研究中发现问题、在改革发展实践中发现问题、在总结经验教训中发现问题，能够以求真务实的态度，精准把握问题的主要矛盾和矛盾的主要方面；我们党的责任感越强，直面问题的精气神就越足，就越是敢于揭露问题，主动回应问题，做到刀刃向内，不惧管党治党中的各种深层次问题，不断警醒自己；“守初心、担使命、找差距、抓落实”，不断夯实长期执政的基础，用当代中国马克思主义的立场、观点和方法来观察问题，扎扎实实推进新时代党的自我革命；我们党的使命感越强，解决问题的满意度就越高，越是能够在推进全面从严治党、提升党的执政能力和领导水平过程中，确保群众的利益得到进一步彰显和维护，获得人民的认同、支持与拥护，从而引导广大人民群众坚定“四个自信”，增强“四个意识”，做到“两个维护”，自觉在思想上、政治上和行动上与党中央保持一致，带领广大人民群众在实现中国梦的道路上克服险阻，以饱满的精神状态和坚忍不拔的意志，推动社会主义事业持续健康发展。

另一方面，解决问题是使命担当的试金石，为践行使命提供动力。解决问题不仅仅体现在人民群众关心的社会民生问题，同样包括我们党内存在的一些突出问题。“全心全意为人民服务”从来不是一句空话、套话、大话，它以倾听人民的声音，满足人民的诉求，真正为群众办实事、解难事、做好事为标准。习近平总书记指出：“中国共产党坚持执政为民，人民对美好生活的向往就是我们的奋斗目标。我的执政理念，概括起来说就是：为人民服务，担当起该担当的责任。”[①]中国共产党以解决人民群众最关心最直接最现实的利益问题为根本目的，面对面、心贴心、实打实地做好群众工作，在就业、养老、住房、医疗、教育、食品安全、环境保护等公共领域不断提升服务水平和质量，让改革的成果惠及更多群众，让人民生活更加幸福美满，继而在共建共享中不断增强人民群众的获得感。可以说，我们党干革命、搞建设、抓改革，根本上就是为了让人民过上幸福生活。解决与老百姓息息相关的问题的满意度越高，就越能将使命践行落实到位，越能体现我们党的责任担当。判断广大党员、干部的使命感有多强，决不能只听报告做得有多长，活动办得有多大，口号喊得有多响，而是要看其为群众解决了多少急难愁盼问题。与此同时，党自身要将“改”字贯穿始终，牢牢把握“守初心、担使命，找差距、抓落实”总要求，着力解决思想根子问题、精神状态问题、工作创新问题以及深化改革问题。习近平总书记指出：“不明确责任，不落

① 《习近平谈治国理政》第1卷，外文出版社2018年版，第101页。

实责任，不追究责任，从严治党是做不到的。”[①]因此，充分发挥主体责任，就是要强化党性修养教育、夯实信念、砥砺品格，践行以人民为中心的发展理念，以作风正党风，以党风赢民心。要努力培养党和人民需要的好干部，“忠诚于人民，以人民忧乐为忧乐，以人民甘苦为甘苦”[②]，为了人民事业敢想、敢做、敢当，做时代的劲草、真金。在全面从严治党的过程中更好解决人民群众关心的问题，正是我们党使命感不断增强和提升的过程，广大党员、干部越是在艰难险阻面前带着责任冲、迎着困难上，就越能赢得群众的尊重与称赞，其自豪感和责任感就会油然而生，完成使命的动力就会愈加充足，取得的成效就会越发显著。

（三）使命引领与问题导向的有机结合

坚持使命引领与问题导向相统一是对全面从严治党又一重要规律的辩证把握。使命引领是我们党对国家富强、民族振兴、人民幸福这一“高线”的努力追求和实现，问题导向是我们党对着力补齐的“短板”和力争守住的“底线”的努力坚持和奋斗。我们既放眼未来、登高望远，在顶层设计上持续发力，又立足当前、直面问题，在老百姓最不满意的问题上下功夫。我们既要坚持高标准，同时也应该严要求，尤其要敢于直面重大风险考验，敢于向党内存在的突出问题亮剑，以“滴水穿石”“壮士断腕”的决心和毅力正风肃纪，反腐惩恶，坚持无禁区、全覆盖、零容忍，做到抓铁有痕、踏石留印，营造风清气正的政治生态，为

① 《习近平关于全面从严治党论述摘编》，中央文献出版社 2016 年版，第 224 页。

② 《习近平关于全面从严治党论述摘编》，中央文献出版社 2016 年版，第 122 页。

党的建设与发展不断开创新局面。

一是着眼未来与立足当下的有机结合。使命面向未来，问题直指当下。实现使命引领和问题导向的有机结合，需要明确未来与当下的辩证统一关系。未来发展建立在当下建设的基础上，当下改革以未来目标为奋斗方向，二者缺一不可、相辅相成。未来发展的目标越明确，当下具体实践的路径也就越清晰；越是脚踏实地、只争朝夕，以实际行动推动国家进步，就越接近实现中华民族伟大复兴这一宏伟目标。中国共产党从来就没有自己的特殊利益，“他们没有任何同整个无产阶级的利益不同的利益”[①]。中国共产党自诞生之日起，就把实现社会主义、共产主义鲜明地写在自己旗帜上，作为矢志不渝追求的崇高目标和远大理想。随着中国特色社会主义进入新时代，全面建设社会主义现代化强国的蓝图已经绘就。广大人民群众对于美好生活的新需求成为我们党奋斗征程上的新航标，它指引这艘时代航母乘风破浪、踏浪而行。与此同时，我们也要清醒地认识到，“社会主义是干出来的”[②]，今天的中国所取得的社会主义建设、改革与发展成就不可能从理论逻辑中推演出来，而是党带领人民在年复一年、日复一日的顽强拼搏中奋斗出来的。“新时代也是干出来的”[③]，但实现中华民族伟大复兴绝不是轻轻松松、敲锣打鼓就能实现的，也从来不是在风平浪静中凭空构想出来的，而是在风险磨难、严峻考验中一步一步变成现实。正如习近平总书记指出：“落后就要挨打，贫穷就要挨饿，失语就要挨骂。形象地讲，长期以来，我们党带领人民就是要

---

① 《共产党宣言》，人民出版社 2018 年版，第 41 页。

② 《习近平扶贫论述摘编》，中央文献出版社 2018 年版，第 122 页。

③ 《习近平出席开通仪式并宣布港珠澳大桥正式开通》，2018 年 10 月 24 日《人民日报》。

不断解决'挨打'、'挨饿'、'挨骂'这三大问题。"[①]新的历史时期，一方面，我国社会的主要矛盾已经发生转化，对党的领导能力和执政方式提出了更高的要求：一要提高运用新发展理念统领发展全局的能力；二要提升依法执政的能力；三要提升学习人类文明有益成果的能力，这些都是当下我们党的重大政治任务。另一方面，新时代党的执政环境更加复杂，这就要求我们的党员干部要始终保持政治定力，掌握战略思维、创新思维、辩证思维、法治思维、底线思维，从而更加科学地认识、分析、解决问题。

二是坚守主义与解决问题的有机结合。中国共产党成立后，之所以能够在28年的革命斗争中取得最终胜利，建立新中国，带领中国人民实现了由封建专制向人民民主的历史性跨越；又经过"三大改造"建立起了社会主义基本制度，经过改革开放确立了中国特色社会主义制度，实现了中华民族由被动挨打、不断衰落到独立自主、持续走向强盛的伟大飞跃，其根本就在于我们党始终坚持以马克思主义为指导来解决前进道路上的问题。新时代，我们党坚持以习近平新时代中国特色社会主义思想为指导，就是对于马克思主义最新理论成果的贯彻与落实。实践证明，只有把马克思主义同中国具体实践结合起来，同中华优秀传统文化结合起来，坚持中国共产党的领导，才能解决好"走什么路"的问题，才能保证道路不偏、旗帜不改、颜色不变，才能在危机中育新机，于变局中开新局。党的十九大报告清晰擘画全面建成社会主义现代化强国的任务书、时间表和路线图，为我们党领导中国特色社会主义事业发展指明了

① 习近平：《在全国党校工作会议上的讲话》，人民出版社2016年版，第20页。

方向。东西南北中，党政军民学，党是领导一切的，是实现中华民族伟大复兴的根本保证。在全面建成社会主义现代化强国的伟大征程中，已有的历史性成就和历史性变革，进一步鼓舞和激励全党全国各族人民增强“四个意识”、坚定“四个自信”、做到“两个维护”。但是，全面从严治党并非一劳永逸，即使是旧的问题解决了，也会出现新的问题，特别是要在长期警惕“四大考验”“四种危险”等传统考验的基础上，探索智能时代的新型挑战问题。这就需要我们不断严肃党内政治生活，“要坚持和发扬实事求是、理论联系实际、密切联系群众、开展批评和自我批评、坚持民主集中制等优良传统”[①]，“把爱党、忧党、兴党、护党落实到工作生活各个环节，敢于同形形色色违反党内政治生活原则和制度的现象作斗争”[②]，要认真贯彻新时代党的建设总要求，坚决同一切影响党的先进性、弱化党的纯洁性的问题作坚决斗争，筑牢信仰之基、补足精神之钙、把稳思想之舵，要始终将人民利益放在中心位置，与人民同甘共苦，与人民团结奋斗，努力“把党建设成为始终走在时代前列、人民衷心拥护、勇于自我革命、经得起各种风浪考验、朝气蓬勃的马克思主义执政党。”[③]

三是远大目标与实现路径的有机结合。目标是前进的指南。中国共产党是担负民族复兴大任的使命型政党。解放全人类、实现共产主

---

① 《习近平关于全面从严治党论述摘编》，中央文献出版社 2016 年版，第 32 页。

② 《习近平关于全面从严治党论述摘编》，中央文献出版社 2016 年版，第 33 页。

③ 习近平：《决胜全面建成小康社会　夺取新时代中国特色社会主义伟大胜利》，人民出版社 2017 年版，第 62 页。

义是我们党的远大奋斗目标，也是激励一代又一代中国共产党人前赴后继、英勇奋斗的根本动力。习近平总书记指出："党的初心和使命是党的性质宗旨、理想信念、奋斗目标的集中体现"①。中国共产党一经成立，就把实现共产主义作为党的最高理想和最终目标，并义无反顾地为实现中华民族伟大复兴和维护世界和平稳定而斗争。无论是为中华民族自身独立、富强而奋起，还是为反对霸权主义、维护世界和平而战；无论是新中国成立初期援助非洲等还是新时代推动"一带一路"和人类命运共同体，中国共产党始终为中国人民和世界人民谋利益。但是，实现共产主义需要一个漫长的历史时期，为此我们需要确定"路线图"、制定"任务书"、绘好"时间表"，要结合各个时期的形势、任务，制定出各个阶段的路线、方针、政策，脚踏实地、撸起袖子加油干。可以说，我们想问题办事情，必须立足实际，以当下正在发生正在进行的事情为中心，但如果我们丢失了共产党人的远大目标，就会迷失方向，变成功利主义、实用主义者。脱离实际的理想主义固然不对，但符合历史发展规律，顺应历史发展趋势的理想却不容丢弃。与此同时，我们也必须明白，空谈误国，实干兴邦。使命引领不是离开现实工作的空谈，坚持问题导向必须结合工作实际。我们既要志存高远，更要脚踏实地地为实现现阶段的目标，扎扎实实地做好每一项工作。习近平新时代中国特色社会主义思想以"十个明确"和"十四个坚持"为核心内容，对新时代坚持和发展什么样的中国特色社会主义、怎样坚持和发展中国特色社会主义，建设什么样的社会主义现代化强国、怎样建设社会主义现代化强国，建设什么样的长期执政的马克思主义政党、怎样建设长期执政的

① 《十九大以来重要文献选编》中，中央文献出版社2021年版，第376页。

马克思主义政党作出了科学的回答，这既是中国共产党人不忘初心、牢记使命的鲜明表达，也是我们党带领人民实现中华民族伟大复兴远大目标的有效路径。只有将党的领导落实到国家治理各领域各方面各环节，才能毫无畏惧地面对社会主义现代化建设中的一切艰难险阻与问题挑战，才能着力解决全面从严治党标准不高、措施不细、落实不力的问题，真正做到着眼未来、高瞻远瞩，立足当前、直面问题，实现使命引领和问题导向的有机统一。

三、坚持抓“关键少数”和管“绝大多数”的统一

习近平总书记强调，全面从严治党“要坚持抓‘关键少数’和管‘绝大多数’相统一，既对广大党员提出普遍性要求，又对‘关键少数’特别是高级干部提出更高更严的标准，进行更严的管理和监督”[①]。这是对我国长期从严治党工作经验的科学总结，正确处理了领导干部和广大党员的辩证关系，为新时代深化党的自我革命提供了根本遵循，指明了前行道路。全面从严治党既要在“全面”上下功夫，发挥每一名共产党员的先锋模范作用，每一个党组织的战斗堡垒作用，更要注意把握重点，发挥“关键少数”以上率下的“领头羊”功能。二者相辅相成、缺一不可，为营造良好政治生态，强化党员政治觉悟，增强全党的凝聚力、战斗力和向心力提供了科学遵循。

① 《习近平在十九届中央纪委二次全会上发表重要讲话强调　全面贯彻落实党的十九大精神以永远在路上的执着把从严治党引向深入》，2018 年 1 月 12 日《人民日报》。

（一）“关键少数”与“绝大多数”的理论内涵

坚持全面从严治党，首先要落实主体责任。落实主体责任，“关键少数”是关键。习近平总书记指出：“从严治党，关键是要抓住领导干部这个‘关键少数’，从严管好各级领导干部。”[①]“关键少数”是对党的领导骨干，尤其是党政一把手的形象称谓，他们人数虽少，但是处于关键岗位、关键环节，“他们既是宣传和执行党和国家大政方针政策的中坚分子，又是推进中国特色社会主义事业发展的骨干力量”[②]，在党和国家的建设与发展过程中扮演着十分重要的角色。2020 年 3 月中共中央办公厅印发的《党委（党组）落实全面从严治党主体责任规定》，对“关键少数”的责任内容、落实与监督提出了更为明确的要求，要增强落实全面从严治党责任的自觉和能力，在全面从严治党中发挥示范表率作用。也正是从“关键少数”抓起，才使得管党治党失之于宽、失之于松、失之于软的问题得到有效解决。领导干部作为“关键少数”，既是全面从严治党的对象，也是全面从严治党的主体。一方面，抓好“关键少数”，就是抓住了从严治党的“牛鼻子”，就能发挥党员领导干部以上率下、以点带面的统领功能。古语云：上不信，则无以使下；上失其位，则下逾其节。倘若领导干部的理想信念动摇，宗旨意识淡薄，就无法引领他人、带动他人，就会“上梁不正下梁歪”。只有成为标杆、成为旗帜，真正担负起第一责任人的使命，做到修身律己、敢抓敢管，才能使全面从严

---

① 《习近平关于全面从严治党论述摘编》，中央文献出版社 2016 年版，第 138 页。

② 何旗：《习近平关于从严监督“关键少数”重要论述的科学意蕴》，《行政论坛》2021 年第 1 期。

治党真正向纵深发展。另一方面，“关键少数”位高权重，一旦出现问题，对党的形象损坏更大。因此，各级党组织既要做到自省自查，“把对党组织的管理和监督、对党员干部特别是领导干部的管理和监督、对党内政治生活的管理和监督在标准上严格起来，在内容上系统起来，在措施上完善起来，在环节上衔接起来”①，要以更加严格的标准要求干部，更加严格的措施管理干部，更加严格的纪律约束干部，使其做到心中有党、心中有民、心中有责、心中有戒。同时也要加强教育引导和坚持正面倡导，让领导干部自觉用“信念坚定、为民服务、勤政务实、敢于担当、清正廉洁”②的好干部标准严格要求自己，以身作则、以上率下，真正做政治上的明白人、落实上的带头人。

坚持全面从严治党，每一名党员都责无旁贷。充分发挥“关键少数”的带头作用，目的就是要带动“绝大多数”，凝聚管党治党的强大力量。广大党员要清醒地认识到“一花独放不是春，百花齐放春满园”，全面从严治党是一个目标明确、全面系统的工程，我们不仅要强调“从严”，也要着眼“全面”，要从全局高度和全方位广度有序推进管党治党。如何管好“绝大多数”？“要把纪律建设摆在更加突出位置，坚持纪严于法、纪在法前，把纪律和规矩挺在前面”③，每一名党员都要坚定党员意识和党员自觉，时刻用党员身份警醒自己，用党章、党规规范言行，在任何

① 《习近平关于全面从严治党论述摘编》，中央文献出版社 2016 年版，第 228 页。

② 《习近平关于全面从严治党论述摘编》，中央文献出版社 2016 年版，第 122 页。

③ 中共中央宣传部编：《习近平新时代中国特色社会主义思想学习纲要》，学习出版社、人民出版社 2019 年版，第 235 页。

条件下都讲政治，做到压力之下不妥协、诱惑面前不变质、考验时刻能担责。要坚持在党纪面前一律平等，对违反党纪的党组织和党员必须严肃、公正执行纪律，不允许有任何不受纪律约束的党组织和党员，使全面从严治党真正做到无禁区、全覆盖、零容忍。每一名党员都是党的肌体细胞，如果不把“绝大多数”普通党员管好抓好，有着 9800 多万名党员的中国共产党就会根基不稳，反过来会影响“关键少数”。每一名党员又是党的“形象大使”，人民群众往往是通过自己身边党员的表现来了解一个党、认识一个党，从而选择自己的政治信仰和政治立场。因此，在新时期，要巩固党的执政基础和执政地位，保持党的先进性和纯洁性，就必须规范每一名党员的言行，不断加强党的作风建设。可以说，每一名党员都不是旁观者，也不仅仅是监督者，而是中国特色社会主义事业的坚定拥护者和忠实践行者，是党的建设与发展事业的重要参与者和积极贡献者。古人云：“见贤思齐焉，见不贤而内自省也。”“绝大多数”普通党员要时刻保持清醒的头脑，践行看齐的行动，做到时时对标、处处对标、事事对标，要认真反思和严格剖析自身存在的差距，做到对症下药、立行立改。广大党员要始终坚持党的原则第一、党的事业第一、人民利益第一，保持能闯能拼、敢做敢当的精神状态，以“时代劲草、真金”的觉悟担当干在实处、走在前列。要进一步坚定理想信念、强化党性修养，以一名合格党员的标准严格要求自己，时刻自重自省自警自励，真正在群众中起到先锋表率带头作用，成为党和人民信得过、靠得住、能放心的人民公仆。

（二）抓“关键少数”与管“绝大多数”的辩证关系

“关键少数”是各级党组织的灵魂和核心，抓住“关键少数”就抓住了“牛鼻子”，就可以带动“绝大多数”。“绝大多数”是各级党组织的细胞，管住了“绝大多数”就强健了党的肌体，就能够鞭策“关键少数”。“关键少数”是“绝大多数”中的“关键少数”，而不是凌驾于“绝大多数”之上或者游离于“绝大多数”之外的“关键少数”，是能够指引广大党员勠力同心、奋勇前进的“先锋者”“排头兵”。“绝大多数”是包含“关键少数”的“绝大多数”，而不忽视“关键少数”的“绝大多数”，是能够培育和激励“关键少数”的人民资源和实践沃土。正确厘清二者之间的关系就是要准确把握“两点论”和“重点论”的辩证统一，力求做到全面性，又要抓住重点，力求做到纲举目张、统筹兼顾。

一方面，抓住“关键少数”能够更好带动“绝大多数”，起到上行下效、引领全局的效果。历史和现实告诉我们，解决中国的问题，关键在党；解决党自身的问题，关键在党的领导干部这个“关键少数”。领导干部是党的事业的组织者、实施者、指导者，是党员群体中的优秀代表，是管好班子、带好队伍，将全面从严治党引向深入的关键群体。他们代表着最广大人民的根本利益，始终用人民赋予的权力服务人民，正是因为领导干部始终坚持权为民所用、情为民所系、利为民所谋，冲在前、干在先，才能真正做到以上率下，赢得“绝大多数”党员的认可与支持，才能影响和带动千千万万的党员同志恪尽职守，勤于政事，甘为孺子牛、拓荒牛、老黄牛，时刻将百姓的冷暖安危记挂在心间，努力为人民群众谋福祉，做好人民贴身勤务员。领导干部同时也是党在某个行业、领域、地区的骨干标兵，其一言一行影响着其他党员，与所有党员一起代表着党的形象。“领导干部以嘉言懿行率先垂范，开好头、立标杆，形成强大的引领榜样力量，发挥‘向我看齐’的定向标作用，就能引领整个社会形成良善的道德风尚，彰显社会主义核心价值观的独特魅力。”[①]领导干部只有经常反躬自省，常问是否坚持党性，是否务实清廉、是否敢于担当，是否为民服务，是否带头增强“四个意识”、坚定“四个自信”、做到“两个维护”，才能准确查摆问题，及时改正不足，有力提升自己，继而带动“绝大多数”党员做好先锋表率。习近平总书记强调“新知识”“新本领”“新领域”“新视野”，就是对领导干部提出的更高要求，全党同志尤其是党员领导干部要以时不我待的紧迫感，一刻不停地增强本领。领导干部只有练就过硬本领，做到信念过硬、政治过硬、责任过硬、能力过硬和作风过硬，才能担当时代重任，继而让“绝大多数”信服、支持和跟随。“人不率则不从，身不先则不信。”[②]只有紧紧抓住领导干部这个“关键少数”，才能起到上行下效、一呼百应的效果，带动和领导全党严肃党内政治生活，净化党内政治生态，提高党内政治生活质量，凝聚起全面从严治党的强大正能量。

另一方面，管好“绝大多数”有利于为未来选拔“关键少数”正本清源，同时以强大合力推动“关键少数”发挥好带头示范作用。如果说“关键少数”是领航者，那么“绝大多数”就是主力军。如果说“关键少数”是枝干，那么“绝大多数”就是绿叶。我们党是一个拥有9800多万名党员的政党，每一名党员都是“高楼大厦”的一砖一瓦，党的健康发展不仅需要“关键少数”，更需要“绝大多数”。要让中国共产党成为“一块整钢”，成为中华民族坚强有力的战斗堡垒，不仅需要用纪律抓好“关键少数”，更要用规矩管好“绝大多数”。如前所述，“关键少数”并不是凌驾

① 尹旦萍：《全面从严治党要抓住领导干部这个“关键少数”》，《中南民族大学学报》2016年第6期。

② 《习近平关于力戒形式主义官僚主义重要论述选编》，中央文献出版社2020年版，第16页。

于或者游离于“绝人多数”之外的特殊群体，他们是“绝人多数”党员中的优秀代表，是这支队伍的“领头雁”“排头兵”。“关键少数”产生于“绝大多数”，管住广大党员这个“绝大多数”，才能保持良好的氛围和环境，“绝大多数”的政治生态好，才能孕育担负领导重任的“关键少数”；“绝大多数”的整体质量高，才能保证“关键少数”发挥应有作用。因此，管好、用好“绝大多数”，让“绝大多数”成为政策明白人、思想宣传人、先进引领人，发挥典型带动作用，能够确保这支队伍的先进性和纯洁性。也只有这支队伍初心不改、立场不变、信念不摇，我们才能真正把对党忠诚、个人干净、敢于担当的优秀干部选拔出来。与此同时，“关键少数”带头示范作用的发挥效果，还取决于“绝大多数”能否见贤思齐、紧紧跟随。首先，“绝大多数”党员要学深党的纪律、吃透政治规矩，内化于心、外化于行，学以践之、知行合一，成为党的建设中的健康助力，不断推动党的各项事业健康发展；其次，“绝大多数”党员要深刻领会上行下效的精神实质和深刻内涵，忠诚于党的使命、树立党员形象，发挥“肌体细胞”的表率功能，将群众身边事作为工作的出发点和落脚点，在自己的工作领域当好“发动机”“催化剂”，带领广大群众一心一意谋发展，心无旁骛抓落实，在担当中披荆斩棘、建功立业；最后，“绝大多数”党员要拧成一股绳、铆足一股劲，心往一处想，劲往一处使。“千人同心，则得千人之力；万人异心，则无一人之用。”[①]党员队伍越是庞大，就越要朝着勠力同心的目标前进，唯有让党员带头立标杆，成为广大群众的“黏合剂”，才能最大限度地调动广大党员的积极性、主动性和创造性，从而凝聚出气势磅礴的工作动力，推进社会主义事业向前迈进。

---

① 《淮南子·兵略训》。

（三）“关键少数”与“绝大多数”的有机统一

习近平总书记在十九届中央纪律检查委员第二次全体会议上总结了管党治党的“八条经验”，“坚持抓‘关键少数’和管好‘绝大多数’相统一”是其中一条。这条经验，既抓住了重头，也管住了大头；既看到了“树木”，也看到了“森林”，必须“长期坚持、不断深化”。

第一，坚定理想信念，充分发挥干部的模范带头作用，以带动党员及广大群众。全面从严治党能否落实到位，关键在于主体责任这个“牛鼻子”抓没抓住。“关键少数”担负关键责任，坚持抓“关键少数”，就是要紧紧扭住党员领导干部这个关键。全面从严治党，每一个共产党员都有自身的责任与要求。抓“关键少数”和管“绝大多数”相统一才能实现“全面”和“从严”。充分发挥“关键少数”的关键作用，目的就是要带动“绝大多数”，汇聚管党治党的强大力量。首先，党员领导干部要给自己画红线、定边界，做到心中有畏、有戒、有止，严格按规矩办事，不逾矩、不越线，任何时候任何情况下都与党中央思想上同心同向、行动上步调一致。其次，各级领导班子集体责任要落实到位，党委（党组）书记第一责任要落实到位，班子成员的“一岗双责”要落实到位。最后，领导干部要当好“领头雁”，就必须以更高更严的标准要求自己。同时，除了党员干部，各广大党员更要清醒地认识到，全面从严治党是“普遍性要求”，不仅强调“从严”，也着眼于“全面”。每一位党员都要时刻在群众中起到表率带头作用，使得党中央的决策和部署在最大范围和最大限度上得到坚决贯彻和落实。

第二，加强作风建设，全体党员都要做严明政治纪律、政治规矩的“排头兵”。“我们党是靠革命理想和铁的纪律组织起来的马克思主义政党，纪律严明是党的光荣传统和独特优势。”[①]纪律是刚性约束，而“严明党的纪律，首要的就是严明政治纪律。党的纪律是多方面的，但政治纪律是最重要、最根本、最关键的纪律，遵守党的政治纪律是遵守党的全部纪律的重要基础。”[②]相比较于一般党员和群众而言，党员领导干部在遵守党规党纪上应该有更强的意识、更高的自觉、更重的责任和更大的担当。落实全面从严治党总体要求，党员领导干部要当好“三个排头兵”：一是当好“五个必须”的排头兵，遵守政治纪律和政治规矩，在思想上政治上行动上同党中央保持高度一致；二是当好严肃党内政治生活的排头兵，贯彻落实民主集中制原则，善于批评和自我批评，积极参加并带头过好党内组织生活；三是当好持续深入改进作风的排头兵，努力实现作风建设的常态化、规范化、长效化。

第三，加强党员教育，提高党员干部的队伍建设水平，提升党的建设质量。习近平总书记指出：“增强本领就要加强学习，既把学到的知识运用于实践，又在实践中增长解决问题的新本领。”[③]这就要求各级党员领导干部在学习中不仅要突出政治标准，也要注重专业知识、专业能力、专业作风、专业精神的统一。不仅要学深、弄通习近平新时代中国特色社会主义思想，更要学以致用，在“做实”上下功夫，真正使之指导和引领我们各项工作不断创新发展。所以，带动“绝大多数”，不仅要求各级党员干

① 《习近平关于全面从严治党论述摘编》，中央文献出版社 2016 年版，第 95 页。

② 《习近平关于全面从严治党论述摘编》，中央文献出版社 2016 年版，第 95 页。

③ 习近平：《在中央党校建校 80 周年庆祝大会暨 2013 年春季学期开学典礼上的讲话》，人民出版社 2013 年版，第 3 页。

部具有过硬的政治素养，同时要做到本领高强。当前，受国际国内环境各种因素的影响，“我们党面临的执政环境是复杂的，影响党的先进性、弱化党的纯洁性的因素也是复杂的，党内存在的思想不纯、组织不纯、作风不纯等突出问题尚未得到根本解决”①，特别是“一些党员、干部缺乏担当精神，斗争本领不强，实干精神不足，形式主义、官僚主义现象仍较突出；铲除腐败滋生土壤任务依然艰巨，等等”②，迫切要求提高党的建设质量，强化党员政治判断力、政治领悟力、政治执行力。每一位党员领导干部都要带头把学习作为一种追求、一种爱好、一种健康的生活方式，在学深悟透中更加坚定理想信念，做到有理想、有本领、有担当。

四、坚持行使权力和担当责任的统一

坚持行使权力和担当责任相统一是全面从严治党的关键。习近平总书记强调，全面从严治党“要坚持行使权力和担当责任相统一，真正把落实管党治党政治责任作为最根本的政治担当，紧紧咬住‘责任’二字，抓住‘问责’这个要害”③。“有权必有责，有责要担当。”④权力有多大，

---

① 习近平：《决胜全面建成小康社会　夺取新时代中国特色社会主义伟大胜利》，人民出版社 2017 年版，第 61 页。

② 习近平：《高举中国特色社会主义伟大旗帜　为全面建设社会主义现代化国家而团结奋斗》，人民出版社 2022 年版，第 14 页。

③《习近平在十九届中央纪委二次全会上发表重要讲话强调　全面贯彻落实党的十九大精神　以永远在路上的执着把从严治党引向深入》，2018 年 1 月 12 日《人民日报》。

④《习近平关于全面从严治党论述摘编》，中央文献出版社 2016 年版，第 229 页。

所担当的责任就有多大。权力和责任相伴而生，行使权力和担当责任同样不可分割。领导干部的权力是人民赋予的，掌握权力的同时必然需要承担相应的责任。这就要求各级党组织和广大党员干部不仅要正确处理好权责关系，做到“权责统一”，更要在“有责必问，问责必严”[①]的原则要求下，充分落实管党治党职责，增强使命感和紧迫感，确保人民赋予的权力始终用来为人民谋福利。

（一）行使权力和担当责任的理论内涵

中国共产党的性质和宗旨决定了全体党员领导干部既是权力的实际行使者，同时也是人民的公仆。全体党员领导干部要牢固树立全心全意为人民服务的宗旨意识，在行使权力时必须正确回答“谁的权力、谁赋权力、谁监督权力、权力为谁所用、权力用来为谁干什么和权力由谁监督”[②]等一系列带有根本性的重大现实问题，承担起时代赋予的重任，人民寄予的厚望。可见，如何看待权力，如何使用权力反映了一个人的权力观。党的十八大以来，以习近平同志为核心的党中央围绕权力问题展开了一系列重要论述，确立了一切权力属于人民的理念，坚持权为民所用。习近平总书记曾多次重申，要“实行权责对应，坚决反对特权，防止滥用职权”[③]“应该有一个权力清单，什么权能用，什么权不能用，什么是

① 《习近平关于全面从严治党论述摘编》，中央文献出版社 2016 年版，第 231 页。

② 周师：《习近平以人民为中心权力观的形成依据、内涵维度和实现路径》，《理论导刊》2019 年第 10 期。

③ 《习近平关于党风廉政建设和反腐败斗争论述摘编》，中央文献出版社、中国方正出版社 2015 年版，第 129 页。

公权，什么是私权，要分开，不能公权私用”[①]“党的干部必须敬畏权力、管好权力、慎用权力”[②]。这些重要论述，从根本上明确了党员领导干部的权力来源、权力边界以及权力功能，揭示了我们党的政治本色和人民立场。广大党员领导干部行使权力就是要严格按照党和人民的要求正确行使权力，牢记执政为民的初心和使命，将人民的利益作为一切工作的出发点和落脚点，做到权力为人民所有，权力为人民所用，权力为人民谋利，用自己的“实干指数”换取广大人民群众的“满意指数”。同时，要充分认识到权力腐败对于党和人民的危害，树立权由法定，权依法使的理念，“要依法设定权力、规范权力、制约权力、监督权力”[③]，将权力纳入法治轨道，对于任何以言代法、以权压法、逐利违法、徇私枉法的行为予以严肃处理，让权力在阳光下运行，推进权力运行的公开化和规范化，实现对一切权力行使主体的“监察全覆盖”，从而做到秉公用权、为民用权、廉洁用权，让人民当家作主真正在国家政治和社会生活中落地生根。

历史和实践已经无数次证明，党和国家事业之所以能够踏浪前行、披荆斩棘，由一个胜利走向另一个胜利，关键在于广大党员领导干部是否敢于担当、勇于担当、善于担当。责任贵在担当，不愿担当、不敢担当，责任就无从谈起，而领导干部只有明确责任，将其扛在肩上，才能更好地担当责任。具体来看，首先，认准责任是勇于担当责任的前提，

---

① 《习近平关于党风廉政建设和反腐败斗争论述摘编》，中央文献出版社、中国方正出版社 2015 年版，第 129 页。

② 《习近平关于全面从严治党论述摘编》，中央文献出版社 2016 年版，第 123 页。

③ 《习近平关于严明党的纪律和规矩论述摘编》，中央文献出版社、中国方正出版社 2016 年版，第 59 页。

“为中国人民谋幸福，为中华民族谋复兴”正是广大党员领导干部肩负的历史重任，它要求我们党不断带领广大人民在新时代的伟大征程中，为了广大人民的幸福生活而不断践行担当，就是要在实现中国梦的历史使命中奋勇前行。其次，增强意识是勇于担当责任的关键，离开了高度的责任意识，践行担当就会变成一句空话。作为新时代的党员干部，只有时刻心系人民，始终为了群众，常怀务实为民的情怀与意识，才能迸发出奋力前行的无穷动力，才能真正做到履职尽责，不负使命。最后，提升本领是勇于担当责任的重要途径，习近平总书记也多次强调，要“努力打造一支忠诚干净担当的高素质干部队伍”①，这就要求我们的党员领导干部通过不断学习增强自己的理论素养，自觉接受党内政治生活锻炼，在工作中锤炼脚力、眼力、脑力、笔力，面对矛盾困难和艰难险阻要保持“咬定青山不放松”的韧劲和百折不挠的耐心，打破坚冰、攻坚克难，豁得出去、顶得上去，不断练就担负重任的高超本领。习近平总书记强调，“不讲责任，不追究责任，再好的制度也会成为纸老虎、稻草人”②，因此要整合问责制度，健全问责机制，加大问责力度，坚持有责必问、问责必严，以强有力问责唤醒责任意识，倒逼责任落实。对于不善担当、不愿担当者要精于识别，通过加强制度约束，完善用人机制，培养一批既廉又勤、既干净又干事的优秀干部。党员领导干部只有牢记党和人民的重托，强化事业心和责任感，才能完成党和人民交给的工作，切实履行好立党为公、执政为民的重要职责。

---

① 《十八大以来治国理政新成就》上，人民出版社 2017 年版，第 354 页。

② 《习近平关于严明党的纪律和规矩论述摘编》，中央文献出版社、中国方正出版社 2016 年版，第 113 页。

（二）行使权力和担当责任的辩证关系

坚持行使权力与担当责任相统一，体现了权责一致的原则。权力总是与责任相伴而生。我们的政权是人民的政权。广大党员领导干部的权力是人民赋予的，必须以高度的事业心和责任感，谨慎地用好手中的权力，责无旁贷地承担起为人民服务的责任。如果权力与责任相脱节，就很有可能出现公私不分、以权谋私的不法行为，权力就会成为某些不法分子贪污腐败的工具。因此，行使权力必须以担当责任为前提，只有这样才能让党员领导干部做到心中有戒、行有所止。同时，担当责任必须以权力行使为保障，没有足够的权力以及行使权力的权限，领导干部就无法真正肩负起人民寄予的重托。

一方面，行使权力必须以担当责任为前提。广大党员领导干部的权力不是先天具备的，而是真正信赖他们、支持他们的人民群众赋予的。领导干部在行使权力时必然代表的是人民群众的利益，要以人民高不高兴、满不满意、认不认同作为一切工作的基准，应当树立正确的政绩观，将俯下身子为人民群众做好事、做实事作为衡量权力行使得当与否、充分与否的关键指标。当前，仍有个别领导干部停留在“处处为自己留名，事事为自己邀功”的层面上，挖空心思地搞“政绩”工程、“面子”工程，将人民赋予的权力作为自己仕途晋升的工具，这就与以人民群众为工作出发点和落脚点的使命要求背道而驰，而当其思想深处潜藏的“个人主义”凌驾于党和人民根本利益之上时，就会走向阻碍国家发展，损害人民利益的错误之路。一些领导干部担当意识不足，干事动力不足，在面对大事时向上看，以文件应付文件，以会议落实会议，只开“空头支票”，不行务实之举；在面对难事时往后退，袖手旁观甚至视而不见，稳当“太平官”，懒于思考，没有带领人民群众开拓新局的魄力和勇气；在面对小事时往下放，把工作全权委派给下属，一旦出现问题就把责任推给下属，没有履职尽责的觉悟。可见，有权不用、有权乱用、有权错用、有权扩用都是权力行使的错误形式，这些都与理解责任、担当责任直接相关。各级领导干部要立足自身岗位，明确职责所在，时刻牢记自己应该做什么、不应该做什么，哪些是必须做的、哪些是不能做的；要充分意识到有权必有责，立党为公、执政为民的责任感就像是悬挂在每一位领导干部头顶的达摩克利斯之剑，规范和约束着他们的权力行为，旨在告诫领导干部要担负起为民用权的政治责任，干事创业的事业担当，只有这样才能成为风险挑战面前挺身而出、违法乱纪面前坚决斗争的，敢担当、有作为的人民公仆。

另一方面，担当责任必须以权力行使为保障。如前所述，有权必有责，有责必担当。党员领导干部是在“绝大多数”党员中选拔出来的“关键少数”，是党员中的优秀代表，更是人民群众的利益维护者、广泛代表者。领导干部掌握的权力来自人民，是为了满足广大人民的根本利益，而由人民赋予他们的。因此，只有掌握了权力，并且将之充分运用到党和国家事业发展中去，才是真正意义上的履职尽责。领导干部如果没有足够的权力加以运用，是无法将党和国家的路线、方针、政策贯彻执行下去的，更何谈执政为民。领导干部如果不善使用权力，不敢使用权力，不愿使用权力，同样会导致权力的“浪费”，将人民托付的信任束之高阁，最终失去人民的信任。当然，权力行使若想真正发挥应有作用，同样离不开人民监督。行使权力以服务人民为价值导向，自然需要接受人民的监督。责任担当的成功与否，关键的一点就在于权力行使的方向与目的。权力一旦被赋予行使主体，可能会有两种走向，一种是为人民谋利益，一种是用来谋取私利。前者给予的权力越大，人民的利益就能得到最大限度的满足，权力的行使也最为正确，领导干部肩负的责任也越能得到充分实现，这会大大激发他们的工作积极性，充分扮演好人民公仆的正面角色；后者获得的权力越多，就容易出现权力腐败和侵害人民利益的行为，一些干部精神懈怠，不担当、不作为，他们对党和人民赋予的权力的乱用、误用、不用，无法真正履职尽责，危害极大。让权力在阳光下运行，能够有效解决政府权力运行过程不够透明、权责不对等、权力监督不够有力等问题，做到依法用权、秉公用权、廉洁用权，使得担当责任具有相匹配的权力，从而保证领导干部履职尽责的有序开展、逐步落实。通过营造善用权力、敢于担当的良好氛围，让想担当的领导干部真正发挥示范作用，让心系群众、爱民敬民、不计个人得失的好干部得到应有褒奖，继而确保敢于担当者有底气、敢尝试，使广大干部都能够争相干事、有所作为。

（三）行使权力和担当责任的有机统一

权力与责任本就是不可分割的有机整体，领导干部在行使权力的时候，要勇于承担责任，要严格按照制度和规定的程序做事，严格按照党和人民的要求行使权力，做到有权必有责、用权受监督、有责要担当、失责必追究。面对少数领导干部不担当、不作为的消极负面行为，必须进一步强化人民权力观的教育引导，切实解决好“我是谁、为了谁、依靠谁”的问题，以履职尽责为衡量标准，强化制度约束，通过党内问责，激发党组织活力，强化履职能力和执政能力，提升干部队伍的党风作风和精神活力，从而保持党的先进性和纯洁性，不断提升人民群众对全面从严治党的满意度，厚植党的执政根基。

第一，树立正确的权力观，做到心有所系。习近平总书记指出：“我们共产党人特别是领导干部都应该心胸开阔、志存高远，始终心系党、心系人民、心系国家，自觉坚持党性原则。”[①]领导干部的权力来自人民，之所以人民会将权力交给我们党，正是因为我们“代表了人民群众，打倒了人民的敌人”[②]。“心中有人民，一心为人民”是我们党长期执政的价值理念，作为人民的“勤务员”，要做到“公权为民”“用权为民”“掌权为民”，要充分领会权力的责任性，将权力看作沉甸甸的“担子”，而不是荣耀的“光环”。对于党员领导干部来说，地位越高，掌握的权力越大，行使权力时就越要将人民群众利益置于至上地位。伴随着新时代的到来，人民对于“美好生活”的需要成为最大的利益诉求，权力更要用来创造良好的生产生活环境，不断提升人民的生活水平，从而满足人民的更高期待。

第二，坚决清除权力腐败，做到行有所戒。权力腐败实质上就是以权谋私，必然会侵害人民的根本利益。习近平总书记在多个场合反复重申消除腐败的重要意义，他强调“人民群众最痛恨各种消极腐败现象，最痛恨各种特权现象，这些现象对党同人民群众的血肉联系最具杀伤力。一个政党，一个政权，其前途和命运最终取决于人心向背。”[③]“凡是损害党的先进性和纯洁性的病症都要彻底医治，凡是滋生在党的健康肌体上的毒瘤都要坚决祛除，使中国共产党始终同人民心连心、同呼吸、共

---

① 《习近平关于严明党的纪律和规矩论述摘编》，中央文献出版社、中国方正出版社 2016 年版，第 39 页。

② 《建国以来毛泽东文稿》第 12 册，中央文献出版社 1998 年版，第 581 页。

③ 《习近平关于党风廉政建设和反腐败斗争论述摘编》，中央文献出版社、中国方正出版社 2015 年版，第 6 页。

命运。”[①]当前反腐败斗争仍然是一项长期的、复杂的、艰巨的任务，必须加大惩治腐败的力度，更加科学有效地防治腐败。其中作为关键的就是将权力关进制度的笼子里。一是要确保制度反腐的有效性；二是要做到依法治权；三是要做到政务公开。通过建构有效的权力监督体系，切实做到监察全覆盖，重点将“为官不为”作为监察工作的重要内容，对“逍遥官”“太平官”进行严厉惩戒，可以说“完善的监督机制对于党员干部来说，不只是‘乱作为’时的‘制度的笼子’，也是干部正确行使权力的‘保护伞’，完善的监督机制有助于党员干部正确权力动机的确立，也有助于避免目前一些干部的‘不敢为’问题。”[②]也只有在强有力的责任监督体系下，广大领导干部才能科学处理行使权力和担当责任的关系，将为民服务深深烙在心里，把外在的规范要求内化为自己的价值追求，在端正权力动机的同时，真正肩负起党和人民赋予的重任。

第三，严格实行问责制度，做到责有所问。如前所述，要坚持行使权力和担当责任相统一，必须紧紧抓住“问责”这个要害。有权必有责，不承担责任就必须接受问责。2016 年 7 月，党中央颁布《中国共产党问责条例》，为强化问责提供了制度武器。问责的实质是对权力运行的一种纠偏，以问责倒逼责任落实，推动管党治党从宽松软走向严紧硬。“利民之事，丝发必兴；厉民之事，毫末必去。”[③]问责的最终目的是“负

---

① 《习近平关于党风廉政建设和反腐败斗争论述摘编》，中央文献出版社、中国方正出版社 2015 年版，第 9 页。

② 张会蔚、张卫平：《端正权力动机　加强廉洁自律》，《人民论坛》2016 年第 17 期。

③ 《习近平关于“不忘初心、牢记使命”论述摘编》，党建读物出版社、中央文献出版社 2019 年版，第 131 页。

责”，对履行责任不力，存在失职行为渎职行为的干部要进行问责，其目的不仅仅是给予干部以威慑和敦促，更重要的是通过问责，帮助领导干部更加深刻地理解权力和责任的相互关系，让他们充分认识到权力就是责任，责任就是担当，无论何时都要将责任扛在肩上。从问责机制建设来看，“要整合问责制度，健全问责机制，坚持有责必问、问责必严，把监督检查、目标考核、责任追究有机结合起来，实现问责内容、对象、事项、主体、程序、方式的制度化、程序化”①，关键要合理界定党员领导干部的责任范围，凝聚价值共识，厘清权责归属，抓住责任主体，做到精准发力，健全权力清单、责任清单、负面清单，有的放矢，着力提高问责工作的政治性、精准性、实效性。通过问责倒逼责任担当，强化正向激励、整治不作为，旗帜鲜明地为敢于担当的干部担当，为敢于负责的干部负责，从而培养一批想干事、能干事、干成事的优秀干部，营造为民、利民、便民、惠民的良好工作氛围，切实将以人为本、执政为民的理念贯穿到行使权力的全过程。

五、坚持严格管理和关心信任的统一

“从严治党的重点，在于从严管理干部。”②习近平总书记还指出，全面从严治党“要坚持严格管理和关心信任相统一，坚持真管真严、敢管敢严、长管长严，贯彻惩前毖后、治病救人的一贯方针，抓早抓小、防

① 习近平：《在第十八届中央纪律检查委员会第六次全体会议上的讲话》，人民出版社2016年版，第23页。

② 《习近平关于全面从严治党论述摘编》，中央文献出版社2016年版，第134页。

微杜渐，最大限度防止干部出问题，最大限度激发干部积极性”①。所以，对待党员干部，既要做到严格管理其言行规范，也要充分调动其积极性、主动性以及创造性。严格管理和关心信任是辩证统一的关系。一方面党要以关心和信任党员干部为基础，从严教育、从严监督、从严管理、从严治吏，最大限度地规范党员干部的言行；另一方面关心信任干部是严格管理干部的出发点和根本目的，党要在各个方面给予党员干部关心和支持，真正做到关心和信任党员干部，让其安心工作。

（一）严格管理和关心信任的理论内涵

近年来，一些地方党组织在一定程度上出现了对党员干部重使用、轻管理的现象，严格管理干部是全党当前亟待解决的问题。“党要管党，首先是管好干部；从严治党，关键是从严治吏。要把从严管理干部贯彻落实到干部队伍建设全过程。要坚持从严教育、从严管理、从严监督，让每一个干部都深刻懂得，当干部就必须付出更多辛劳、接受更严格的约束。没有这样的思想准备和觉悟，就不要进入干部队伍。”②第一，管理要全面。对党员领导干部的管理要做到任职期的全过程管理，即从入职到离退休的整个过程，特别是对居于关键岗位、掌握大量公共资源的各级党员领导干部更应该如此。管理要全面，还应包括对党员领导干部身边人及利益攸关人的管理。第二，标准要严格。对于党员干部的管理

---

① 《习近平在十九届中央纪委二次全会上发表重要讲话强调　全面贯彻落实党的十九大精神　以永远在路上的执着把从严治党引向深入》，2018年1月12日《人民日报》。

② 《习近平关于全面从严治党论述摘编》，中央文献出版社2016年版，第131页。

必须落实“严”字当头，不能将管理标准降低到不违法乱纪的低水平上，要在依法的基础上，做到以党章规定的标准条件和刚性约束为依据，突显党员干部的先进性和榜样性。第三，教育要严格。党的十八大以来，党中央出台“八项规定”反对“四风”，推动党的群众路线教育实践活动、“两学一做”学习教育、“三严三实”专题教育、“不忘初心、牢记使命”主题教育和党史学习教育等，有力地强化了党内政治生活。但是，党员作为党组织建设与发展的“细胞”，保证党员教育的严格与管理是一项长期的持续性工作。新时代党员，特别是党员干部的教育管理工作必须抓在经常、严在日常，做到坚定思想、防微杜渐。第四，纪律要严明。“党要管党、从严治党，靠什么管，凭什么治？就要靠严明纪律。”[①] 纪律严明是中国共产党的光荣传统和独特优势，“如果不严明党的纪律，党的凝聚力和战斗力就会大大削弱，党的领导能力和执政能力就会大大削弱”[②]。第五，监督要严格。党在长期的实践中得出一条铁律：没有监督的权力必然导致腐败。习近平总书记在党的十九大报告中也特别强调，全面从严治党必须健全党和国家监督体系，加强对党员干部的日常管理监督。事实也证明，执政党只有把纪律挺在前面，强化管理，接受监督，真正做到“真管真严、敢管敢严、长管长严”，才能使全体党员养成敬畏心理，形成管理自律，也才能将权力关进制度的笼子。

“党组织对待干部，既要严格管理，又要热情关心。要保护作风正派、锐意进取的干部，真正把那些想干事、能干事、敢担当、善作为的

---

① 《习近平关于全面从严治党论述摘编》，中央文献出版社 2016 年版，第 98 页。

② 《习近平关于全面从严治党论述摘编》，中央文献出版社 2016 年版，第 95 页。

优秀干部选拔到各级领导班子中来。”[①]这是加强党员干部管理，建设高质量党员干部队伍应该遵循的基本原则。党员是党组织的肌体细胞，党员干部是党组织力量的核心所在，是承载党的前途命运的实践者。党内的优良传统和作风需要党员个体一代接一代地继承和发扬，并且党员个人的发展也离不开党组织的关心关怀和教育鞭策。党组织既是干部成长的摇篮，又是干部拒腐防变的篱笆。宽严相济、治病救人，方能创造良好政治生态，让干部以一往无前的奋斗姿态开创党的事业的更辉煌的未来。因此，对待党员干部，组织上要采取政治上激励、工作上支持、待遇上保障、心理上关怀、困难上帮扶等措施，增强他们的获得感、荣誉感、归属感，真正让实干者得实惠、吃苦者不吃亏，形成奋勇争先、积极向上的干事创业氛围。对党员干部关心爱护，要不断健全容错纠错机制，为在改革创新中敢闯敢试、动真碰硬的干部，撑腰壮胆、鼓劲打气，最大限度激发干部积极性，让广大党员干部充满信心，积极作为、敢于担当。对党员的关心信任要继承党的优良传统，因为这是增强党员干部施展才能、团结带领群众干好工作的动力和底气，也是对党员干部更好为人民服务，实现个人价值和社会价值的有效激励。党的十八大以来，习近平总书记在关于党员干部管理的系列重要讲话中，总是把严管与关心摆在同等重要位置。他指出，全面从严治党的根本目的是要把党的事业发展好，把国家建设好，把人民利益实现好。对党员干部的严管绝不是要把干部管死，而是要充分激发他们干事创业的精气神。落实这一要求，须臾离不开对干部的关心信任爱护。但是，在实际工作中，党

---

① 《习近平关于全面从严治党论述摘编》，中央文献出版社 2016 年版，第 141 页。

员干部违纪受到处分后，往往被认为在同事面前“矮人一等”，在官场舆论中也不再是“好同志”，在人事任免上也很难再得到组织的提拔重用。因此，对犯了错误的干部，各级党组织理应在思想上给予教育和帮助，在生活上也尽力关心、爱护。广大党员干部也不应戴着有色眼镜看待受处分者，而应当主动拉一把，让他们尽早走上正轨，发挥自身的才能，贡献自己的力量。

（二）严格管理和关心信任的内在关联

在十九届中央纪律检查委员第二次全体会议上，习近平总书记深刻把握党的十八大以来全面从严治党的重要经验，概括提出“六个统一”，其中非常关键的一项就是“要坚持严格管理和关心信任相统一”。“坚持严格管理和关心信任相统一”，这不仅针对没犯错误的党员同志，也针对犯了错误的党员同志。这些重要论述反映出严格管理和关心信任存在相互辩证的关系。即党组织对干部既要严格管理又要关心信任，这是从严治党的核心内容，也是干部管理的重要原则，两者相辅相成。

一方面，严格管理干部是以关心信任干部为基础的。“严管”才是“厚爱”。首先，习近平总书记指出，全面从严治党的目的是更好地促进事业的发展。即严格管理并不是要把党员干部“管死”，而是推动广大党员干部更好地发挥干事创业的积极性、主动性和创造性的方式。党的十八大以来，习近平总书记在涉及干部管理的多次重要讲话中，总是把“严管”与“厚爱”摆在同等重要的位置。而要落实习近平总书记提出的“坚持严格管理与关心信任相统一”，做到对党员干部严慈相济的管理，须臾离不开党组织对党员干部的关心信任。党组织所采取的任何严格的措施都是为了惩恶扬善、扶正祛邪，建设一支素质过硬的党员干部队伍，最大限度调动广大干部的积极性。其次，“好干部是选出来的，更是管出来的。严管就是厚爱，是对干部真正负责”[①]。党组织要真心爱护干部，真诚对干部负责，就不仅要悉心培养干部，还要从严抓干部管理、严抓思想建设、严抓工作监督、严抓作风生活、严抓纪律执政。从严治党中“将权力关进制度的笼子里”的制度设计，从顶层设计上不断加强制度建设，实现有序健康的政党治理。权力的约束机制强力地在规范治国理政的方方面面。所以，严管就是对广大党员干部的厚爱。

另一方面，关心信任干部是严格管理干部的出发点和根本目的，“厚爱”也是“严管”。党组织要充分信任党员干部，他们能够高质量地完成党和国家交给的工作，能够做群众的表率，带领群众战胜前进路上的困难，取得最后的胜利。组织的信任往往会增强党员干部的决心和信心，可以更好地激发他们工作的积极性、主动性和创造性。基层党员干部既是群众的“主心骨”“贴心人”，也是普通人，他们也有自己的父母、子女、家庭，他们也要面对生活的压力、工作的压力，甚至要面对生命的威胁。如果组织都不去关心他们、爱护他们，很多基层党员干部就谈不上拥有获得感和干事创业的动力，不仅会造成基层人才流失，还会败坏基层风气、引发群众不满，让国家事业发展和社会稳定大局受损。不让基层干部“白发”又寒心，才能让基层党员干部更信任组织，从内心深处忠诚组织、服务人民。同时，党组织还要在政治上激励党员干部，对工作实绩突出、绩效考评优异的党员干部，特别是基层干部的政治奖励要落到实处，完善选拔任用机制，强化政治激励；工作上要支持党员干

---

① 习近平：《在全国组织工作会议上的讲话》，人民出版社 2018 年版，第 21 页。

部，推动党员干部干事创业、积极作为、敢于担当；待遇上保障党员干部，健全党员干部的待遇奖励保障机制；心理上关怀党员干部，使广大干部心情舒畅，充满信心。

此外，对那些在工作中犯过错的党员干部，也要根据具体情况区别对待，严格落实“三个区分开来”，即“要把干部在推进改革中因缺乏经验、先行先试出现的失误和错误，同明知故犯的违纪违法行为区分开来；把上级尚无明确限制的探索性试验中的失误和错误，同上级明令禁止后依然我行我素的违纪违法行为区分开来；把为推动发展的无意过失，同为谋取私利的违纪违法行为区分开来”[①]，保护那些作风正派又敢作敢为、锐意进取的干部，做到不放过一个坏人，但也不亏待一个好人。惩治不是目的而是手段，制度也非冷血而有温度。制定制度和进行惩罚的初衷主要都是“惩前毖后，治病救人”。特别是对于犯了错误的党员干部，党组织应该在思想上对其进行教育和帮助、在心理上对其疏导和帮扶、在生活上对其关心和爱护、在工作上对其管理和信任，帮助他们尽快从错误的阴影中走出来，重新为人民服务。

（三）严格管理和关心信任的融合推进

坚持严格管理和关心信任相统一，既是我们党管党治党的经验总结，也是当前管党治党的原则要求和基本遵循。管党治党就要做到严格管理，但严格管理不等于对党员干部不信任。党的建设质量是靠全面从严治党“管”出来、“治”出来的，也是靠高素质的党员干部做出来、抓出来的。

第一，完善监督管理机制，从严治吏，真正将严的要求和措施贯

① 《习近平谈治国理政》第2卷，外文出版社2017年版，第225页。

穿于干部选拔管理培养的全过程，防微杜渐，最大限度地防止干部出问题。“要大力整治选人用人上的不正之风，使用人风气更加清朗，坚决纠正‘劣币驱逐良币’的逆淘汰现象，以用人环境的风清气正促进政治生态的山清水秀。要完善从严管理监督干部制度体系，解决‘重选轻管’问题。”[①]在干部选拔和培养的全过程中，必须“严”字当头、贯彻始终，党员干部的队伍建设必须要过硬。“要抓紧健全容错纠错机制，加大正向激励力度，引导广大干部保持良好精神状态，奋发有为、敢于担当。”[②]“严是爱，宽是害”，体现了唯物辩证法基本准则，也符合党员干部成长的一般规律。应该说，对干部的“严”本身就是“爱”，因为“严”可以给党员干部的成长保驾护航。同时，党和国家培养干部不容易，特别是有理想信仰，敢干事、干成事的党员干部更不容易。而党员干部在成长过程中除了工作外还要经受重重考验，稍有不慎就有可能犯下错误，甚至会触犯党纪国法，因此，坚持从严管理，可以最大限度地防止党员干部在成长过程中走“弯路”“歧路”“回头路”，也是对党员干部更深层的关心和最真切的爱护，可以最大限度地激发党员干部的工作积极性。

第二，关注基层党组织和基层党员干部，全面创造广大党员干部担当作为、干事创业的氛围，最大限度地激发干部的工作积极性。党的十八大以来，经过全面从严治党和坚决惩治党内出现的腐败现象，消除了党和国家内部存在的严重隐患，党风、政风、民风明显好转，党的向

---

① 《习近平关于全面从严治党论述摘编》，中央文献出版社 2016 年版，第 143 页。

② 《习近平关于全面从严治党论述摘编》，中央文献出版社 2016 年版，第 143 页。

心力、凝聚力、战斗力显著增强，党群关系、干群关系明显改善，这是积极的一面。但是，我们同时也必须看到，仍然有部分党员干部的工作情绪不高、工作劲头不大、担当作为有欠缺。为什么会出现这种情况？归根结底可能与党组织未将严格管理和关心信任相统一有关。因此，党组织需要特别关注基层党组织及党员干部，调动干部的工作积极性。这是因为“党的工作最坚实的力量支撑在基层，经济社会发展和民生最突出的矛盾和问题也在基层，必须把抓基层打基础作为长远之计和固本之策，丝毫不能放松。要重点加强基层党组织建设，全面提高基层党组织凝聚力和战斗力。要高度关注基层政权组织、经济组织、自治组织、群团组织、社会组织发展变化的特点，加强指导和管理，使各类基层组织按需设置、按职履责、有人办事、有章理事，既种好自留地、管好责任田，又唱好群英会、打好合力牌。”[①]

六、坚持党内监督和群众监督的统一

全面从严治党，务必全面深化党的组织建设。党政军民学、东西南北中，党是领导一切的，坚持党的领导是最高的政治原则，可以说“办好中国的事情，关键在党”。“党要管党、从严治党，‘管’和‘治’都包含监督。”[②]而“监督”恰恰是把党员干部手里权力关进制度笼子里的重要抓手，是正确行使权力的重要屏障和规范党内政治生活的有效手段。

① 《习近平关于全面从严治党论述摘编》，中央文献出版社2016年版，第138—139页。

② 《习近平关于全面从严治党论述摘编》，中央文献出版社2016年版，第208页。

各级党员干部都要主动接受严格教育、严格管理、严格监督，做到以身作则，发挥示范表率作用。在党的十九大报告中，习近平总书记也指出："增强党自我净化能力，根本靠强化党的自我监督和群众监督。"[①]新时代，全面从严治党应当以"全面"覆盖作为基础，以"从严"依法依规作为关键，以"治理"严格有效作为利器，即党员既要注重党内监督的自我净化，也要接受党外群众的约束督促，二者有效互补、相得益彰。一方面我们要深刻认知党内监督在全面从严治党中的重要效用和主导作用；另一方面我们也要注重党外监督的作用，特别要明确党是为人民服务的组织，权力也是人民赋予的，并做到以党内监督为主导，推动各类监督有机贯通、相互协调，不断地净化、修复和提高党的先进性，确保党始终成为一个坚强有力的党。

（一）党内监督和群众监督的理论内涵

"党的执政地位，决定了党内监督在党和国家各种监督形式中是最基本的、第一位的。"[②]面对新时代全面从严治党的新问题新挑战，我们党以习近平新时代中国特色社会主义思想为指导，在实践中不断丰富党内监督的思想理论内涵。首先，党内监督是中国共产党和国家监督体系的重要组成部分，也是全面从严治党的重要手段和主导力量，是永葆党肌体健康的基础保障。"长期以来，党内存在的一个突出问题，就是不愿监督、不敢监督、抵制监督等现象不同程度存在，监督下级怕丢'选票'，监督

---

① 习近平：《决胜全面建成小康社会　夺取新时代中国特色社会主义伟大胜利》，人民出版社 2017 年版，第 67 页。

② 《习近平关于全面从严治党论述摘编》，中央文献出版社 2016 年版，第 213 页。

同级怕伤‘和气’，监督上级怕穿‘小鞋’。在不少地方和部门，党内监督被高高举起、轻轻放下，成了一句口号。党内监督缺位，必然导致党的领导弱化、党的建设缺失、全面从严治党不力。”[①]这充分说明权力不论大小，只要缺乏制约和监督，都存在被滥用的可能。“党员监督是党的建设的重要内容，也是全面从严治党的重要保障。”[②]邓小平也指出，“我们党经历过多次错误，但是我们每一次都依靠党而不是离开党纠正了自己的错误”[③]，这说明加强党内监督，可以有效防止党员干部滥用权力和政治腐败。其次，“党员民主监督是党内监督的基本方式。党员的民主监督不仅是权利，更是不容推卸的义务，是对党应尽的责任。”[④]党员是党的肌体细胞，党员民主监督是党内监督的基本方式，要充分保障党员行使监督的权利。新形势下的党内监督不仅需要完善的制度体系，更需要让党员明确他们在党内监督中的权利和职责，在完善党内监督制度体系、健全党员监督权利保障机制的前提下，不断促进党员行使监督权，履行监督义务，充分发挥党员的监督作用，加大党内监督的力度，发挥党内监督的作用，强化自上而下的组织监督，改进自下而上的民主监督，发挥同级相互监督作用，加强对党员领导干部的日常管理监督。只有当党员正确、充分、有效地履行党员义务时，才有资格行使党员权利；也只有当党员正确、充

---

① 《习近平关于全面从严治党论述摘编》，中央文献出版社 2016 年版，第 214—215 页。

② 《习近平关于全面从严治党论述摘编》，中央文献出版社 2016 年版，第 212—213 页。

③ 《邓小平同志论坚持四项基本原则反对资产阶级自由化》，人民出版社 1989 年版，第 10 页。

④ 《习近平关于全面从严治党论述摘编》，中央文献出版社 2016 年版，第 216 页。

分、有效地行使党员权利时，才能更好地履行党员义务。明确党员监督的权利和职责，能够保障党员充分行使监督权、批评权、检举权等监督权利，形成广大党员敢于监督、勇于监督的良好政治生态。

“领导干部手中的权力都是党和人民赋予的，领导干部使用权力，使用得对不对，使用得好不好，当然要接受党和人民监督。不想接受监督的人，不能自觉接受监督的人，觉得接受党和人民监督很不舒服的人，就不具备当领导干部的起码素质。”①这充分说明各级党员干部要主动接受群众的监督。首先，群众监督是党外监督的另一重要途径，是全面从严治党的有效举措之一，也是最广泛、最直接、最有效的监督。我国宪法规定，国家的一切权力属于人民。每一位党员都要时刻清晰我们党是代表人民根本利益的组织，党员干部更要明晰其权力来自党和人民群众，认清任何权力的行使都必须为人民服务，让群众满意。党员干部们在为群众服务过程中，只有联系群众参与、听取群众意见、实现群众愿望、接受群众监督，才能更好地服务群众，让工作不断得到改进，为群众做好事、办实事。同时，“我们党来自人民、植根人民、服务人民，一旦脱离群众，就会失去生命力。”②人民群众是党执政之基，党的最大政治优势是密切联系群众，而脱离群众是党执政的“四种危险”之一，也是最大的危险。从群众中来，到群众中去，是我们党的优良传统，离开了“群众”，任何事业都是无法成功推动下去的。“党员干部特别是领导

---

① 《习近平关于全面从严治党论述摘编》，中央文献出版社2016年版，第199页。

② 习近平：《决胜全面建成小康社会　夺取新时代中国特色社会主义伟大胜利》，人民出版社2017年版，第66页。

干部带头深入调查研究，扑下身子干实事、谋实招、求实效。”[①]我们必须充分发挥人民群众的力量，把一切腐败现象和不良作风问题淹没在群众监督的汪洋大海之中，真正做到群众行使监督权，除此之外，还要落实人民群众的知情权、参与权以及表达权。习近平总书记指出，要“发挥人民监督作用”，强调“只有织密群众监督之网，开启全天候探照灯，才能让‘隐身人’无处藏身。各级党组织和党员、干部的表现都要交给群众评判。”[②]群众的眼睛是雪亮的，群众的力量也是不可估量的。党员、党员干部身上的问题，群众看得最清楚，也最有发言权。其次，监督权是宪法赋予公民的一项基本权利，是国家权力监督体系中最具有活力的一种监督。对于国家来说，人民是国家的主人，监督权是宪法赋予公民的基本权利之一，是社会主义民主的重要体现，并且公民行使监督权是国家长治久安的重要保障；对于政府来说，公民对国家机关特别是对行政机关进行监督，有利于推进政府机关提高行政效率，改善政府工作；对于公民来说，中国共产党区别于其他政党的一个根本标志就是始终代表中国最广大人民的根本利益。公民行使监督权也是公民积极参与政治生活、行使政治权利的表现。

（二）党内监督与群众监督的内在关联

1956年邓小平曾提出：“我们需要实行党的内部的监督，也需要来

---

① 习近平：《高举中国特色社会主义伟大旗帜　为全面建设社会主义现代化国家而团结奋斗》，人民出版社2022年版，第68页。

② 习近平：《在党的群众路线教育实践活动总结大会上的讲话》，人民出版社2014年版，第28页。

自人民群众和党外人士对于我们党的组织和党员的监督。”[①]这里的“自上而下”的监督就是指党内监督，“自下而上”的监督就是群众监督，这也是党第一次提出“自上而下和自下而上的监督”。2016年通过的《中国共产党党内监督条例》中强调：“坚持党内监督和人民群众监督相统一”。习近平总书记也指出，全面从严治党“要坚持党内监督和群众监督相统一，以党内监督带动其他监督，积极畅通人民群众建言献策和批评监督渠道，充分发挥群众监督、舆论监督作用”[②]。这些重要论述不仅强调了党内监督和群众监督是对党组织和党员监督的两种重要形式，也揭示了党内监督和群众监督的内外因辩证关系。

一方面，党内监督是党在自我净化、始终保持组织先进性的内因。党内监督是全党的任务，是党和国家监督体系的主导力量，是监督的基础性工程，是在党的内部依规、依法进行的相互监督。一则中国共产党的执政地位确定了党内监督是最基础、首要的监督，居于统摄主导地位，这也体现了党内监督的根本性。习近平总书记在强调党内监督的重要作用时指出：“对我们党来说，外部监督是必要的，但从根本上讲，还在于强化自身监督。我们要总结经验教训，创新管理制度，切实强化党内监督”[③]“打铁必须自身硬”。这些重要论述都充分说明党内监督是党和国家监督体系的根本性地位，是内因。二则以党内监督带动其他监督，构建

① 《邓小平文选》第1卷，人民出版社1994年版，第215页。

② 《习近平在十九届中央纪委二次全会上发表重要讲话强调　全面贯彻落实党的十九大精神　以永远在路上的执着把从严治党引向深入》，2018年1月12日《光明日报》。

③ 《习近平关于全面从严治党论述摘编》，中央文献出版社2016年版，第207页。

全方位的监督体系。我国的权力监督体系包括党内监督、国家机关监督、民主监督、党派监督、司法监督、群众监督、舆论监督等多种形式。每一种监督形式都能在党和国家政治生活中发挥相应的作用。但是，就总体而言，党内监督是所有监督形式中最根本的，发挥着主导作用，“只有以党内监督带动其他监督、完善监督体系，才能为全面从严治党提供有力制度保障”[①]。但是，党内监督还必须和其他监督进行配合，形成监督合力。党内监督“如果不同有关国家机关监督、民主党派监督、群众监督、舆论监督等结合起来，就不能形成监督合力”[②]。

另一方面，群众监督是党接受最广泛、最直接外部监督的重要形式，是永葆党的健康和先进性的外因。也就是说，群众监督也是对党组织和党员监督的重要途径，是全面覆盖、权威高效的有效监督举措，是党的统一体外组织、单位或个人依照国家法律法规对党组织、党员的行为进行的约束和督促。如果说党内监督是中国共产党政治生活中的一种自我净化、自我省察，那么群众监督就可以认为是党自觉坚持的一种外在审视。一则党内监督属于组织内的同体监督，自上而下的组织监督相对较强，但是也存在不同程度的不愿监督、不敢监督、抵制监督等现象，特别是自下而上的民主监督相对较弱。所以，党的权力还需要外在的督察和约束来强化监督。二则“一切依靠群众、一切为了群众，从群众中来、到群众中去”的群众路线是我们党的优良传统，也是我们党全心全意为人民服务宗旨的重要体现。那么，如何保证党员干部在践行群众路线时

---

① 《习近平关于全面从严治党论述摘编》，中央文献出版社 2016 年版，第 213 页。

② 《习近平关于全面从严治党论述摘编》，中央文献出版社 2016 年版，第 217 页。

不走样、不变形，就必须要发挥人民群众的监督作用。

作为党和国家监督体系中的两种重要形式，党内监督和群众监督既相互联系又相互区别。其一，两者的根本目的一致，即都是监督和约束党员干部手里的权力，确保权力的行使不变形、不走样、不为恶，在实现人民根本利益的同时，最终巩固党的领导地位。其二，两者相互补充、相互依存，即党内监督是自我约束，是内因；群众监督是他人约束，是外因。只有二者协同互补、共同发力，才能形成监督合力，提升监督效能。其三，两者又有区别，即由于党内监督和群众监督所处的位置不同，就决定了它们所承担的任务、运行的方式、发挥的作用、结果的运用也不相同，因而二者又不能互相替代。

（三）党内监督与群众监督的融合推进

"强化党内监督是为了保证党立党为公、执政为民，强化国家监察是为了保证国家机器依法履职、秉公用权，强化群众监督是为了保证权力来自人民、服务人民。要把党内监督同国家监察、群众监督结合起来，同法律监督、民主监督、审计监督、司法监督、舆论监督等协调起来，形成监督合力，推进国家治理体系和治理能力现代化。"[①] 只有将党内监督与群众监督内外并举，形成合力，才能构建双向发力的现代化全面高效的监督模式。

第一，以完善制度推进党内监督和群众监督相统一。党的十九届四中全会强调，"坚持和完善党和国家监督体系，强化对权力运行的制约和

① 《习近平关于全面从严治党论述摘编》，中央文献出版社2016年版，第210页。

监督”[①]。这充分说明以完善的制度来提高、保障人民群众和党员干部制度化监督能力，是全面从严治党的重要内容和有效途径。“坚持和完善党和国家监督体系，必须抓住主要矛盾和矛盾的主要方面，管好关键人、管到关键处、管住关键事、管在关键时，督促各级领导干部自觉接受监督、带头开展监督，带动和促进整个监督体系不断健全、更好运转。”[②]同时，还必须认真落实全面从严治党主体责任制度。“我们要健全权力运行制约和监督体系，有权必有责，用权受监督，失职要问责，违法要追究，保证人民赋予的权力始终用来为人民谋利益。”[③]要明确党内监督是全党的任务，党委（党组）负主体责任，党委书记是第一责任人。要落实“管党治党主体责任和监督责任，规范党内政治生活，强化日常监督，严明政治纪律和政治规矩，发展积极健康的党内政治文化，全面净化党内政治生态”[④]。党组织和党员干部还要主动接受来自人民群众的监督和约束，加强对权力行使依据、过程和结果的监督，确保权力行使到哪里、监督就跟进到哪里，让党员干部工作生活始终处于党和人民群众监督之下，抵制“人情文化”“圈子文化”不良影响，不断净化生活圈、交往圈，始终保持清正廉洁的政治本色。

第二，依法依规双向发力，硬化刚性执法，构建现代化全面、从严的监督模式。双向建构模式要保证依法、依规监督的顺序性，做到纪严

---

① 《中国共产党第十九届中央委员会第四次全体会议文件汇编》，人民出版社2019年版，第15页。

② 杨晓渡:《坚持和完善党和国家监督体系》,《人民日报》2019年11月29日。

③ 《习近平关于全面从严治党论述摘编》，中央文献出版社2016年版，第199页。

④ 杨晓渡:《坚持和完善党和国家监督体系》,《人民日报》2019年11月29日。

于法、纪在法前。习近平总书记在党的十八届四中全会的报告中指出："在我们国家，法律是对全体公民的要求，党内法规制度是对全体党员的要求，而且很多地方比法律的要求更严格。"①党的十九大首次把"坚持依规治党"列入党章，这意味着党开启了依规治党的新篇章，推进了党内监督的新征程。与此同时，还要做到刚性执法，把从严教育、从严监督、从严查处贯彻落实到干部队伍建设全过程，让党员干部"不想腐""不能腐""不敢腐"。深化监督监察，坚持融合监督、贯通监督，持续强化党内、外监督，做深日常监督，硬化刚性执法，把严的主基调长期坚持下去，做到监督全面覆盖、从严治理，持续整治群众身边腐败和不正之风，不断实现不敢腐、不能腐、不想腐一体推进战略目标。

第三，增强监督意识，畅通监督渠道，创新现代化监督模式。我们党是打开大门搞自我革命的。习近平总书记指出，自我革命是中国共产党人跳出历史周期率的第二个答案。一百多年来，我们党以党内监督为根本，同时充分发挥群众监督、舆论监督等多种形式监督的作用。保障党员干部和人民群众的监督权利，既是人民主体地位的体现，也是党保持肌体健康和生命力战斗力的基础。毛泽东在1945年回答民主人士黄炎培关于中国共产党人如何跳出"历史周期率"的问题时，就态度坚定地给出了民主的答案。新中国成立以来，我们党不断创造条件巩固并发展人民当家作主权利，确保人民群众有机会有能力参与国家管理、监督党和政府。所以，各监督主体包括全体党员要敢于、善于监督，创新监督方式、增强监督意识，利用巡视、巡察、党内谈话、插手干预重大事项

---

①《中共中央关于全面推进依法治国若干重大问题的决定》，人民出版社2014年版，第53页。

记录等方式，并密切配合其他监督，在全社会营造一个人人敢于监督、善于监督、能够监督的良好氛围，真正发挥党内监督、群众监督的作用。除此之外，还要推进党内和党外监督协调配合，深入推进党务公开、建立信息公开制度，以便让党内、党外监督主体互通信息从而达到有效监督。通过更广泛、更直接地接触被巡视地区、单位广大群众，拓宽群众反映意见的渠道，加强群众举报线索受理工作，实行规范处置、动态管理，在党和人民群众之间架起便捷的沟通桥梁，形成强大的内外监督合力。

第六章 新时代全面从严治党的现实价值

“办好中国的事情，关键在党，关键在党要管党、全面从严治党。”[①]党的十九届六中全会在全面回顾党的百年历程基础上，科学总结了百年来管党治党的历史经验，充分肯定了新时代全面从严治党的历史性、开创性成就，“全面从严治党的政治引领和政治保障作用充分发挥，党的自我净化、自我完善、自我革新、自我提高能力显著增强，管党治党宽松软状况得到根本扭转，反腐败斗争取得压倒性胜利并全面巩固”[②]。新时代“全面从严治党”理论与实践成果，不仅丰富和发展了马克思主义政党建设理论，提振了党的形象和自信，凝聚了党心民心，同时也为世界上其他国家的政党治理提供了中国共产党的智慧和方案。

---

① 《中共中央关于党的百年奋斗重大成就和历史经验的决议》，人民出版社2021年版，第30页。

② 《中共中央关于党的百年奋斗重大成就和历史经验的决议》，人民出版社2021年版，第33页。

一、丰富和发展了马克思主义政党建设理论

在指导无产阶级革命实践中，马克思主义经典作家对无产阶级政党建设理论有过精辟的论述。从世界社会主义发展的历史上来看，马克思主义执政党就积累了丰富的理论与实践经验。从中国共产党的发展史看，我们党根据中国的基本国情，创造性地提出并发展了适合自身国情、党情的党建理论。判断一个政党有没有战斗力、凝聚力，首先要看它的建设处于什么样的状态、什么样的水平。新时代以来，以习近平同志为主要代表的中国共产党人立足新时代，准确把握“两个大局”，紧紧围绕全面从严治党这一鲜明主题，展开了一系列关于党的建设的实践与理论探索，形成了更加促进社会经济发展、更加满足人民期盼、更加契合时代主题的党建理论，丰富和发展了马克思主义政党建设理论。

（一）更加符合新时代我国经济社会发展的现实需要

新时代我国社会主要矛盾已然发生了巨大转变，这同时也要求党的建设必须要与时俱进，必须要及时调整、及时适应。全面从严治党正是紧紧把握住社会主要矛盾的重大转变，既坚持了马克思主义执政党的本质特色，又立足于时代发展的重大变化，从多个维度来共同促进党的建设，严抓党的纪律，严肃党的作风，优化党的政治生态，让我们党能够在新时代的背景下更有能力、更有自信、更有方法地领导伟大事业的不断发展。

首先，以习近平同志为核心的党中央，以具体国情为根本出发点，

充分结合世情、国情、党情的变化，对新时代如何推进党的建设展开了全面的思考与实践探索。既充分吸收了其他政党建设的重要理论与经验，又紧密联系当前的具体国情。这一特点决定了中国共产党能够与时俱进，在时代发展中及时检验自我、完善自我，同时促进党及其领导的事业不断取得进步。

纵观整部党史，坚持理论与实践相互结合，并产生良好互动是中国共产党的鲜明品格之一。无论是在革命时期，还是社会主义建设时期、改革时期，在决定国家发展、民族前途的紧要关头，中国共产党都能够根据时代变化，注重实践探索与理论创新，及时提升自我的理论与知识水平。历史证明，每一次党的马克思主义理论水平的提高，都指导与推动了党的各项事业的前进与发展。新时代以来，党的建设理论需要在原有的基础上继续突破、开拓创新，需要对时代提出的新问题、新要求作出新的回答。总之，坚持理论创新与实践探索相结合，是我们党必能与时俱进、开拓创新的重要保障。只有不断坚持理论创新，并以此指导不断变化着的实践，才能与时俱进，在新时代中更好地彰显党的核心领导地位。

不仅如此，中国共产党将治国理政的实践经验凝练上升为党建理论，为马克思主义政党建设理论提供了新的实践经验与理论补充。以习近平同志为核心的党中央，从具体问题出发、细节入手，结合时代特征与具体国情，着重阐明了全面从严治党的重大意义，对于在新时代如何全面从严治党作出了全面、科学、系统的规划。习近平总书记特别强调了党是各项事业的核心领导，“党政军民学，东西南北中，党是领导一切的”①。

① 习近平：《决胜全面建成小康社会　夺取新时代中国特色社会主义伟大胜利》，人民出版社2017年版，第20页。

全党必须增强政治意识、大局意识、核心意识、看齐意识，坚持把政治建设摆在首位，加强党的思想建设，注重培养与建设高素质专业化的党员干部队伍，严格执行和遵守党的纪律，继续完善基础组织建设，严厉惩治腐败问题，全面增强党的执政本领等，在治国理政的具体实践中进一步拓展党建的新思维，开创党建的新格局，使党的建设上升到了新的阶段。

其次，习近平总书记关于全面从严治党的重要论述，站在全球政党的历史演变的高度，既把握住一般政党建设的规律方法，同时又在中国这样的特殊历史语境中进一步彰显出中国共产党的本质特色，充分吸收其他政党的政党建设经验，借鉴经验、吸取教训，在历史进程中不断发展与完善自己的党的建设理论，这是世界上其他政党无法比拟的优势，也是我们党长盛不衰的重要凭借。习近平总书记指出："从严治党有其自身规律，对我们这样一个老党大党来说，从严治党更有其自身规律。我们党在长期实践中，不断总结自己正反两方面经验，也积极借鉴国外执政党建设的经验教训，深刻认识到了一些从严治党规律，这些都要继续运用好。"①学习与借鉴其他政党的执政经验与教训，能够更好地将之转化为我们党不断进步的推动力。例如，20 世纪 80 年代末 90 年代初，东欧剧变，苏联解体，世界社会主义运动遭受重大挫折。这一风潮也曾影响到中国。但是，中国共产党能够力挽狂澜，带领中国人民坚定不移地前进，不仅没有重蹈苏共亡党、苏联亡国的覆辙，反而在国内外的紧张局势下经受住历史的重大考验。追溯其根本原因，就是我们党在十一届

---

① 习近平：《在党的群众路线教育实践活动总结大会上的讲话》，人民出版社 2014 年版，第 28—29 页。

三中全会之后，始终坚持改革开放，坚持四项基本原则，坚持经济建设为中心，从最广大人民群众的根本立场出发，把党的建设与国家现实发展需要、人民殷切期盼紧密结合在一起，进而迸发出强大的动力，有效地应对了国内外带来的重大风险与考验。

深入剖析苏联亡党亡国的惨痛教训，我们不难发现，其中一个重要因素就是放弃了马克思主义在意识形态领域中的领导权，同时对执政党的经验与认识还考虑不周，在如何管党治党上缺乏系统性与全局性的深度思考，对于高度集中的计划经济所产生的桎梏，以及由此带来的长期积压的社会矛盾也不能合理地解决与对待，最终由思想混乱逐渐蔓延到全局混乱，一发不可收拾，在资本主义世界的一片欢呼声中，曾经改变人类历史发展、深刻影响人类历史进程的苏联——世界第一个社会主义国家轰然倒塌。苏联亡党亡国的教训是惨痛的，现如今仍然历历在目。我们应当从中吸取教训，无论在何种情形下，都不能放弃马克思主义，放弃党的领导。以苏为鉴，开展党的建设更要注重对现实情况的深刻把握，对时代发展的充分了解，对人民群众的紧密联系，时刻以具体世情、国情、党情的变化为依据，及时地作出相应的调整与把握。夫变者，通也。尤其是新时代以来，时代的变化、世界的局势、国内的发展对党的建设提出了更多、更高的要求，只有紧跟时代变化，立足实践发展，尊重人民需求，才能不断推进伟大事业、实现伟大梦想。

最后，习近平总书记关于全面从严治党的重要论述，是坚持以人民为中心为出发点，让党的建设理论更加符合实际。为人民谋幸福、为民族谋复兴，始终是中国共产党的历史使命。毛泽东就曾经指出：“共产党是为民族、为人民谋利益的政党，它本身决无私利可图。它应该受人民的监督，而决不应该违背人民的意旨。它的党员应该站在民众之中，而决不应该站在民众之上。”[1]进入改革开放新时期之后，邓小平也曾经指出：“社会主义现代化建设的极其艰巨复杂的任务摆在我们的面前。很多旧问题需要继续解决，新的问题更是层出不穷。党只有紧紧地依靠群众，密切地联系群众，随时听取群众的呼声，了解群众的情绪，代表群众的利益，才能形成强大的力量，顺利地完成自己的各项任务。”[2]我们党之所以能够领导中国人民克服一次次困难，受到人民衷心拥护，就是因为我们党是从群众中来，到群众中去，时刻维护着人民的根本利益，始终坚持以人民为中心。江泽民指出：“我们党始终坚持人民的利益高于一切。党除了最广大人民的利益，没有自己的特殊的利益。党的一切工作，必须以最广大人民的根本利益为最高标准。”[3]胡锦涛在党的十八大报告中指出：“为人民服务是党的根本宗旨，以人为本、执政为民是检验党一切执政活动的最高标准。任何时候都要把人民利益放在第一位，始终与人民心连心、同呼吸、共命运，始终依靠人民推动历史前进。”[4]通过这些重要论述，深深体现出中国共产党无论在任何历史时期，为人民服务的初心与使命从未更改，治党、管党的最高价值取向就是一切为了人民。

党的十八大以来，我们党向全国人民许下了庄严的承诺：“人民对美好生活的向往，就是我们的奋斗目标。”[5]美好生活的实现，不仅需要

① 《毛泽东选集》第 3 卷，人民出版社 1991 年版，第 809 页。
② 《邓小平文选》第 2 卷，人民出版社 1994 年版，第 342 页。
③ 《江泽民文选》第 3 卷，人民出版社 2006 年版，第 280 页。
④ 《胡锦涛文选》第 3 卷，人民出版社 2016 年版，第 654 页。
⑤ 《习近平在十八届中共中央政治局常委同中外记者见面时强调　人民对美好生活的向往就是我们的奋斗目标》，2012 年 11 月 16 日《人民日报》。

党的坚强领导，更需要全体人民的不懈努力和持续奋斗。历史也以雄辩的事实证明，人民，只有人民才是推动历史前进的真正动力。习近平总书记对人民群众所发挥的伟大历史作用进行了高度概括："改革开放在认识和实践上的每一次突破和发展，改革开放中每一个新生事物的产生和发展，改革开放每一个方面经验的创造和积累，无不来自亿万人民的实践和智慧。"[①]中国共产党始终坚持一切以人民为中心，将党的建设、党的事业同人民群众紧紧联系在一起，以人民的利益所得作为衡量党一切工作的标准，交出了一份让时代满意、让历史满意、让人民满意的完美答卷。

在不断推进国家治理体系和治理能力现代化的进程中，全面从严治党更加突出了新时代中国共产党关于党的建设的最新思想与理论成果。建设伟大工程是关乎全面提升国家治理能力与构建整个国家治理体系现代化的关键，因为只有不断加强党的建设，全面提升党的执政水平和执政能力，在新时代才能够更好地发挥出党的领导作用，有效处理与应对重大风险，协调推进国家治理水平的全面提升，进一步完善国家治理体系与制度。

国家治理体系和治理能力现代化的实质表现就在于，作为中国唯一执政党的中国共产党，必须依据时代变化发展，促进自己的执政能力适应党治国理政的各方面的要求，必须要思考如何去构建一个系统完备、准确规范、行之有效的党的建设的综合体系。具体来看，就是既要解决好自我改善的问题，同时也要兼顾党的决策思维、决策形式、决策体制以及如何将党的领导通过国家制度优势更好地体现出来。可以说，在推

① 《习近平谈治国理政》第 1 卷，外文出版社 2018 年版，第 68 页。

进国家治理体系和治理能力现代化的进程中，党的建设问题是关键，必须首先回答新时代要建设什么样的长期执政的马克思主义政党、怎样建设长期执政的马克思主义政党这个重大时代课题。改革开放 40 多年来，中国共产党积累了非常丰富的党的建设的宝贵经验，为新时代党的建设奠定了坚定的理论基础与实践经验。历史的经验告诉我们，既要紧紧围绕着中国特色社会主义这个伟大事业来不断推动党的建设，同时也要加强与完善党的建设来反过来推进中国特色社会主义事业的不断前进，只有不断加强党的领导，完善党的执政方式，提升党的执政能力，总结党的执政经验，将党的建设伟大工程从理论与实践的双重维度出发，有力保证党的先进性与纯洁性，使党始终能够保持自身的绝对领导核心优势。

在推进国家治理体系和治理能力现代化的进程中，需要重点解决的问题就是中国共产党如何严格按照自己的执政理念、执政准则来建立一个合理完善的领导机制和执政方式，既能够符合党自身的发展要求，又符合国家发展的需求；既能够有效推动社会经济的繁荣发展，又能使得人民满意；既能正确处理国内主要矛盾，又能彰显出马克思主义执政党的鲜明特色，为世界其他政党提供可以借鉴的中国经验。

邓小平在《党和国家领导制度的改革》中就明确指出：“我们过去发生的各种错误，固然与某些领导人的思想、作风有关，但是组织制度、工作制度方面的问题更重要。这些方面的制度好可以使坏人无法任意横行，制度不好可以使好人无法充分做好事，甚至会走向反面。”[①]改革开放以来，对党的制度建设的探索一直都未停下，怎样构建出一套行之有

① 《邓小平文选》第 2 卷，人民出版社 1994 年版，第 333 页。

效的执政制度，中国共产党作出了实践努力与理论创新，逐步完善了一系列规章制度，例如，制定了党的各级代表大会、党的组织生活、党的干部任用、党的纪律、党内监督等，极大地推动了党的建设，让党拥有了更大的凝聚力与战斗力。党的十七大在总结历史经验的基础上，直面党建所面临的时代课题，提出了思想建设、组织建设、作风建设、反腐倡廉建设和制度建设的党建总格局。党的十八大以来，习近平总书记根据新时代党建领域出现的新问题新情况，提出把政治建设摆在首位，突出强调了中国共产党作为一个马克思主义政党，就是要旗帜鲜明地讲政治。全党都要坚定维护党的政治路线，执行党的政治任务，严守党的政治纪律，坚守党的政治底线，营造清明的政治环境。把政治建设摆在首位，就是在新时代继续保持党的领导优势，对推进整个党的建设格局有着总领性的作用，对提升党的执政能力与执政水平有着至关重要的作用。

在推进国家治理体系和治理能力现代化的进程中推进党的建设，就是要紧跟时代潮流，顺应社会发展，尊重人民要求，对党的建设提出更高的要求，要着眼全局、统筹兼顾，将党的政治建设、思想建设、组织建设、作风建设、纪律建设、制度建设等方面全方位地结合起来，锻造出一支更加具有战斗力、凝聚力、领导力和号召力的马克思主义执政党队伍。

（二）紧紧围绕着“全面从严治党”这个重点来全面加强党的建设

“全”“严”“治”就是新时代党的建设最为鲜明的特征。党的十八大以来，以习近平同志为核心的党中央坚持问题导向和强烈的使命担当，驰而不息地推动全面加强党的建设。回顾党的历史，从严治党、管党一直是我们党能够始终保持自身优势、提升自我战斗力的重要法宝。无论是在民主革命时期，还是在社会主义建设与改革时期，“打铁必须自身硬”一直都是中国共产党始终遵循的基本法则。正如习近平总书记在中国共产党第十八届中央纪委第六次全体会议上的重要讲话中指出：“全面从严治党，核心是加强党的领导，基础在全面，关键在严，要害在治。”[①]这段话就为我们党指明了全面从严治党的关键所在，点明了新时代如何理解和把握全面从严治党。

首先，全面从严治党的核心在于加强党的领导。东西南北中，党政军民学，党是领导一切的。中国特色社会主义进入新时代，迎来了前所未有的变局。面对时代提出的新要求、新问题、新矛盾，都更加要求中国共产党充分发挥领导核心作用。在建设新时代中国特色社会主义伟大事业中，加强党的领导，就是要适应时代发展的要求。每一个历史阶段都有着特定的发展要求。党的十八大以来，国内社会主要矛盾发生改变，如何应对这种矛盾转变，如何在时代发展中正确处理基本矛盾，成为党治国理政的重点问题。针对时代提出的新课题，习近平总书记指出，目前我国“更加突出的问题是发展不平衡不充分，这已经成为满足人民日益增长的美好生活需要的主要制约因素。”[②]只有全面加强党的领导，才能正确认识主要矛盾的转变，才能寻求正确的解决方法。中国特色社会主义事业在时代中不断发展，就是始终坚持了党的领导这一最大的核心优势，中国能够在稳定中快速发展也是因

---

① 中共中央宣传部编：《习近平新时代中国特色社会主义思想学习纲要》，学习出版社、人民出版社 2019 年版，第 223 页。

② 习近平：《决胜全面建成小康社会　夺取新时代中国特色社会主义伟大胜利》，人民出版社 2017 年版，第 11 页。

为党的领导，中华民族能够实现伟大复兴也是因为坚持党的领导。只有加强党的领导，中国特色社会主义事业才能屹立不倒，中国才能继续走出强国风采，中华民族才能真正实现复兴。因此，全面从严治党的核心就是加强党的领导，在这条最主要的主线之下，党的各项工作与事业才能顺利开展。

其次，全面从严治党，“基础在全面”。党的建设是一项系统、复杂、长期的伟大工程，党的十八大以来，党的建设取得了非常瞩目的成就，但是仍然存在着一些问题，决不能掉以轻心。倘若把党看成一座高楼大厦，那么党的建设就必须从基础出发，兼顾全局，既要有夯实的“地基”，也要有坚固的“墙体”，还要有系统的“设计”，这些地方包括了基础设施和高层设计，包括了整体框架和具体细节，总之，全面从严治党，就必须从全面出发、从全局出发。截至 2022 年年底，我们党拥有 9800 多万名党员，506.5 万个基层党组织，可谓是党员数量庞大、基层组织数众多，这固然体现了党的强大，同时也给全面从严治党、管党提供了一定的“工作量”。但是，不管工作内容多少、是否繁杂，党的建设必须贯穿到底，既要上接高端，也要下连地气；既要有总纲总领，也要顾及方方面面。因此，党的建设不仅要严格，还要全，要覆盖到各个领域、各个部门、各个方面乃至每名党员。党的建设只有从全面出发，统筹兼顾，才能从根本上达到管党治党的根本目的。

再次，全面从严治党，“关键在严”。党的建设必须要严格，所谓从严，就是不但要以一个严格的标准要求自己，也要严肃查处腐败行为，对党员干部严格管理，对党章和党内其他规章制度严格遵守，始终保持党的高度凝聚力与强大战斗力。习近平总书记指出：“全党要清醒认识到，我们党面临的执政环境是复杂的，影响党的先进性、弱化党的纯洁性的因素也是复杂的，党内存在的思想不纯、组织不纯、作风不纯等突出问题尚未得到根本解决。”[①]这段话为全面从严治党指出了现实依据。新时代对我们党的建设提出了更高的要求，特别是我们党领导中国人民在改革开放与社会主义现代化建设的历史进程中，遇到很多新的问题与困难，并且这些难题是长期性、复杂性的，党面临着来自国内与国外、党内与党外的多重考验，这些都需要我们必须不断加强党的建设，必须坚持全面从严治党，既要在严格的锻炼中保持党的先进性与纯洁性，进一步增强党的战斗力，让党能够在各种风浪考验中稳步前进，时刻保持强大的政治定力，以一个屹立不倒的执政党形态去应对时代之问，同时也需要以身作则，用严格的高标准要求自己，为世界、为国家、为人民树立一个良好的政党形象。全面从严治党的关键，还是要以“严”为准则，只有在严格的治党、管党的标准下，对党的建设提出更高的要求，才能更好地解决和应对新的问题与矛盾。

最后，全面从严治党，“要害在治”。治理这么大的一个党，不仅要充分发挥党中央的核心领导作用，同时也需要各级党组织积极承担责任，努力配合上级工作，共同推进党的建设的不断前进，把党作为中国特色社会主义事业的坚强领导核心的地位与优势充分体现出来。具体来说，“治”的要义主要包括两个方面。其一，体现在党自身的建设上，要构建起一套行之有效、科学规范、系统严密、形式完善的制度体系，在这样一个制度体系管制下，党自身的建设能够得到有效的保证。当然，对于这种制度体系的探索仍然未达到完美的理想状态，因此，习近平总书记

① 习近平：《决胜全面建成小康社会　夺取新时代中国特色社会主义伟大胜利》，人民出版社 2017 年版，第 61 页。

强调："增强依法执政本领，加快形成覆盖党的领导和党的建设各方面的党内法规制度体系，加强和改善对国家政权机关的领导。"[①]制度建设必须贯穿于党的建设的方方面面，无论从整体格局出发，还是细节之处着手，都要进一步充分发挥制度体系上的优势，保证党自身的建设能够处在平稳合理的状态。其二，全面从严治党，最为要紧的是如何去"治"，只有在"治"的基础上才能既要"全面"，又要"从严"，只有把握好"治"，才能协调推进"全面""从严"两大方面，总的来说，全面从严治党的首要基础就是解决"治"的问题。

二、提升了党的形象和自信

习近平总书记关于全面从严治党的重要论述，不仅内容丰富、逻辑严密、体系完整，而且还能够创造性地结合时代特征来深入解读党的建设的根本内涵，对推进党的建设起到至关重要的指导作用与实践意义，为党的建设提供了新的明确指导方向，极大地提升了党的形象和自信，使党能够在新时代更好地承担起领导核心的伟大责任。习近平总书记指出："民族复兴梦想越接近，改革开放任务越繁重，越要加强党的建设。安不忘危，才是生存发展之道。我们党面临的'四大考验'、'四种危险'是长期的、复杂的、严峻的。要坚持党中央集中统一领导，在各级党组织和广大党员、干部中强化政治意识、大局意识、核心意识、看齐意识，

① 习近平：《决胜全面建成小康社会　夺取新时代中国特色社会主义伟大胜利》，人民出版社2017年版，第68—69页。

确保在思想上政治上行动上始终同党中央保持高度一致。”[①]这段重要论述就非常明确地指出了在带领中国人民和中华民族实现伟大中国梦、不断推进中国特色社会主义伟大事业的历史进程中，面对党在执政中所遇到的各种风险考验，需要继续加强党的领导，强化“四个意识”，坚定“四个自信”，做到“两个维护”，拥护“两个确立”，在时代的发展中全面提升党的执政能力与水平，树立党的形象，增强党的自信，构建一个良好的政党形象。

党的十八大以来，全面从严治党取得了良好的实际效果，我们党深入开展党的群众路线教育实践活动和“三严三实”专题教育，推进“两学一做”学习教育和党史学习教育制度化、常态化、长效化，把教育形式、方法落实到实践中去，大大加强了党的建设，使我们党更加坚定理想信念，在工作实践中锤炼出更加坚强的党性。不仅如此，党的制度建设、纪律建设都得到了不断完善，反腐败斗争压倒性态势已经形成并不断巩固。总的来说，全面从严治党在党的政治建设、执政能力与执政水平建设、党内法度法规建设、严肃党风党纪、坚决反对腐败等方面取得重大胜利，在治国理政的具体实践中全面提升了党的形象与自信，让我们党更加有信心也更加有能力带领中国人民与中华民族完成伟大事业的时代壮举。

在新时代全面从严治党的大好形势下，中国共产党向世界所展示的最佳形象就是敢于面对挑战，勇于应对风险，是一个有能力、有责任同时又真诚、友善的世界性政党。归根结底，这是因为我们党与生俱来的政党品质：坚定不移的理想信念、不断巩固的执政基础、公正严明的

---

① 《习近平关于全面从严治党论述摘编》，中央文献出版社 2016 年版，第 90—91 页。

组织纪律、严于律己的优良作风、自我革命的政治勇气。正如习近平总书记所指出的："当今世界，要说哪个政党、哪个国家、哪个民族能够自信的话，那中国共产党、中华人民共和国、中华民族是最有理由自信的。"[①]全面从严治党对提升党的形象和自信是多维度的，在道路、理论、制度、文化等方面深刻地体现了出来。

首先，全面从严治党彰显出我们党的道路自信。中国特色社会主义道路，"是在改革开放30多年的伟大实践中走出来的，是在中华人民共和国成立60多年的持续探索中走出来的，是在对近代以来170多年中华民族发展历程的深刻总结中走出来的，是在对中华民族5000多年悠久文明的传承中走出来的，也是科学社会主义理论逻辑和中国社会发展历史逻辑的辩证统一，具有深厚的历史渊源和广泛的现实基础。"[②]我们所走的路，是在长期实践与理论探索中不断形成的，既不是封闭僵化的老路，也不是改旗易帜的邪路，而是在广泛的实践基础上，坚持马克思主义的科学指导思想，吸纳了数千年的中华优秀文化沉淀，依据中国现实国情所探索出的正确之路。这条路，从正面回答与解决了什么是马克思主义、怎样对待马克思主义，什么是社会主义、怎样建设社会主义、建设什么样的党、怎样建设党，实现什么样的发展、怎样实现发展等一系列重大问题，走中国道路既是历史的必然选择，也是中国人民的必然选择。无论从历史前进的层面还是从现实发展的层面上看，它不仅仅是一条光明前途和充满希望的社会主义道路，更承载着实现中国梦的伟大希冀。正是因为这种强大的道

---

① 习近平：《在庆祝中国共产党成立95周年大会上的讲话》，人民出版社2016年版，第12页。

② 《习近平总书记系列重要讲话读本（2016年版）》，学习出版社、人民出版社2016年版，第10页。

路自信，赋予了全面从严治党更大的时代魅力。

道路自信为全面从严治党提供了自信根基。这是因为，全面从严治党锻造了一支具有强大的战斗力、高度的凝聚力、丰富的创新力的马克思主义执政党队伍。中国共产党在不断开创中国特色社会主义新局面的历史进程中，会根据时代发展、国情变化、社会转变等现实因素来不断调整自我、改善自我，对自己提出更加严格的治理、管理要求，正是有了这种强大的道路自信，赋予了全面从严治党更加坚定的现实依据，对党的建设新的伟大工程提出了更加具体的要求，把党的建设置于到现实发展的具体语境中去，让党的建设在正确道路选择的基础上继续拓展出新的理论境界与现实境界，将道路自信深深植根于党的建设之中。也正是这种强大的道路自信，为全面从严治党注入了更加强大的现实动力。正是因为有了中国共产党，中国道路才能不断形成不断发展，同时，也正是这种强大的道路自信，给予全面从严治党深厚的现实支持，更加明确了我们党到底应该如何领导社会主义中国，如何带领中国人民和中华民族继续走好中国道路。

其次，全面从严治党彰显出我们党的理论自信。习近平总书记指出，“我们党是高度重视理论建设和理论指导的党，强调理论必须同实践相统一。我们坚持和发展中国特色社会主义，必须高度重视理论的作用，增强理论自信和战略定力。”[①]改革开放以来，中国特色社会主义之所以能够取得令世人刮目相看的伟大成就，就是因为我们坚持了马克思主义，坚持了中国特色社会主义，坚持将马克思主义同中国实际和优秀传统文化相结合，不断丰富与发展了中国化的马克思主义。从一定程度上来说，理论体系的不断成熟也彰显出理论的更加自信。因为我们的理论发展是

① 《习近平谈治国理政》第2卷，外文出版社2017年版，第62页。

建立在深厚的实践基础上的，是经过时代与人民无数次检验的，是被历史证明的正确理论。因此，这种强大的理论自信，让党的建设新的伟大工程能够在时代的发展中更加稳健、更加坚固。实践的成功离不开正确的理论指导。党的建设新的伟大工程正是因为这种强大的理论自信，才能彻底解决信念动摇、根基不稳的问题。

纵观中国百年近代史，无论是农民起义还是君主立宪，无论是资产阶级改良运动或是暴力革命，无数爱国人士为了寻求一条适合中国的强国之路，进行了无数次尝试与探索，付出了无数的血汗，但始终未能找到通往强国的途径。马克思主义传入中国后，对中国革命产生了前所未有的影响，让中国人民相信，在旧中国这样的一个落后国家，也能够凭借着科学的理论指导进行正确的革命，能够建立起人民当家作主的新的人民共和国。坚持马克思主义，是时代的选择，是历史的选择，也是人民的选择，是经过实践证明能够拯救旧中国的新思想、新理论。中国共产党成立一百多年来，无论是革命时期、建设时期还是改革时期，马克思主义理论赋予了我们党实事求是、脚踏实地的执政风格，赋予了我们党与时俱进、开拓创新的思维立场，赋予了我们党立党为公、执政为民的政治理念，赋予了我们党继承传统、创造未来的巨大勇气。新时代，坚持和发展中国特色社会主义，必须坚持马克思主义的科学指导，把马克思主义中国化的理论创新同党治国理政的具体实践结合起来，高扬信仰之旗，坚定必胜信念，战胜各种容易引起信仰缺失、理论自卑、理想动摇的风险挑战，真正把马克思主义的科学性与真理性体现到党的建设之中。理论自信来源于理论的真实与科学，全面从严治党，就是要求每个党员坚守对马克思主义理论的信仰，充分发挥出马克思主义理论的科学指导作用，就是要坚持让马克思主义深入党心民心，在时代的考验中、人民的检验中、社会的测验中建设一支拥有强大理论自信的马克思主义执政党队伍。

再次，全面从严治党彰显出我们党的制度自信。人无自信，无以自进；党无自信，无以立命；国无自信，无以自强。一个国家，一个民族，一个政党，对本国的制度，制度的前景与未来以及制度的生命力有了充分的自信与肯定，无论遭受到何种质疑与困难，无论接受何种考验与攻讦，都能够信心满满、坦然面对，科学地认识和看待本国的制度，在实践中不断进行完善与发展，这就是制度自信的集中体现。中国特色社会主义制度继承了中华民族5000多年来优秀文化的精髓意蕴，总结了近代以来百年的民族发展历史与经验，是在新中国成立70多年来的持续探索与改革开放40多年来的伟大实践中形成与发展的，它承载着历史的沉淀、时代的要求、人民的期盼，我们最有理由坚信这个"道路"的光荣与伟大所在。中国共产党坚持制度自信，把制度自信贯彻到党的执政理念与执政方式之中，始终坚持中国特色社会主义制度，充分发挥出中国特色社会主义制度的巨大优越性，带领中国人民与中华民族开创新的历史，让社会主义中国焕发出勃勃生机，不断创造中国奇迹，为世界的和平与发展事业贡献出中国力量。

全面从严治党需要认识与理解制度自信的重要性。国家制度本身就具有根本性、全局性、稳定性和长期性。"国家与人民对其所运行的制度是否自信，是国家得以成长和巩固的最基本的精神基础与政治基础，直接决定着国家的内聚力与竞争力，进而决定着国家的兴衰命运。"①坚持制度自信，发挥制度优势，把制度自信贯穿于建设中国特色社会主义伟

① 林尚立：《制度与发展：中国制度自信的政治逻辑》，《中共中央党校学报》2016年第2期。

大事业的历史进程中。可以说，坚持中国特色社会主义制度自信，体现了中国制度的坚固性与稳定性。制度自信不仅仅体现在国家制度的层面，还体现在治党治国的深层逻辑之中。全面从严治党是为了更好地提升党的执政本领，更好地坚持中国特色社会主义制度，更好地实现伟大的中国梦。如果对国家根本制度产生怀疑，偏离了根本制度，那么执政党就会变质，国家的发展与民族的前途也就会出现严重问题，更不用说如何加强与改善党的建设了。实际上，也只有在制度自信的总体范畴中，全面从严治党才能取得更加显著的成效。这主要是因为制度自信是全面从严治党所遵循的内在逻辑，如果说理论自信赋予了全面从严治党最根本的理论遵循，那么制度自信则保证了全面从严治党的持续性与有效性。因为只有在中国特色社会主义制度的基础上，全面从严治党才能有所巩固、有所依靠，才能在广泛而坚定的制度保证中顺利推行。

最后，全面从严治党彰显出我们党的文化自信。树高千尺而不忘其根，江长万丈而不忘其源。习近平总书记指出："文化是一个国家、一个民族的灵魂。文化兴国运兴，文化强民族强。没有高度的文化自信，没有文化的繁荣兴盛，就没有中华民族伟大复兴。"[①]文化自信反映出一个政党、一个民族、一个国家的历史意蕴与内在力量。如果没有对本国、本民族文化的充分自信，那么必然会在世界复杂的发展形势中丧失民族特性，最终会消逝在历史的长河中。实际上，文化是一个国家一个民族赖以生存的精神枢纽，文化自信则直接反映出这个国家民族是否具有强大的精神状态与良好的精神风貌。就中国的现实语境来说，文化自信关

---

① 习近平：《决胜全面建成小康社会　夺取新时代中国特色社会主义伟大胜利》，人民出版社 2017 年版，第 40—41 页。

系到我们能否高水平、高标准地完成“两个一百年”的奋斗目标、实现伟大的中国梦的历史使命。坚定文化自信，彰显出新时代党的建设有着深厚的历史文化积淀和深远的价值意蕴。

文化自信是我们党向世界传达和平与友善的理念支撑。习近平总书记指出：“中国共产党是为中国人民谋幸福的政党，也是为人类进步事业而奋斗的政党。中国共产党始终把为人类作出新的更大的贡献作为自己的使命。”①将和平与友善的发展理念传达给世界，塑造良好的中国形象与政党形象，是全面从严治党的一大重要任务。中华文明源远流长，在5000多年的历史传承中，已经形成了独具特色、博大精深、内涵丰富的文化体系。中华文明不仅造福了中国人民，也造福了世界人民，其丰厚的历史积淀、积极的人类关怀及其所取得的成就，已经成为中国特色社会主义文化自信的根基。党的十八大以来，习近平总书记以政治家的果敢担当、战略家的深谋远虑、理论家的宏大智慧，弘扬中华优秀传统文化中“天下一家”“达则兼济天下”的价值观，提出推动构建人类命运共同体和全人类共同价值，提出全球发展倡议和全球安全倡议，积极倡导和推动“一带一路”建设，宣扬新发展理念，并多次出席诸如联合国大会、二十国集团领导人峰会、亚太经合组织领导人非正式会议、上合组织成员国元首理事会等世界性会议，阐发关于世界治理的中国主张和中国智慧，加强了与国际社会的交流合作，向世界传达了中国话语、塑造了中国形象。不仅如此，经过改革开放40多年的发展。中国已经发展成为世界大国，是世界新秩序的有力建设者和维护者，既有“大”的样子，

① 习近平：《决胜全面建成小康社会 夺取新时代中国特色社会主义伟大胜利》，人民出版社2017年版，第57—58页。

又有“大”的实力。当今世界各国相互间的依存度已经超越了“地球村”时代，而进入了“一幢楼”时代。同一幢楼里任何一家出现危机必然殃及整幢楼的安全。构建人类命运共同体，不仅是我们党关于世界未来走向的科学设想，体现了世界未来发展的必然要求，更彰显了我们党的文化自信。如果没有足够的文化自信，我们党就不可能提出这么伟大的科学构想，更不能承担起相应的领导责任。文化自信赋予了中国共产党强大的理念支撑，在不断推进全面从严治党的进程中，强调文化自信，在浩瀚悠久的中华文明里汇聚强大的文化动力，更加能够彰显出我们党作为领导社会主义中国的马克思主义执政党的国家特色、民族特色、文化特色。

三、凝聚了党心民心

习近平总书记关于全面从严治党的重要论述，以科学的理论品格、严谨的逻辑体系、鲜明的时代特征、扎实的实践态度，带领党和人民不断开启新的时代格局，不仅让全党上下一条心，朝着共同的理想目标不断前进，同时也受到了人民的衷心拥护与支持，让我们党与广大人民群众紧密联系在一起，以更加积极的姿态应对时代考验。具体来说，总书记关于全面从严治党的重要论述指导了党正确处理与解决所面临的各种风险挑战；推进了党的建设新的伟大工程；创新了党的执政理念、深化了党的执政方略、提升了党的执政能力、升华了党的执政思维，大大地凝聚了党心民心，为实现伟大的中国梦、推进中国特色社会主义伟大事业注入了新的活力。

首先，习近平总书记关于全面从严治党的重要论述指导我们党正确处理与解决了所面临的各种风浪考验。党的十八大以来，习近平总书记发表了一系列关于全面从严治党的重要讲话，从党员领导干部的日常生活抓起，以“八项规定”为抓手，以规范党内政治生活为切入点，以加强党的政治建设为重点，引领全党牢固树立“四个意识”，坚定“四个自信”，做到“两个维护”，拥护“两个确立”，有力提升了全党的政治能力、思维能力、实践能力、学习能力；以坚定理想信念、加强党性教育为重要手段，对部分党员理想不坚定、党性不纯洁、思想不正确等现实问题进行了有效补救，补足了党员干部的精神之“钙”；以抓重点、抓关键、加强基层组织建设为重点，深入开展党的组织建设，极大提升了党的凝聚力与战斗力；以党的群众路线教育、“三严三实”专题教育、“两学一做”学习教育和党史学习教育等活动为代表，持续推进党的作风建设，克服党在工作实践中出现的精神懈怠、工作懈怠、信仰懈怠等问题；以零容忍的坚决态度处理反腐问题，坚持做到依法治国、从严治党，夺取更大的反腐败斗争胜利；坚持捍卫党章，严格遵守党内其他法规制度，形成了以党章为党员行为标准的衡量尺度、参照标准。历史充分证明，深入学习、理解、运用习近平总书记关于全面从严治党的重要论述，我们党才能站稳立场，始终保持正确的政治方向；才能在复杂的国际局势中从容应对，为人类社会的发展作出更多、更大的“中国贡献”；才能正确处理与解决国内社会主要矛盾发生重大转变所带来的困境与难题；才能更好地维护最广大人民群众的根本利益；才能在理论与实践结合中不断发展马克思主义理论，向世界证明马克思主义仍然焕发着强大的生命力。

其次，习近平总书记关于全面从严治党的重要论述进一步推进了新的伟大工程，让中国共产党更加具备符合时代要求、符合社会进步、符合人民意愿的能力与水平。在党的建设目标上，习近平总书记明确指出新时代党的建设目标就是要“把党建设成为始终走在时代前列、人民衷心拥护、勇于自我革命、经得起各种风浪考验、朝气蓬勃的马克思主义执政党”[①]；在管党治党的具体策略上，习近平总书记强调：“全面从严治党，核心是加强党的领导，基础在全面，关键在严，要害在治”[②]，必须把从严治党全面贯彻到党的建设的方方面面；在党的建设思路上，习近平总书记提出，要把党的政治建设摆在首位，集中全党的智慧与力量，全面推进思想建设、组织建设、作风建设、制度建设、纪律建设等，并使之形成合力；坚定党员干部的理想信念和宗旨意识，不断调动全党的主动性、积极性、创造性；深入开展反腐败斗争，确保党的建设有质量、有厚度；在党的建设方法途径上，习近平总书记提出，推进党的建设新的伟大工程，必须结合伟大斗争、伟大事业和伟大梦想来进行，在建设中国特色社会主义伟大事业、实现中华民族伟大复兴的历史使命中不断改善和加强党的建设；在党的建设推动力量上，习近平总书记提出，要与人民群众同呼吸共命运，始终保持与人民群众的血肉联系，带领人民群众共同朝着实现美好生活和中华民族伟大复兴的宏伟目标奋勇前进。当前，在习近平总书记全面从严治党重要论述的正确指导下，我们取得了党的建设显著成绩，开创了党的建设的新格局。

最后，习近平总书记关于全面从严治党的重要论述创新了党的执政理念、深化了党的执政方略、提升了党的执政能力、强化了党的执政思

① 《中共中央关于党的百年奋斗重大成就和历史经验的决议》，人民出版社2021年版，第30页。

② 中共中央宣传部编：《习近平新时代中国特色社会主义思想学习纲要》，学习出版社、人民出版社2019年版，第223页。

维，进一步加深了我们党对所肩负的历史使命与现实任务的认识，彰显了党的建设与治国理政的内在统一，号召全党全国人民团结一致、勠力同心，朝着光明未来不断前行。党的十八大以来，全面建成小康社会进步显著，脱贫攻坚取得重大胜利，经济发展稳步前进，社会治理不断改善，生态文明建设取得长远进步；全面深化改革迈向纵深，在一些关键环节和重要领域取得突破性进展；全面依法治国不断得到推进，中国特色社会主义法律体系不断完善、进步，进一步加强了我国的法治建设。实践充分证明，习近平总书记关于全面从严治党的重要论述，为加强党的建设、推进党和国家各项工作，带领中国人民与中华民族不断奋斗，提供了行动指南，必将会指引我们党团结带领人民，在建设新时代中国特色社会主义的历史进程中，取得更大的胜利。

四、为世界政党治理提供了智慧

当今世界一共有 2000 多个政党活跃在各国的政治舞台上。政党是当今世界上国家政治生活中基本的，也是最重要的政治力量。具体来说，政党通过各种方式、途径、方法、形式来影响政府、组织政府或者领导政府。执政党作为领导国家的党派，其指导思想、奉行理论、实践方式、执政理念等对整个国家产生巨大的影响，因此，政党治理是每个政党尤其是执政党必须要开展的政治活动之一，无论是出于对政党自身水平的改善，还是对政府、国家治理能力的提升，政党治理已经成为一个日趋重要的问题。习近平总书记关于全面从严治党的重要论述的一大鲜明特色，就是立足于中国共产党从世界最大政党向世界最强政党的伟大历史转变，彰显出了中国共产党作为世界上最大的马克思主义执政党，在 21

世纪仍然焕发着青春的活力，依然能够不断更新自我、改善自我，能够不忘初心、牢记使命，在新时代的风险考验中凸显出鲜明的政党本色，继续带领中国人民建设中国特色社会主义伟大事业，这无疑为世界其他政党提供了中国式的党建智慧与经验。

首先，政党治理要有坚强的领导核心。一个坚强的领导核心所发挥的作用是决定性的，政党治理只有在这个“首脑”的协调指挥下才能顺利开展。习近平总书记关于全面从严治党的重要论证中，就非常注重发挥党的领导这个核心优势的作用。他多次强调坚持党的领导的重要性：“中国特色社会主义最本质的特征就是坚持中国共产党的领导，中国的事情要办好首先中国共产党的事情要办好……应对和战胜前进道路上的各种风险和挑战，关键在党。我们要聚精会神抓好党的建设，使我们党越来越成熟、越来越强大、越来越有战斗力。”[①]习近平总书记的这段精辟的论述从国家发展与政党治理的双重层面指出了中国共产党这个领导核心的重要作用，一方面指出国家发展、社会进步、民族复兴离不开党的领导；另一方面则指出加强党的建设的重要性与必要性，彰显出要完成建设中国特色社会主义伟大事业就必须坚持中国共产党的领导，充分发挥好中国共产党这个领导核心所产生的巨大优势，无论遇到什么艰难险阻，都要紧紧抓住党这个关键。世界各国的执政党也需要保持本党的政治优势，尤其是保持领导优势，确保自己的执政基础与执政地位不动摇。政党作为一个政治组织，一旦丧失了领导优势，就等于放弃了领导权，再强大的政党也会受到巨大冲击与损失，甚至会带来亡党亡国的危险。因此，政党治

① 《习近平关于全面从严治党论述摘编》，中央文献出版社2016年版，第6页。

理所要解决的一大问题就是如何加强党的领导，实现这一目标需要从多个方面来同时进行，不仅要在思想上确立坚持党的领导这一最重要的政治理念，也要在治国理政的具体实践中不断改进与完善党的执政能力与执政水平，兼顾执政党的硬实力与软实力，进而继续保持党的领导的核心地位。

中国共产党依据世情、国情、党情，在长期加强党的建设的历史进程中积累了丰富的党建经验，对于如何加强党的领导地位，巩固党的执政基础，有着中国式的方式方法。具体来看，可以表现为以下几点。

第一，加强党的领导，就必须坚持思想从严。中国共产党是马克思主义政党，马克思主义理论作为党的根本指导思想，既需要在实践中不断发展，也需要在发展中不断坚持。在思想上从严治党，就是要学好、用好马克思主义理论，在时代的发展中加深对马克思主义的理解与认识，坚持用马克思主义中国化的最新成果武装头脑，通过对理论的学习与掌握来全面坚定党的理想与信念，坚持开展党性教育活动来锻炼党性、锤炼党魂、凝聚党心，在时代的考验、人民的呼唤、历史的进程中锻造一支思想上坚定不移、信念上毫不动摇、行动上协调一致的马克思主义执政党。全面巩固党的领导地位，就必须保持思想上的优势，坚定意识形态上的自信。也只有坚持思想上从严治党，才能有效保持党的先进性、纯洁性，才能进一步增强中国特色社会主义“四个自信”，也才能在领导中国人民与中华民族实现伟大中国梦的历史进程中彰显党的形象与自信，体现党的领导的巨大优势。

第二，加强党的领导，就必须坚持管党从严。坚持党的领导，加强党的领导，关键在于要引导全党不断增强政治意识、大局意识、核心意识、看齐意识“四个意识”，从全局上掌控党的建设。不仅要在全面从严治党中明确管党治党的责任，树立管党治党的政治意识，不断推进党的建设，把管党治党当作重要任务来执行。同时，也要不断增强各级党组织管党治党的意识和能力，把党的建设贯彻到基层党组织中去。我们党是一个拥有 9800 多万名党员的大党，管党治党要从基础抓起，各级党组织就扮演管党治党的重要角色。坚持党的领导，提高党的执政能力，必须发挥出各级党组织的作用，对每一个党员都要坚持从严管理原则，从而保证全党的战斗力、凝聚力和创新力。

第三，加强党的领导，就必须坚持执纪从严。中国共产党作为中国唯一的执政党，必须要时刻严明纪律，起到最具影响力和说服力的模范带头作用。习近平总书记指出："党面临的形势越复杂、肩负的任务越艰巨，就越要把纪律建设摆在更加突出位置，坚持纪严于法、纪在法前，把纪律和规矩挺在前面。"[①] 只有从严执纪，才能有力地震慑各种违纪现象，起到不敢腐的效果。事实上，纪律是检验政党领导能力的试金石。一个政党能不能从严执纪，往往决定了这个政党有没有向心力、号召力和凝聚力。而没有向心力、号召力和凝聚力的政党是不可能有领导能力的，因此，只有从严执纪才能保证政党的向心力、号召力和凝聚力，进而增强其领导力。纪律是提升执政党执政能力的重要保障。执政是一个大的系统工程，需要整个执政体系同向发力，才能取得最佳效果。这就要求执政党必须有高度集中的能力，而这如果没有铁的纪律的约束通常是办不到的。纪律还是维护党的先进性、纯洁性，树立良好的执政党形象的必然要求。我们党是为人民执政，具有先进性和纯洁性的马克思主义政党，但是，这种先进性、纯洁性并不是天生的，执政党的形象也不

---

① 中共中央宣传部编：《习近平新时代中国特色社会主义思想学习纲要》，学习出版社、人民出版社 2019 年版，第 235 页。

是靠吹的，必须在实践中淬炼，用纪律保障。

第四，加强党的领导，就必须坚持治吏从严。选拔和培养一批具有高度的政治自觉和良好的能力素养的党员干部对于我们建设中国特色社会主义起到极为关键的作用。用高标准严格要求干部，坚持正确用人导向，充分调动党员干部的积极性、主动性与创造性，对于完成伟大事业、实现伟大梦想、进行伟大斗争、建设伟大工程都有着十分重要的作用。从严治吏不仅需要严格遵守选人用人的原则与标准，还应该深化干部人事制度的改革，切实保障干部人才能够发挥作用，根据时代发展要求调整干部任用与选拔标准和要求，为新时代中国特色社会主义伟大事业的顺利推进提供坚强的人才保证。

第五，加强党的领导，就必须坚持作风从严。始终保持党的优良作风，根除那些违背党的性质、宗旨的邪风、歪风，是不容忽视的问题。优良作风是我们党始终保持战斗力、凝聚力、创新力的重要保证，无论处于什么样的历史时期，保持优良作风既有利于进一步加强我们党与人民群众的血肉联系，同时也树立了良好的政党形象。可以说，党的作风建设的不断加强，是我们党赢得人民衷心拥护、提升自我能力、维护良好的政党形象的重要依靠。在党的十九大报告中，习近平总书记指出，“我们党来自人民、植根人民、服务人民，一旦脱离群众，就会失去生命力。加强作风建设，必须紧紧围绕保持党同人民群众的血肉联系，增强群众观念和群众感情，不断厚植党执政的群众基础。”[①]继续坚持党的作风建设，维护党的良好形象，巩固党的执政基础，对于全面加强党的领

① 习近平：《决胜全面建成小康社会　夺取新时代中国特色社会主义伟大胜利》，人民出版社 2017 年版，第 66 页。

导起着重要的作用。

第六，加强党的领导，就必须坚持反腐从严。反腐倡廉本身就是一项任重道远的任务，必须严格进行，绝不能松懈。腐败现象涉及金融、教育、科技甚至是政府等行业或领域，已经对社会稳定与市场秩序产生不容忽视的负面影响。这是因为在和平与发展成为当今世界主题的时代背景下，经济发展空前繁荣，物质条件不断改善，间接地为腐败提供了“温床”，贪污腐败的事件屡见不鲜。倘若仅仅是严厉惩治腐败，还不足以根治，更重要的是要加快构建合理的防腐机制，其目的就是从根本上杜绝腐败，达到不敢腐、不能腐、不想腐的境界，也就是说，通过构建相关制度与思想教育，把腐败的根源消除，除了采取严厉的惩治措施，让权力控制在合理合法的范围之内，不仅如此，在思想上也抵制腐败思想，从精神、管控、行为三个方面来做到杜绝腐败行为。反腐倡廉建设是全局性、长久性的，党中央所部署的“不敢腐、不能腐、不想腐”的应对机制，就充分说明了我们党对整个反腐斗争的长远考量。执政党作为国家的领导核心，掌控与行使国家权力，就必须要警惕政治腐败、经济腐败的现象发生，坚持反腐从严，从根本上杜绝腐败，让执政党更加具有号召力与说服力。

其次，政党治理要有充分的现实考虑。全面从严治党能够取得历史性成效，其中的重要原因之一就是它本身超越了其他政党所固有的思维与模式的局限性，从党内党外两个角度出发，充分考虑到现实情况，把党的建设置于实现国家发展、推动社会进步、追求人民幸福的现实维度，赋予了党建更为广阔的视野与思维。将管党治党与现实情况紧密结合，既有对党的最高理想的坚守与追求，也有对社会经济发展的科学规划，还充分考虑到人民群众的真实意愿，充分体现了中国共产党作为一个大党、强党该具有的成熟稳重。当然，党的建设本身就是一个全局性、系统性的浩大“工程”，如果仅仅只从党内的角度出发，那么管党治党会缺乏现实意义；如果只从党外的角度出发，那么管党治党则会失去基本准则。因此，政党的治理管理既要严格遵循本党的立党之本与执政理念，也要灵活地结合本国的发展要求与民众的真实呼唤。

政党治理在政治生活中占有非常重要的地位，是每个国家的执政党都应该进行的一项政治活动。因为只有不断坚持政党治理，执政党才能紧跟时代潮流，根据人民的需求及时调整自我、改善自我，提升自己的执政能力与执政水平，领导国家繁荣稳定地向前发展。实际上，政党治理并无界限之分，无论是什么样性质的政党，什么样国家的政党，代表着什么样的利益阶层，用什么方式、方法来管党治党。无论是什么样的执政党，对自身的治理、管理是围绕着其最基本的执政理念、执政方式、执政意识等政治维度来开展的。依据每个国家现实国情的不同，执政党也应该作出相应的调整，既不能一味地学习其他国家政党的执政经验与管理经验，也不能闭目塞耳，不与其他政党作经验交流。具体地说，一个国家的政党对自身的治理、管理必须依据本国具体国情，通过合理的方式与方法把党建设得更加适合本国发展方向、更加顺应党心民心，同时也更顺应时代要求，尤其是要注重将实现发展与执政党的政治功能、本国的政治制度相互结合起来，充分发挥执政党具有的显著政治优势，把政党治理与治国理政的具体实践积极结合起来，在历史与人民的考验中不断锻炼党的执政能力，树立良好的政党形象。

不仅如此，无论处于什么样的政治体制、文化背景、社会制度，政党建设应该紧紧围绕以人民为中心来具体展开，要充分尊重最广大人民的真实反映与现实需求。“世界上没有完全相同的政治制度模式，政治制度不能脱离特定社会政治条件和历史文化传统来抽象评判，不能定于一尊，不能生搬硬套外国政治制度模式。”[①]尽管世界各国的政治制度、政党性质、组织形式、指导思想等都有差异，但是作为一个国家的执政党，充分考虑人民的需求、尊重人民的意愿、肯定人民的力量是必要的。只有紧紧依靠人民，深深植根于人民群众之中，执政党才能牢牢巩固自己的执政基础，永葆生命力与青春。不可否认，一些国家的执政党代表着本国特权阶级的根本利益，但是，无论这个执政党多么强大，也不能忽略广大人民群众发挥的决定性作用，整个国家的发展仍然离不开本国人民的劳动创造。在国家阶级的金字塔中，处于顶尖的阶层也需要巩固底层的基础。世界上不乏因为忽视人民而亡党亡国的例证，许多曾经显赫一时的大党、强党，一旦脱离了人民，那么就等于失去了执政基础，最终只会分崩离析，淹没在历史的长河之中。客观地看，我们党在管党治党上之所以能够取得良好的效果，其中不可或缺的因素就是我们党的群众基础是坚实的，我们的执政基础是牢固的，是受到人民群众衷心拥护的，正因为深深植根于人民这片广袤土地之中，我们党的这棵“参天大树”才会欣欣向荣，始终保持强盛的生命力与活力。

最后，政党治理要有明确的目标指向。政党治理首要回答的问题是要把政党建设成为一个什么样的党，最终的目的是什么，实现这个目标的现实依据又有哪些。这些问题如果不回答清楚，也无法在真正意义上达到政党治理的目的。确立一个目标是容易的，但是为了这个目标能否全身心地投入，能否一以贯之、持之以恒，就非常考验这个政党的真实能力与水平

① 习近平：《决胜全面建成小康社会　夺取新时代中国特色社会主义伟大胜利》，人民出版社2017年版，第36页。

了。习近平总书记关于全面从严治党的重要论述，有着非常明确的目标指向，不仅有如何建设党、怎样建设党的党内问题，还有国家应该朝着什么样的目标而前进、民族向什么样的方向发展等国内发展的考虑，还有实现人类命运共同体伟大理想的国际视域与大国思维，为世界的和平与发展作出更大的历史贡献。总而言之，新的伟大工程既涉及党内治理层面，也有国家发展层面，还有对推进世界和平与发展事业的充分考虑，充分证明了中国共产党不仅是为中国人民与中华民族谋复兴的党，也是为世界人民谋幸福的党，这样一个充满着使命感、正义感、责任感的党，对于整个人类社会的发展无疑具有十分积极的历史作用与深远的现实意义。

能否确立远大的现实目标，并为之长期奋斗，决定着一个政党的思维高度与政治高度。无论是远大理想还是现阶段的实现目标，无论是对确立目标的科学规划还是统筹布局，政党治理不仅要回答“建设一个什么样的党、怎样建设党”的问题，对建设自身有着明确的要求，同时也要回答“为了什么人、实现什么样的发展”的问题，这就要求执政党必须要充分考虑到国家的发展、社会的进步、民族的兴盛等现实问题。世界各国有着不同的国情，也有着不同的实现目标与规划，但是，对于实现某一个明确目标是否具有连贯性，是否能够长久地执行下去，就对执政党提出了相应的挑战和要求。中国共产党就有着坚定的实现目标：“全党全军全国各族人民要紧密团结在党中央周围，牢记空谈误国、实干兴邦，坚定信心、同心同德，埋头苦干、奋勇前进，为全面建设社会主义现代化国家、全面推进中华民族伟大复兴而团结奋斗！”[①]对于实现这样

① 习近平：《高举中国特色社会主义伟大旗帜　为全面建设社会主义现代化国家而团结奋斗》，人民出版社2022年版，第71页。

的一个宏伟目标，我们党从未有过动摇。在新中国成立初期，国家百废待兴的情况下，中国共产党毅然带领中国人民和中华民族向着建设一个强大的社会主义现代化国家的伟大目标不断前进。在短暂的时间内，国民经济迅速得到恢复，“两弹一星”的发明创造，工业体系的逐渐完整，人民生活的不断改善，都深深烙印着那个充满激情的时代痕迹。尽管在社会主义建设的过程中，出现了一些曲折与挫败，但不可否认的是，我们党从未放弃过自身所肩负的国家富强、社会繁荣、民族复兴的伟大历史责任。改革开放以来，我们党把经济建设放在首位，开启建设社会主义的新局面，这不仅是对社会主义建设探索经验的总结，更是对实现中国梦的历史延续。新时代以来，我们对于中国梦的实现、对于中华民族伟大复兴、对于中国特色社会主义伟大事业又更近了一步。我们在建设经济的同时，不断完善政治体制、改善社会治理、繁荣社会主义文化、构建和谐社会、建立生态文明体系，综合全面地建设社会主义现代化强国，将社会进步、民族繁荣、人民期盼等现实需求协调统一于坚定的现实目标之中，在治国理政的具体实践中不断把伟大斗争、伟大事业、伟大梦想推向新的历史高度。

政党治理作为一个长期性的系统工程，首先需要确立一个明确的奋斗目标是非常必要的，围绕着这样一个目标，政党还需要作出客观地对待、科学的评估、具体的规划。无论是建设一个什么样的党，怎样建设党，还是实现什么样的发展，怎样发展，一个国家的执政党所承担的责任与使命不仅仅停留在党的治理管理上面，更应该包括社会的发展、民族的兴盛、人民的需求等方面，都是政党治理的题中应有之义。无论是置于历史进程的时空维度，还是国家发展的现实维度，政党都必须对自己所树立的目标有着充分的考虑与准备。目标决定成就，旗帜决定方向。

执政党应当树立一个明确的奋斗目标，在领导国家和人民不断向前发展的具体实践中作出正确的指引。

政党治理是一项具有长期性与复杂性的系统工程，如果置于各国的具体国情中，还具有一定的历史特殊性。在中国这个具有特殊国情的大国，人口众多、资源紧张，经济、科技等方面相对发达国家仍然存在一定的差距。正因为如此，民族要进步，国家要发展，都对执政党提出了更高的要求。中国共产党正是通过在思想、组织、作风、纪律等方面全面提升党的执政本领与政治优势，凸显出在新时代坚持党的领导具有巨大的历史作用与现实作用，无可辩驳地证明了社会主义中国在中国共产党的领导下焕发出的勃勃生机。坚持与完善党的领导，确立正确的发展目标、有充分的现实考虑等一系列中国共产党在长期的治国理政实践中所积累的经验，为世界其他政党管党治党提供了新范式。

参考文献

1.《马克思恩格斯选集》第1—4卷，人民出版社2012年版。

2.《马克思恩格斯文集》第1—10卷，人民出版社2009年版。

3.《列宁选集》第1—4卷，人民出版社2012年版。

4.《列宁专题文集》第1—5卷，人民出版社2009年版。

5.《毛泽东选集》第1—4卷，人民出版社1991年版。

6.《邓小平文选》第1—3卷，人民出版社1993、1994年版。

7.《江泽民文选》第1—3卷，人民出版社2006年版。

8.《胡锦涛文选》第1—3卷，人民出版社2016年版。

9.《习近平谈治国理政》第1卷，外文出版社2018年版。

10.《习近平谈治国理政》第2卷，外文出版社2017年版。

11.《习近平谈治国理政》第3卷，外文出版社2020年版。

12. 习近平:《高举中国特色社会主义伟大旗帜　为全面建设社会主义现代化国家而团结奋斗》，人民出版社2022年版。

13. 习近平:《决胜全面建成小康社会　夺取新时代中国特色社会主义伟大胜利》，人民出版社2017年版。

14. 习近平:《论坚持全面深化改革》，中央文献出版社2018年版。

15. 习近平:《论坚持党对一切工作的领导》，中央文献出版社2019年版。

16. 习近平：《论党的宣传思想工作》，中央文献出版社 2020 年版。

17. 习近平：《论中国共产党历史》，中央文献出版社 2021 年版。

18.《习近平关于坚持和完善党和国家监督体系论述摘编》，中央文献出版社、中国方正出版社 2022 年版。

19.《习近平关于全面从严治党论述摘编》，中央文献出版社 2016 年版。

20.《习近平关于注重家庭家教家风建设论述摘编》，中央文献出版社 2021 年版。

21.《习近平关于防范风险挑战、应对突发事件论述摘编》，中央文献出版社 2020 年版。

22.《习近平关于力戒形式主义官僚主义重要论述选编》，中央文献出版社 2020 年版。

23.《习近平关于"不忘初心、牢记使命"论述摘编》，党建读物出版社、中央文献出版社 2019 年版。

24.《习近平关于总体国家安全观论述摘编》，中央文献出版社 2018 年版。

25.《习近平关于社会主义社会建设论述摘编》，中央文献出版社 2018 年版。

26.《习近平关于社会主义经济建设论述摘编》，中央文献出版社 2017 年版。

27.《习近平关于社会主义文化建设论述摘编》，中央文献出版社 2017 年版。

28.《习近平关于社会主义政治建设论述摘编》，中央文献出版社 2017 年版。

29.《习近平关于全面建成小康社会论述摘编》，中央文献出版社2016年版。

30.《习近平关于严明党的纪律和规矩论述摘编》，中央文献出版社、中国方正出版社2016年版。

31.《习近平关于党风廉政建设和反腐败斗争论述摘编》，中央文献出版社、中国方正出版社2015年版。

32.《习近平关于全面依法治国论述摘编》，中央文献出版社2015年版。

33.《习近平关于全面深化改革论述摘编》，中央文献出版社2014年版。

34.《习近平关于党的群众路线教育实践活动论述摘编》，党建读物出版社、中央文献出版社2014年版。

35.中共中央文献研究室编:《论群众路线——重要论述摘编》，中央文献出版社、党建读物出版社2013年版。

36.中央党的群众路线教育实践活动领导小组办公室:《党的群众路线教育实践活动学习文件选编》，党建读物出版社2013年版。

37.中共中央宣传部理论局编:《论党的群众工作——重要论述摘编》，学习出版社2011年版。

38.《三中全会以来重要文献选编》上、下，人民出版社1982年版。

39.《十二大以来重要文献选编》上、中、下，中央文献出版社2011年版。

40.《十三大以来重要文献选编》上、中、下，人民出版社出1991、1993年版。

41.《十四大以来重要文献选编》上、中、下，人民出版社1996、

1997、1999年版。

42.《十五大以来重要文献选编》上、中、下，人民出版社2000、2001、2003年版。

43.《十六大以来重要文献选编》上、中、下，中央文献出版社2005、2006、2008年版。

44.《十七大以来重要文献选编》上、中、下，中央文献出版社2009、2011、2013年版。

45.《十八大以来重要文献选编》上、中、下，中央文献出版社2014、2016、2018年版。

46.《十九大以来重要文献选编》上、中，中央文献出版社2019、2021年版。

47. 中共中央宣传部编:《习近平新时代中国特色社会主义思想学习纲要》，学习出版社、人民出版社2019年版。

48. 中共中央宣传部编:《习近平新时代中国特色社会主义思想学习问答》，学习出版社、人民出版社2021年版。

49. 中央“不忘初心、牢记使命”主题教育领导小组办公室选编:《做到“两个维护”》，党建读物出版社2019年版。

50. 张志明:《打铁必须自身硬　新时代党的建设新的伟大工程》，红旗出版社2023年版。

51. 中央纪委研究室:《党的二十大全面从严治党精神辅导读本》，中国方正出版社2023年版。

52. 张英伟主编:《全面从严治党永远在路上》，中国社会科学出版社2023年版。

53. 李忠杰:《中国共产党百年廉洁政治之路》，中国方正出版社

2022 年版。

54. 李非：《跨越历史周期率全面从严治党》，厦门大学出版社 2022 年版。

55. 本书编写组：《历史性成就：全面从严治党这五年》，中国言实出版社 2022 年版。

56. 房世刚：《全面从严治党基本问题研究》，山东大学出版社 2022 年版。

57. 崔耀中：《全面从严治党：新要求、新特点、新部署》，人民出版社 2022 年版。

58. 戚义明：《党的纪律建设简史》，中国方正出版社 2022 年版。

59. 石学峰：《全面从严治党进程中构建规制“为官不为”问题的制度体系研究》，天津人民出版社 2022 年版。

60. 陈金龙、周建伟、董海军：《新时代全面从严治党的理论创新》，中山大学出版社 2022 年版。

61. 李世忠：《全面从严治党的方法论研究》，新华出版社 2021 年版。

62. 本书编写组：《提高政治“三力”深入推进全面从严治党》，中国方正出版社 2021 年版。

63. 桑学成：《全面从严治党的难点及对策研究》，人民出版社 2020 年版。

64. 邓纯东：《全面从严治党理论研究》，中国社会科学出版社 2020 年版。

65. 本书编写组：《党委（党组）落实全面从严治党主体责任规定》，人民出版社 2020 年版。

66. 中国纪检监察报评论部编：《党的十九大以来全面从严治党新观

察》，人民出版社 2019 年版。

67. 武力：《当代中国经济发展与制度变革研究》，当代中国出版社 2019 年版。

68. 张英伟主编：《全面从严治党永远在路上》，中国社会科学出版社 2019 年版。

69. 王京清主编：《深入推进新时代党的建设新的伟大工程》，中国社会科学出版社 2019 年版。

70. 张志明：《全面从严治党创新研究》，广东人民出版社 2018 年版。

71. 张荣臣：《马克思主义党的学说史》，中共中央党校出版社 2016 年版。

72. 本书编写组：《全面从严治党永远在路上》，国家行政管理出版社 2016 年版。

73. 王长江：《政党论》，人民出版社 2009 年版。

74. 习近平：《坚持走中国特色社会主义法治道路　更好推进中国特色社会主义法治体系建设》，《求是》2022 年第 4 期。

75. 习近平：《在党史学习教育动员大会上的讲话》，《求是》2021 年第 7 期。

76. 习近平：《贯彻落实新时代党的组织路线　不断把党建设得更加坚强有力》，《求是》2020 年第 15 期。

77. 习近平：《认真学习党章　严格遵守党章》，《求是》2012 年第 23 期。

78. 习近平：《扎实做好保持党的纯洁性各项工作》，《求是》2012 年第 6 期。

79. 本刊评论员：《坚持不懈把全面从严治党向纵深推进》，《求是》

2022 年第 3 期。

80. 新华社记者:《全面从严治党永远在路上》,《求是》2022 年第 3 期。

81. 冯颜利:《坚持不懈把全面从严治党向纵深推进》,《红旗文稿》2022 年第 4 期。

82. 韩庆祥、张艳涛:《论时刻保持解决大党独有难题的清醒和坚定》,《海南大学学报》2022 年第 6 期。

83. 刘红凛:《健全全面从严治党体系的政治逻辑与基本理路》,《治理研究》2022 年第 6 期。

84. 臧秀玲:《百年大党推进自我革命的实践探索与目标指向》,《人民论坛 · 学术前沿》2022 年第 3 期。

85. 赵淑梅、周明宽:《中国共产党党内法规建设的历程、成就与经验》,《求索》2022 年第 2 期。

86. 丁俊萍:《增强全面从严治党永远在路上的政治自觉之深刻意蕴》,《教学与研究》2022 年第 1 期。

87. 王士龙:《新时代党的纪律建设的理论发展、实践逻辑和体系构建》,《思想理论教育导刊》2021 年第 12 期。

88. 齐卫平:《做好新形势下全面从严治党这篇政治大文章》,《人民论坛》2021 年第 12 期。

89. 刘须宽:《百年来中国共产党纪律建设的经验、规律与启示》,《马克思主义研究》2021 年第 11 期。

90. 戚义明:《中国共产党管党治党的五条基本经验》,《党的文献》2021 年第 6 期。

91. 黄百炼:《跳出治乱兴衰的历史周期率——中国共产党永葆先进

性和纯洁性的成功实践》,《当代世界与社会主义》2021 年第 3 期。

92. 杨德山、朱一鸣:《中国共产党组织建设百年历史经验研究》,《社会科学文摘》2021 年第 5 期。

93. 田芝健:《百年审思与展望:锻造更加强大的马克思主义执政党》,《苏州大学学报》2021 年第 3 期。

94. 李心记:《习近平关于党的政治建设重要论述的方法论特征》,《思想理论教育导刊》2020 年第 8 期。

95. 王彦军、孟英:《习近平全面从严治党思想发展的历史逻辑》,《理论导刊》2020 年第 8 期。

96. 高小升、赵婷婷:《国外学者对全面从严治党的认知评析》,《当代世界与社会主义》2020 年第 5 期。

97. 李先春、葛英儒:《全面构建党内法规执行的监督保障体系》,《中共中央党校学报》2020 年第 4 期。

98. 杨立志:《全面从严治党制度:价值自觉、逻辑里路与基本经验》,《求实》2020 年第 4 期。

99. 单博迪、钟瑞添:《新时代党的建设新布局的内涵、结构与特点》,《社会主义研究》2020 年第 4 期。

100. 王翠芳:《新时代党内监督的创新发展》,《中国特色社会主义研究》2020 年第 3 期。

101. 包心鉴:《决胜全面建成小康社会的鲜明特质及其深远意义》,《科学社会主义》2020 年第 2 期。

102. 刘显忠:《从苏共丧权看全面从严治党的重要性》,《人民论坛》2019 年第 34 期。

103. 柳宝军、崔健东:《新时代增强全面从严治党系统性的理论思考》,《治理研究》2019 年第 6 期。

104. 单伟:《从自我革命的视角探析全面推进党的建设》,《党的文献》2019 年第 5 期。

105. 杨永庚、常利娟:《我国党纪与国法的衔接方式、现实选择和优化路径》,《陕西师范大学学报》2019 年第 4 期。

106. 李海青:《新时代全面从严治党的战略思路》,《红旗文稿》2019 年第 2 期。

107. 孙绍勇、陈锡喜:《思想从严:全面从严治党纵深发展的意识形态内生逻辑》,《马克思主义研究》2018 年第 7 期。

108. 臧乃康:《习近平执政党建设的体系性探析——基于政治学视角》,《中共中央党校学报》2018 年第 3 期。

109. 任晓伟:《习近平关于新时代中国共产党人党性修养的思想及其时代特征》,《广西民族大学学报》2018 年第 3 期。

110. 王建华:《提升新时代思想建党水平的辩证思考》,《东南学术》2018 年第 3 期。

111. 林尚立:《制度与发展:中国制度自信的政治逻辑》,《中共中央党校学报》2016 年第 2 期。

112. 习近平:《坚持严的主基调不动摇　坚持不懈把全面从严治党向纵深推进》,《光明日报》2022 年 1 月 19 日。

113. 习近平:《充分发挥全面从严治党引领保障作用,确保“十四五”时期目标任务落到实处》,《人民日报》2021 年 1 月 23 日。

114. 习近平:《在中国共产党成立 100 周年大会上的讲话》,2021 年 7 月 2 日《人民日报》。

115. 习近平:《立志做党光荣传统和优良作风的忠实传人,在新时代新征程中奋勇争先建功立业》，2021 年 3 月 2 日《人民日报》。

116. 习近平：《发扬斗争精神增强斗争本领，为实现“两个一百年”奋斗目标而顽强奋斗》，2019 年 9 月 4 日《人民日报》。

117. 习近平：《在党的群众路线教育实践活动总结大会上的讲话》，2014 年 10 月 9 日《人民日报》。

118. 习近平：《信念坚定对党忠诚实事求是担当作为，努力成为可堪大用能担重任的栋梁之才》，2021 年 9 月 2 日《人民日报》。

119. 习近平：《认真学习党章，严格遵守党章》，2012 年 11 月 20 日《人民日报》。

120.《健全全面从严治党体系》，2023 年 1 月 12 日《人民日报》。

121. 本报评论员：《全面从严治党永远在路上》，2022 年 3 月 15 日《光明日报》。

后记

本书是安徽师范大学马克思主义学院姚宏志教授主持的安徽省哲学社会科学规划重大项目“习近平总书记关于全面从严治党重要论述研究”系列最终成果之一，属于该项目及项目系列成果的总起篇，主要从整体上论述新时代全面从严治党的历史缘起、主要内容、基本目标、逻辑体系、时代特征和现实价值等。项目成果还包括《把党的政治建设摆在首位》《拧紧思想信念“总开关”》《贯彻落实好党的组织路线》《以钉钉子精神狠抓作风建设》等，分别从政治、组织、思想、作风等方面对新时代全面从严治党进行了深入阐释，系统探索了新时代全面从严治党的路径方法，可以为推动新时代全面从严治党提供有益参考。

本书框架结构是课题组集体智慧的结晶。项目立项后，先由本子项目负责人张正光教授拟定初步写作框架，后在课题组负责人姚宏志教授主持下，课题组成员进行了多次研讨，并最后确定。本课题立项后，项目组成员围绕本课题研究在《思想理论教育导刊》《安徽师范大学学报》《思想理论教育》等刊物上发表相关研究成果10余篇，为本课题的最终完成奠定了较好的基础。

本书写作得到了安徽省哲学社会科学规划办公室、安徽师范大学科研处、马克思主义学院有关领导、同事以及我的家人的关心和支持。感谢各位项目鉴定专家给本书提出的宝贵指导意见！正是因为有了各位专家、领导、老师的关心、指导，使本书增色不少。本书在写作过程中，我的博士生龚伟、汪金玉，硕士生陈新宇（现已为安徽大学博士生）、王淑梅（现已为上海交通大学博士生）也给予了鼎力支持。同时借鉴和参考了学界同仁的很多宝贵成果，在此一并表示衷心感谢！

全面从严治党是马克思主义政党加强自身建设的一个永恒课题。新时代，面对“两个大局”，习近平总书记发出了“建设什么样的长期执政的马克思主义政党、怎样建设长期执政的马克思主义政党”的时代之问。这表明全面从严治党不可能一劳永逸，保持党的先进性、纯洁性必须久久为功。要始终保持全面从严治党的政治定力，坚持问题导向，敢抓苗头性问题，坚持自我革命，要以“抓铁有痕”的决心，“壮士断腕”的勇气，“滴水穿石”的韧劲，拉密制度、纪律“带电的高压线”，狠抓领导干部“关键少数”，严防出现“破窗效应”，推动全面从严治党从“宽松软”走向“严实硬”。这里面有些问题在本书中得到了初步解答，也有一些问题虽有涉及但感觉还不是很满意，更有一些新问题、新情况还没有来得及涉猎，虽有遗憾，但这也恰恰说明全面从严治党本身的长期性、复杂性和艰巨性。这是我们在后续研究中需要强化关注的。

由于本人水平有限，特别是在理论学习和资料准备上的欠缺，对很多问题的阐述还不尽如人意。因此，本人更愿意把本书的完成看成是崭新的开始，今后将投入更大精力、更多时间从事全面从严治党研究。对于本书中存有的不足，真诚地恳请学界各位同仁批评指正。

张正光

2023 年 1 月